Langenscheidts

Wortschatz
Wirtschaftsenglisch

Völlige Neuentwicklung

von
Reinhard Tenberg
und Derrik Ferney

Herausgegeben von
der Langenscheidt-Redaktion

Langenscheidt
Berlin · München · Wien · Zürich · New York

Autoren: Dr. Reinhard Tenberg und Derrik Ferney MA, MSc
University of Eastern England at Cambrigde
Redaktion: Thomas Bennett-Long
Layout: Helmut Fischer

Auflage:	5.	4.	3.	2.	1.	Letzte Zahlen
Jahr:	2004	03	02	01	00	maßgeblich

© 2000 Langenscheidt KG, Berlin und München
Druck: Clausen & Bosse
Printed in Germany · ISBN 3-468-**40960**-5

Vorwort

Konzeption

Der vorliegende *Wortschatz* bietet in einem Band einen umfangreichen Grund- und Aufbauwortschatz für alle wichtigen Themenbereiche des Wirtschaftsenglisch. Besonders attraktiv ist der Band in seiner Doppelfunktion als Lern- und Nachschlagewerk. So kann der *Wortschatz* etwa zur Verständnishilfe bei der Lektüre spezialisierter Fachtexte, zur Prüfungsvorbereitung im Fach 'Wirtschaftsenglisch' oder ebenso gut zum Erlernen von Fachterminologie für das Berufsleben benutzt werden.

Erfahrungsgemäß sind die Bedürfnisse der Lerner hinsichtlich des zu erlernenden Fachwortschatzes äußerst unterschiedlich. Sie hängen zum einen von bereits vorhandenen allgemeinsprachlichen Fertigkeiten ab, andererseits vom jeweils situationsspezifischen Verwendungszweck. So unterscheidet sich beispielsweise das benötigte Fachvokabular für eine Firmenbesichtigung im englischsprachigen Ausland wesentlich von dem, was etwa in einer Besprechung in einer Marketingabteilung benötigt wird. Der vorliegende *Wortschatz* wendet sich daher zum einen an Lerner verschiedener Sprachniveaus und bietet gleichzeitig eine Differenzierung in situationsspezifische und themenorientierte Bereiche der Fachterminologie.

Wesentliche Merkmale

- Die Aufteilung in einen *Situativen* und *Thematischen Wortschatz* erleichtert dem Lerner mit geringen Vorkenntnissen den Einstieg in den Fachwortschatz Wirtschaftsenglisch.
- Eine weitere Differenzierung in Grund- und Aufbauwortschatz innerhalb des *Thematischen Wortschatzes* berücksichtigt fortgeschrittene Lerner mit unterschiedlichen Sprachniveaus.
- Die Anordnung der zu erlernenden Wörter, Phrasen und Redewendungen erfolgt nicht alphabetisch, sondern nach Themenbereichen (wie z. B. 'Marketing', 'Internationaler Handel' usw.).
- Die überwiegende Mehrheit der Stichwörter wird an Beispielsätzen exemplifiziert.
- Die verwendeten Beispiele sind authentisch und von *native speakers* ausgewählt. Sie beruhen auf der Auswertung der Wirtschaftspresse, von Fachzeitschriften, Standard-Lehrbüchern sowie auf einer Vielzahl authentischer Dokumente (wie z. B. Arbeitsverträge, Besprechungsprotokolle, Geschäftskorrespondenz, Versicherungspolicen, usw.).
- Die Beispielsätze umfassen sowohl mündlichen als auch schriftlichen Sprachgebrauch.

- Interkulturelle Differenzen, die sich sprachlich manifestieren, werden angezeigt (z. B. Ironie, Direktheitsgrad). Wo es um inhaltliche Differenzen geht, wird der Begriff erklärt bzw. mit einer sinngemäßen Übersetzung versehen.
- Ein ausführliches Register am Ende des Buches erleichtert das Nachschlagen gesuchter Begriffe.
- Der *Wortschatz* ist nicht auf ein bestimmtes Lehrwerk ausgerichtet, ist aber besonders hilfreich bei der Vorbereitung auf die verschiedenen Zertifikate für den Bereich »Business English«, u. a. die VHS-Wirtschaftsenglisch-Zertifikate, die CEBIT und ähnliche Prüfungen der Cambridge University, oder die Prüfungen der London Chamber of Commerce and Industry.

Benutzerhinweise

Für Lerner mit geringen Vorkenntnissen empfiehlt es sich, mit dem *Situativen Wortschatz* zu beginnen, während der Lerner mit guten allgemeinsprachlichen Vorkenntnissen, dem es primär um das Erlernen eines fachspezifischen Wirtschaftswortschatzes geht, den Einstieg gleich über den *Thematischen Wortschatz* versuchen sollte.

Inhaltlich wurde der *Situative Wortschatz* für die Zielgruppe von Lernern konzipiert, die die Fachsprache vor allem für den mündlichen Sprachgebrauch benötigen, also etwa für einen Firmenbesuch oder für die Arbeitsaufnahme in einer englischsprachigen Firma. In 8 Kapiteln deckt der *Situative Wortschatz* mit circa 700 Stichwörtern und Ausdrücken die wichtigsten situativen Kontexte 'rund um die Firma' ab (z. B. 'Termine und erste Begegnungen', 'Im Büro', 'Am Telefon', 'Am Computer', usw.). Jedes Kapitel enthält zentrale Begriffe und Wendungen, die es dem Lerner ermöglichen sollen, sich rasch im jeweiligen Arbeitskontext zurechtzufinden.

Der *Thematische Wortschatz* wendet sich an Lerner mit guten allgemeinsprachlichen Vorkenntnissen, die die Fachsprache in Wort und Schrift auf einem anspruchsvollen Niveau erlernen wollen. Ein 'typischer' Lerner will sein Wirtschaftsenglisch im regelmäßigen Kontakt mit englischsprachigen Firmen verwenden, zum Lesen der englischsprachigen Wirtschaftspresse oder für seine Arbeit in einem multinationalen Unternehmen.

Der *Thematische Wortschatz* enthält circa 3000 Stichwörter und ist in 13 Kapitel unterteilt. Hier werden zentrale Themen der Unternehmensführung (z. B. Unternehmen und Unternehmensstruktur, Absatz und Marketing, Verkauf, usw.) sowie der allgemeinen Wirtschaft behandelt. Innerhalb eines jeden Kapitels sind die Stichwörter und Wendungen nach ihrer Bedeutung und Frequenz entweder zum Grundwortschatz oder Aufbauwortschatz gehörend markiert.

Das Lernen mit dem Wortschatz Wirtschaftsenglisch:

- Nutzen Sie den Vorteil der Gliederung nach Sachgebieten sowohl im situativen als auch im thematischen Teil des Wortschatzes. Dabei brauchen Sie nicht unbedingt chronologisch vorzugehen. Starten Sie mit Sachgebieten, die für Ihre Arbeit besonders relevant erscheinen; eine so erhöhte Motivation fördert den Lerneffekt.
- Gehen Sie beim Erlernen des Wortschatzes systematisch und erfolgsorientiert vor. Jedes Kapitel gliedert sich in kleinere, leicht lernbare Unterkapitel. Lernen Sie portionsweise und überprüfen Sie Ihr Wissen.
- Im *Thematischen Wortschatz* sollten Sie im ersten Durchgang die mit blauem Punkt markierten Stichwörter des Grundwortschatzes bevorzugt erarbeiten.
- Versuchen Sie zunächst, die Stichwörter anhand der Beispielsätze in der Zielsprache zu verstehen. Vieles wird im Kontext bereits verständlich. Überprüfen Sie dann Ihr Verständnis mit Hilfe der deutschen Übersetzung.
- Denken Sie daran, dass eine wörtliche Übersetzung nicht in allen Fällen möglich ist. Statt dessen finden Sie eine deutsche Entsprechung, bzw. eine Erklärung des englischen Begriffs.
- Beachten Sie beim Lernen auch Anmerkungen zum Sprachregister wie etwa *colloq phrase* (vgl. Abkürzungen auf S. 6).
- Sie können auch über ein einzelnes Stichwort, das Sie im alphabetischen Register nachschlagen, zum entsprechenden Sachgebiet kommen und so in einem sinnvollen Zusammenhang lernen.

Viel Erfolg!

Ein Arbeitsbuch zu diesem Wortschatz ist in Vorbereitung.

Abkürzungen

abbrev.	abbreviation, Abkürzung
adj	adjective, Adjektiv
adv	adverb, Adverb
colloq	colloquial, umgangssprachlich
US	American English, amerikanisches Englisch
GB	British English, britisches Englisch
iron.	irony, Ironie
Lat.	Latin, Latein
n	noun, Nomen, Substantiv (beim englischen Stichwort)
npl	noun plural, Nomen, Substantiv im Plural
nsg	noun singular, Nomen, Substantiv im Singular
opp	opposite, Gegenteil, Antonym
pers	personal, Personal, persönlich
pl	plural, Plural
prep	preposition, Präposition
pron	pronoun, Pronomen
sg	singular, Singular
syn	synonym, Synonym
v/i	intransitive verb, intransitives Verb
v/t	transitive verb, transitives Verb
v/ti	transitive and intransitive verb, transitives und intransitives Verb

Sonstige Zeichen

→ verweist auf ein Stichwort, unter dem nähere Informationen zu finden sind oder das ein Synonym (Wort mit ähnlicher Bedeutung) ist.

● bezeichnet Stichwörter im *thematischen Wortschatz*, die zum Grundwortschatz gehören.

Inhaltsverzeichnis

Vorwort ... 3

Situativer Wortschatz ... 11

1 Begegnungen ... 13
1.1 An der Rezeption ... 13
1.2 Termine verabreden ... 14
1.3 Erste Begegnungen ... 15

2 Im Büro ... 16
2.1 Büroausstattung ... 16
2.2 Post und Kommunikation ... 20

3 Am Telefon ... 23
3.1 Allgemeine Begriffe ... 23
3.2 Gespräche annehmen und führen ... 27

4 Am Computer ... 30
4.1 Hardware ... 30
4.2 Software ... 32
4.3 Textverarbeitung und Tastatur ... 39

5 Die Firma ... 41
5.1 Standort und Geschäftsgebäude ... 41
5.2 Firmenpräsentation ... 44

6 Kundenbetreuung ... 49
6.1 Spesenabrechnung ... 49
6.2 Kunden zum Essen einladen ... 50
6.3 Im Restaurant ... 51

7 Auf der Bank ... 54
7.1 Dienstleistungen ... 54
7.2 Geldumtausch ... 60

8 Geschäftsreisen ... 61
8.1 Geschäftsreisen buchen ... 61
8.2 Unterwegs ... 66
8.3 Hotel buchen ... 69
8.4 Im Hotel ... 71

Thematischer Wortschatz 73

1 Die Wirtschaft 75
1.1 Wirtschaftliche Grundbegriffe 75
1.2 Konjunktur 82
1.3 Wirtschaftspolitik 86
1.4 Wirtschaftssektoren 91
1.4.1 Primärer Sektor 91
1.4.2 Sekundärer Sektor 94
1.4.3 Tertiärer Sektor 96

2 Das Unternehmen 99
2.1 Gründung und Auflösung 99
2.2 Unternehmensformen 106
2.3 Zusammenschlüsse und Übernahmen 112

3 Der Mensch 116
3.1 Personalplanung und -auswahl 116
3.2 Arbeitsvertrag und Tarifvertrag 125
3.3 Löhne und Gehälter 132
3.4 Aus- und Fortbildung 138
3.5 Gewerkschaften und Mitbestimmung 141

4 Besprechungen 149
4.1 Offizielle Besprechungen 149
4.1.1 Vorsitz führen 149
4.1.2 Protokoll führen 158
4.2 Das Wort ergreifen 160
4.3 Die eigene Meinung ausdrücken 164
4.4 Argumente vertiefen 167
4.5 Zum Abschluss kommen 170

5 Korrespondenz 172
5.1 Äußere Form und Musterbriefe 172
5.2 Typologie und Bestandteile 177
5.3 Einleitung eines Geschäftsbriefes 179
5.4 Probleme ausdrücken und lösen 181
5.5 Auskünfte geben und einholen 187
5.6 Abschluss eines Geschäftsbriefes 190
5.7 Gebräuchliche Abkürzungen 192

6 Produktion 194
6.1 Fertigung und Fertigungsverfahren 194
6.2 Kosten 200
6.3 Fertigungsnormen und -kontrolle 203
6.4 Leistung und Produktivität 207
6.5 Ökologische Faktoren 212

7 Absatz und Marketing 214
7.1 Märkte und Marketing 214
7.2 Marktforschung 221
7.3 Werbung 226
7.4 Verbraucherschutz 229
7.5 Kredit und Ratenkauf 233
7.6 Messen und Ausstellungen 237

8 Vertrieb und Verkauf 240
8.1 Lagerhaltung und -kontrolle 240
8.2 Groß- und Einzelhandel 243
8.3 Liefer- und Zahlungsbedingungen 246
8.4 Direkter und indirekter Vertrieb 251
8.5 Verpackung 253
8.6 Transport 257

9 Internationaler Handel 262
9.1 Handelsbeziehungen 262
9.2 Import und Export 268
9.3 Incoterms 272
9.4 Zahlungsbilanz 274
9.5 Internationale Organisationen 275
9.6 Wirtschaftshilfe 278

10 Geld und Bankwesen 279
10.1 Banken 279
10.2 Konten und Kontenführung 282
10.3 Investitionen 286
10.4 Hypotheken und Darlehen 289
10.5 Währungen und Währungsunion 293

11 Finanzwesen 296
11.1 Finanzierung 296
11.2 Börse 301
11.3 Wertpapiere und Aktien 307
11.4 Controlling 311
11.5 Besteuerung 313

12 Rechnungswesen ... 317
12.1 Allgemeine Begriffe ... 317
12.2 Bilanz ... 322
12.3 Gewinn und Verlust ... 326
12.4 Cash-Flow ... 329
12.5 Rechnungsprüfung ... 330

13 Versicherungen ... 334
13.1 Allgemeine Begriffe ... 334
13.2 Versicherungsarten ... 338
13.3 Versicherungspolicen ... 342
13.4 Versicherungsansprüche ... 346

Alphabetisches Register ... 351

Situativer Wortschatz

1 Begegnungen

1.1 An der Rezeption

appointment *n*
I'm Mr Wörner. I have an **appointment** with David Jones at 10.00 a.m.

Termin, Verabredung
Mein Name ist Wörner. Ich habe um 10.00 Uhr einen Termin mit David Jones.

---

arrange *v/ti*
I've **arranged** to see the Marketing Director at 2.00 p.m.

vereinbaren, verabreden
Ich habe eine Verabredung mit dem Marketingdirektor um 14.00 Uhr.

---

direct *v/t*
Can you **direct** me to Mr Smith's office, please.

den Weg weisen, sagen
Können Sie mir bitte sagen, wie ich zu Herrn Smiths Büro komme?

---

expect *v/t*
Is Mr Morley **expecting** you?

erwarten
Erwartet Sie Herr Morley?

---

let know (to let s.o. know) *v/t*
Can you **let** Miss Fernberg **know** I'm here, please.

(jdn. etwas) wissen lassen, mitteilen
Können Sie Frau Fernberg bitte mitteilen, dass ich hier bin?

---

pass *n*
Please wear the visitor's **pass** on your lapel at all times.

Besucherausweis
Bitte tragen Sie den Besucherausweis stets an Ihrem Revers.

---

reception *n*
I'll come down and meet you at **Reception**.

Empfang, Rezeption
Ich komme runter und hole Sie an der Rezeption ab.

---

report *v/i*
Please **report** to Reception upon arrival.

sich melden
Bitte melden Sie sich bei Ihrer Ankunft bei der Rezeption.

---

visitor's book *n*
Please sign the **visitor's book,** giving the time of arrival, your name and your company's name.

Gästebuch
Bitte tragen Sie sich in unser Gästebuch ein. Geben Sie die Ankunftszeit, Ihren Namen und den Ihrer Firma an.

1.2 Termine vereinbaren

bring forward v/t
Can we **bring** the meeting **forward** from 3 March to the 28 February?

vorverlegen
Können wir die Besprechung vom 3. März auf den 28. Februar vorverlegen?

busy adj
Miss Fernberg is **busy** at the moment but she can see you in the late morning or in the early afternoon.

beschäftigt
Frau Fernberg ist zur Zeit beschäftigt, aber sie kann Sie am späten Vormittag oder am frühen Nachmittag empfangen.

cancel v/t
I'm afraid we're going to have to **cancel** the meeting.

streichen, ausfallen lassen
Ich fürchte, wir müssen die Besprechung ausfallen lassen.

commitment n
Unfortunately I already have several **commitments** on that day.

Termin, Verabredung, Verpflichtung
Leider habe ich schon mehrere Termine an diesem Tag.

diary n
Let me check with her **diary** to see if she's free at that time.

Terminkalender
Lassen Sie mich in ihrem Terminkalender nachsehen, ob sie zu dieser Zeit frei ist.

lot (to have a ~ on)
phrase colloq
I've got a lot on today, so we'd better put it off until tomorrow.

ein volles Programm haben
Ich habe heute ein volles Programm, deshalb verschieben wir es besser auf morgen.

postpone v/t
We had to **postpone** our meeting, if you remember.

verschieben, aufschieben
Sie werden sich erinnern, dass wir unsere Besprechung verschieben mussten.

put s.o. off v/t
I have some doubts about how serious they really are because they keep **putting** us **off**.

jdn. hinhalten
Ich bezweifle, ob sie es wirklich ernst meinen, weil sie uns ständig hinhalten.

rearrange v/t
Can we **rearrange** the meeting for 6 June?

verlegen
Können wir die Besprechung auf den 6. Juni verlegen?

reschedule v/t	**(Termin) verlegen**
schedule v/ti Our first meeting is **scheduled** for 10.00 a.m.	**planen, ansetzen (Zeitpunkt)** Unsere erste Besprechung ist für 10.00 Uhr angesetzt.

1.3 Erste Begegnungen

attend v/t It would be important for you to **attend** the meeting.	**besuchen, teilnehmen** Es wäre wichtig, dass Sie an der Besprechung teilnehmen.
bring (~ s.o. along) v/t I've **brought** our Finance Director **along** too.	**jd. mitbringen** Ich habe auch unseren Finanzdirektor mitgebracht
bring (~ sth. with) v/t I've **brought** some company literature **with** me.	**etwas mitbringen** Ich habe Ihnen einiges Prospektmaterial über unsere Firma mitgebracht.
deal with sth. v/i This is Steve Jones who **deals with** the technical side of things.	**sich befassen mit, zuständig sein für** Das ist Steve Jones, der für die technische Seite zuständig ist.
delayed (to be ~) v/i I should have been here for a two o'clock meeting but my plane was **delayed**.	**sich verspäten, Verspätung haben** Ich hätte zur Besprechung um zwei Uhr hier sein sollen, aber mein Flugzeug hatte Verspätung.
department n I work in the Sales **Department** of the British Biplane Company.	**Abteilung** Ich arbeite in der Verkaufsabteilung bei British Biplane.
head n I'm **head** of Marketing at the British Biplane Company.	**Leiter** Ich bin der Leiter der Marketingabteilung bei British Biplane.
introduce v/t Let me **introduce** you to my colleague …	**sich/jdn. vorstellen** Darf ich Ihnen meinen Kollegen vorstellen …

16 Büroausstattung

join *v/t*
This is Anna Fernberg who recently ***joined*** us from British Aeronautics.

sich anschließen, dazukommen
Das ist Anna Fernberg, die vor kurzem von British Aeronautics zu uns gekommen ist.

line (~ of business) *n*
What ***line of business*** are you in?

Branche, (Industrie)Sparte
In welcher Branche sind Sie tätig?

meet *v/ti*
We first ***met*** at a trade fair in Cologne.

sich begegnen, sich treffen
Wir haben uns zum ersten Mal auf einer Messe in Köln getroffen.

Pleased to meet you. *phrase*

Freut mich, Sie kennen zu lernen!

personal assistant (PA) *n*
John is the ***PA*** to the managing director.

persönliche(r) Assistent(in), Chefsekretär(in)
John ist der persönliche Assistent des Geschäftsführers.

represent *v/t*
I ***represent*** Sachs Brothers.

repräsentieren, vertreten
Ich repräsentiere die Firma Sachs Brothers.

responsible (to be ~ for) *v/i*
I'm ***responsible*** for Sales and Distribution at Sachs Brothers.

verantwortlich, zuständig
Ich bin für den Verkauf und die Distribution bei Sachs Brothers verantwortlich.

2 Im Büro

2.1 Büroausstattung

answering machine *n*
Please remember to switch the ***answering machine*** on when you leave the office.

Anrufbeantworter
Bitte denken Sie daran, den Anrufbeantworter einzuschalten, wenn Sie das Büro verlassen.

calculator *n*

(Taschen)rechner

Büroausstattung 17

carbon paper n	**Kohlepapier, Durchschlagpapier**
card index n	**Kartei(karten)**
computer n	**Computer**
copy n Please remember to file a *copy* of all internal and external correspondence.	**Kopie** Bitte denken Sie daran, eine Kopie sämtlicher interner und externer Korrespondenz abzuheften.
copy v/t Please *copy* this memo to the Head of Marketing.	**kopieren, eine Kopie machen** Bitte machen Sie eine Kopie dieses Memorandums für den Leiter der Marketingabteilung.
date-stamp n	**Datumsstempel**
date-stamp v/ti The letter is *date-stamped* 21 September.	**abstempeln, mit Datumsstempel versehen** Der Brief ist am 21. September abgestempelt worden.
desk n	**Schreibtisch**
desk diary n (GB), **desk calendar** n (US)	**Terminkalender, Tischkalender**
disk n You can order new floppy *disks* from the Purchasing Department.	**Diskette** Sie können neue Disketten bei der Einkaufsabteilung bestellen.
draft (in ~ form) phrase We have received a copy of the contract *in draft form.*	**Entwurf, Konzept** Wir haben eine Kopie des Vertragsentwurfs erhalten.
duplicate (in~) phrase Please hand in this document *in duplicate*.	**Kopie, Duplikat** Bitte reichen Sie dieses Dokument in zweifacher Ausfertigung ein.
duplicate v/t Can you *duplicate* this document for me, please.	**eine Kopie machen, duplizieren** Können Sie mir bitte von diesem Dokument eine Kopie machen.

Im Büro

Büroausstattung

envelope n
Have we run out of A4 **envelopes**?

Umschlag
Haben wir keine DIN-A4-Umschläge mehr?

envelope (padded ~) n

gefütterter Umschlag

fax (facsimile machine) n
The **fax machine** must not be switched off during the night.

Faxgerät
Das Faxgerät darf nachts nicht ausgeschaltet werden.

file n
Could you start a new **file** for expenses, please.

Akte, Ordner
Könnten Sie bitte eine neue Akte für Spesen anlegen.

file v/t
Can you **file** this under 'joint ventures' please.

ablegen
Können Sie das bitte unter 'Joint Ventures' ablegen.

file (lever arch~) n
We file correspondence chronologically in a **lever arch file.**

(Akten)ordner
Wir legen die Korrespondenz chronologisch in einem Aktenordner ab.

file (suspension ~) n

Hängemappe, Hängeordner

filing cabinet n

Aktenschrank

filing system n
We use an alphabetical **filing system**.

Ablagesystem
Wir benutzen ein alphabetisches Ablagesystem.

franking machine n (GB), **postage meter** n (US)
The post room generally uses a **franking machine** instead of stamps.

Frankiermaschine
Im Postraum benutzt man normalerweise eine Frankiermaschine anstatt Briefmarken.

headed paper n

Firmenbriefpapier

in-tray n
My **in-tray** is always full.

Eingang (-sfach)
Mein Eingangsfach ist ständig voll.

Büroausstattung

minutes n
Can you take the **minutes** of this afternoon's meeting, please.

Protokoll
Können Sie bitte bei der Besprechung heute Nachmittag Protokoll führen?

notepad n — **Notizblock, Stenoblock**

notice-board n — **schwarzes Brett**

out-tray n — **Ausgang(-sfach)**

paper clip n — **Büroklammer**

pencil sharpener n — **Bleistiftspitzer**

petty cash n
Please reimburse yourself from **petty cash** for the stationery.

Portokasse
Bitte nehmen Sie sich das Geld für die Schreibwaren aus der Portokasse zurück.

photocopier n
The **photocopier** is serviced regularly.

Kopiergerät, Kopierer
Das Kopiergerät wird regelmäßig gewartet.

photocopy n
Could you make me 5 **photocopies** of this form, please.

(foto-)kopieren
Bitte machen Sie mir 5 Kopien von diesem Formular.

pigeon hole n — **(Post)fach**

printer n
All the computers in this office are connected to a central **printer**.

Drucker
Alle Computer in diesem Büro sind mit unserem zentralen Drucker verbunden.

punch n — **Locher**

registered letter n — **Einschreiben, Einschreibebrief**

sellotape n — **Tesafilm**

shredder n — **Reißwolf, Aktenvernichter**

Im Büro

Post und Kommunikation

sign v/t
Make sure that Mr Jones **signs** letters before you send them.

unterschreiben
Achten Sie bitte darauf, dass Herr Jones die Briefe unterschreibt, bevor Sie sie rausschicken.

---

stamp (abbrev **postage stamp**) n

Briefmarke

---

staple n

Heftklammer

---

stapler n

Hefter

---

swivel chair n

Drehstuhl

---

take notes v/t

Notizen machen

---

type v/t

tippen

---

typewriter n

Schreibmaschine

---

waste paper basket n

Papierkorb

2.2 Post und Kommunikation

attention (for the ~ of) phrase (abbrev **FAO**)

zu Händen (z. H.) ...

---

confidential (private and ~) adj

vertraulich

---

courier n
Extremely urgent documents are often sent by **courier**.

Kurier
Extrem eilige Dokumente werden häufig per Kurier gesandt.

---

cover (under separate ~) phrase

mit getrennter Post

---

e-mail (abbrev **electronic mail**) n
We check our **e-mail** regularly.

E-mail (elektronische Post)
Wir schauen regelmäßig unsere E-mail nach.

Post und Kommunikation

e-mail v/t
I **e-mailed** you the exhibition dates this morning.

per E-mail schicken
Ich habe Ihnen die Daten für die Ausstellung heute morgen per E-mail zugeschickt.

fax v/t
Can you **fax** this quotation to Mr Jones, please.

faxen (kurz für telefaxen)
Können Sie bitte Herrn Jones diesen Kostenvoranschlag faxen.

fax (machine) n
(facsimile machine)

Fax(gerät)

fax (message) n
(facsimile message)

Fax(nachricht) (Abk **Telefax**)

forward (post) v/t

(Post) nachschicken

mail n **(post** n**)**
The **mail** (**post**) is collected twice a day.

Post
Die Post wird zweimal täglich abgeholt.

mail (air ~) n

(mit/per) Luftpost

mail (air ~ sticker) n

Luftpostaufkleber

mail (express ~) n

(per) Express, (durch) Eilboten

mail (incoming/outgoing ~) n

Posteingang, Postausgang

mail (recorded delivery ~) n

(per) Einschreiben

mail (registered ~) n

(per) Einschreiben
garantierte Zustellung am nächsten Tag bis 12.30 Uhr (mit Schadensersatz) (GB)

mail (surface ~) n

einfach *(im Gegensatz zu Luftpost)*

mail (snail ~) colloq n
Sorry, you didn't get my e-mail attachment, I'll send it again by **snail mail**.

‚**Schneckenpost**', **normale Post**
Tut mir leid, dass Sie meine E-mail Anlage nicht bekommen haben, ich schicke sie noch einmal auf dem normalen Postweg.

22 Post und Kommunikation

memo (*abbrev* **memorandum**) *n*
Please circulate this **memorandum** to all administrative staff.

Memo(randum)
Bitte schicken Sie dieses Memo an alle Verwaltungsangestellten.

---

mobile phone *n*
If I'm not in the office try ringing me on my **mobile phone**.

Handy
Wenn ich nicht im Büro bin, versuchen Sie mich auf meinem Handy zu erreichen.

---

package *n*
A small **package** has arrived in the Post Room for Mr Michel.

Paket
Im Postraum ist ein kleines Paket für Herrn Michel angekommen.

---

parcel *n*

Päckchen

---

personal *adj*
Please mark this letter **'personal'**.

persönlich
Bitte versehen Sie diesen Brief mit dem Vermerk ‚persönlich'.

---

post (first-class ~) *n (GB)*

System in GB, nach dem ‚Erste Klasse' Briefe (ca. 1/5 mehr Porto) bevorzugt befördert werden.

---

post room *n*
The office mail is normally taken down to the **post room.**

Postraum, Poststelle
Unsere Büropost wird normalerweise zum Postraum runtergebracht.

---

postage *n*
Can you please check the **postage** rates before you send the letters off.

Porto
Bitte überprüfen Sie die Frankierung, bevor Sie die Briefe abschicken.

---

printed matter *n*
We send catalogues as **printed matter** because it costs less.

Drucksache
Kataloge versenden wir als Drucksache, um Kosten zu sparen.

---

redirection *n*

Nachsendung (von Post)

---

send *v/t*
We are **sending** the plans and photographs you requested under separate cover.

(zu)senden, schicken
Wir schicken Ihnen die gewünschten Pläne und Fotos mit separater Post.

Allgemeine Begriffe 23

special delivery n	*garantierte Zustellung am nächsten Tag bis 12.30 Uhr (ohne Schadensersatz) (GB)*
telegram n	**Telegramm**
telephone n (→ *mobile cordless*)	**Telefon**
telephone (~ directory) n	**Telefonbuch**
Urgent! n	**Eilt!**

3 Am Telefon

3.1 Allgemeine Begriffe

alarm call n	**Weckruf**
call (conference ~) n We use **conference calls** where possible to save travel costs.	**Telefonkonferenz** Um Kosten einzusparen, machen wir, wenn möglich, von Telefonkonferenzen Gebrauch.
call (emergency ~) n To make an **emergency call** dial '999'.	**Notruf** Den Notruf erreichen Sie unter ‚999'.
call (international ~) n	**Auslandsgespräch**
call (local ~) n	**Ortsgespräch (Citytarif)**
call (make a ~) v/t	**anrufen, ein (Telefon)Gespräch führen**
call (return a ~) phrase Hello, I'm just **returning** your call.	**zurückrufen, einen Anruf erwidern** Guten Tag, ich sollte Sie zurückrufen.

Allgemeine Begriffe

call (reverse charge ~) *n (GB)*; **call (collect ~)** *n (GB/US)* I'd like to make a **reverse charge call** to Paris, please.	**R.-Gespräch (Rückrufgespräch)** Ich möchte gerne ein R.-Gespräch nach Paris anmelden.
car phone *n*	**Autotelefon**
cardphone *n*	**Kartentelefon**
charge meter *n*	**Gebührenzähler, Einheitenzähler**
check *v/t* Could you **check** a number for me, please?	**überprüfen** Könnten Sie diese Nummer für mich bitte überprüfen?
code (international ~) *n*	**Vorwahl (internationale ~)**
code (local ~) *n* Don't forget to drop the initial '0' from the **local code** when you ring from Germany.	**Vorwahl (Ortsvorwahl)** Vergessen Sie nicht, die '0' der Ortsvorwahl wegzulassen, wenn Sie von Deutschland aus anrufen.
connect *v/t* In England there is a charge for calls **connected** by the operator.	**verbinden** In England sind die vom Operator vermittelten Telefonverbindungen gebührenpflichtig.
connection *n* You'll find the details about **connection** charges in our brochure.	**Anschluss** Sie finden alle Einzelheiten über Anschlussgebühren in unserer Broschüre.
cordless phone *n*	**schnurloses Telefon, Handy**
cut off *v/t* I keep getting **cut off**.	**(die Verbindung) unterbrechen** Meine Verbindung wird ständig unterbrochen.
dead *adj* There is no dialling tone. The line is **dead**.	**tot** Es gibt keinen Wählton. Die Leitung ist tot.

Allgemeine Begriffe

dial v/t
I **dialled** the number you gave me but I'm not getting a ringing tone.

wählen
Ich habe die Nummer gewählt, die Sie mir gegeben haben, aber ich bekomme kein Freizeichen.

---

digit n

Ziffer

---

directory (ex-~) adj (GB);
unlisted adj (US)

nicht (im Telefonbuch) eingetragen

---

directory enquiries npl (GB);
directory assistance n (US)
In England you can call **directory enquiries** by dialling '192'

Telefonauskunft (Inland)
In England können Sie die Auskunft unter der Nummer 192 erreichen.

---

directory enquiries (international ~) n

Telefonauskunft (Ausland)

---

get through v/i
I can't **get through,** the line is always engaged.

durchkommen
Ich kann nicht durchkommen, die Leitung ist immer besetzt.

---

fault n
I'd like to report a fault.

(Funk)Störung
Ich möchte eine Störung melden.

---

hang up v/i

(den Hörer) auflegen

---

message n
Please leave a **message** after the tone.

Nachricht
Bitte hinterlassen Sie eine Nachricht nach dem Signalton.

---

mobile phone n

Handy, Funktelefon

---

number (unobtainable ~) n
The **number** you have dialled is **unobtainable**.

unerreichbare Nummer
(entspricht: „kein Anschluss unter dieser Nummer")

---

number (wrong ~) n
I'm afraid you've got the **wrong number.**

falsch verbunden
Tut mir leid, Sie sind falsch verbunden.

---

mute button n

Stummschaltung

Am Telefon

26 Allgemeine Begriffe

operator *n*
In England you can call the **operator** by dialling '100'.

Inlandsfernamt, Operator
In England können Sie den Operator unter der Nummer ‚100' erreichen.

operator (international ~) *n*
You can call the **international operator** free of charge by dialling '155'.

Auslandsfernamt, Operator
Die Verbindung zum Auslandsfernamt ist kostenlos. Wählen Sie ‚155'.

payphone *n*

Münzfernsprecher

phone card *n*
A **phone card** enables you to ring from a public call box without using cash.

Telefonkarte
Mit einer Telefonkarte können Sie bargeldlos von einer öffentlichen Telefonzelle telefonieren.

rate *n*
There are different charge **rates** depending on the time of day and day of the week.

Gebühr, Tarif
Wir haben eine Reihe unterschiedlicher Gebühren, die von der Tageszeit und vom Wochentag abhängen.

rate (off-peak ~) *n*
We program our fax-machine to use the cheapest **off-peak rates**.

Spartarif
Wir programmieren unser Faxgerät, um vom günstigen Spartarif Gebrauch zu machen.

rate (weekend ~) *n*

Wochenendtarif

receiver *n*

Hörer

recorded message *n*

Ansage(text)

redial *v/ti*
The number you have dialled has been changed.
Please **redial**, inserting a '3' in front of the original number.

noch einmal wählen
Die gewählte Nummer hat sich geändert. Bitte setzen Sie bei der Wiederwahl eine 3 vor die ursprüngliche Nummer.

reply *n*
I rang several times but there was no **reply**.

Antwort
Ich habe mehrmals angerufen, aber es hat nie jemand abgenommen.

Gespräche annehmen und führen 27

ring *v/ti*
I **rang** you yesterday afternoon but you weren't in.

anrufen
Ich habe Sie gestern nachmittag angerufen, aber Sie waren nicht da.

telephone booth, telephone box *n*

Telefonzelle

tone (dialling ~) *n*

Wählton

tone (engaged ~) *n*

Besetztzeichen

tone (ringing ~) *n*

Freizeichen

unit *n*
The cost of your call is calculated according to the number of **units** you use.

Gebühreneinheit
Die Kosten für Ihr Gespräch richten sich nach der Anzahl der Gebühreneinheiten.

voice mail *n*
You can access your **voice mail** from any telephone.

Sprachbox
Sie haben über jeden Telefonanschluss Zugang zu Ihrer Sprachbox.

yellow pages *n*

Gelbe Seiten

3.2 Gespräche annehmen und führen

ansaphone *n*
(→ **answering machine**)

Anrufbeantworter

call *v/ti*
Who's **calling**, please?

anrufen
Wer ist am Apparat, bitte?

call (external ~) *n*

externes Gespräch

call (internal ~) *n*

internes Gespräch

call (take a ~) *phrase*
Can you **take a call** from a Mr Parry from London, please?

ein Gespräch entgegennehmen
Können Sie bitte ein Gespräch von einem Herrn Parry aus London entgegennehmen?

Gespräche annehmen und führen

call back v/ti
Mr Bowen isn't in the office at the moment. Shall I ask him to **call** you **back**?

zurückrufen
Herr Bowen ist zur Zeit nicht im Büro. Soll ich ihm sagen, dass er Sie zurückrufen soll?

---

engaged adj
I'm afraid the line is **engaged** at the moment. Do you want to hold?

besetzt
Es tut mir leid, die Leitung ist im Moment besetzt. Möchten Sie warten?

---

extension n
Could I have Mr Smith's **extension**, please?

Durchwahl, Apparat, Nebenstelle
Könnte ich bitte die Nummer von Herrn Smiths Durchwahl haben?

---

fax line n
We had a separate **fax line** installed.

Faxanschluss
Wir haben uns einen separaten Faxanschluss legen lassen.

---

freephone, 0800 number n

gebührenfreier Anruf

---

get back v/i
Can I **get back** to you on the new prices in a moment, please.

zurückrufen
Kann ich Sie wegen der neuen Preise gleich zurückrufen?

---

hold v/ti
Please hold the line.

am Apparat bleiben
Bitte bleiben Sie am Apparat.

---

line (on the ~) phrase
I've got Miss Fernberg **on the line**. Can you take the call now?

am Apparat
Ich habe Frau Fernberg für Sie am Apparat. Können Sie jetzt mit ihr sprechen?

---

line (other ~) n
Mr Jones is on the **other line** at the moment. Will you hold?

Leitung, Anschluss
Herr Jones spricht gerade auf der anderen Leitung. Möchten Sie warten?

---

line (poor~) n
The **line** is very **poor**. Please put your phone down and I'll ring back.

schlechte Verbindung
Die Verbindung ist sehr schlecht. Bitte legen Sie auf, ich rufe Sie zurück.

Gespräche annehmen und führen

message; *n*
Could I leave a ***message*** with someone for Mr Jones, please?

Nachricht
Könnte ich bitte eine Nachricht für Herrn Jones hinterlassen?

---

outside line *n*

Amt(sleitung)

---

pass on *v/t*
Would you mind ***passing on*** this message to Mrs Aston, please.

weiterleiten
Wären Sie so nett, die Nachricht an Frau Aston weiterzuleiten.

---

put through *v/t*
Could you ***put*** me ***through*** to the Marketing Department, please.

verbinden, durchstellen
Könnten Sie mich bitte mit der Marketingabteilung verbinden?

---

reach *v/t*
Do you have a number I can ***reach*** him on?

erreichen
Haben Sie eine Nummer, unter der ich ihn erreichen kann?

---

speak up *v/t*
Could you ***speak up***, please. The line is poor.

lauter sprechen
Könnten Sie bitte etwas lauter sprechen? Die Verbindung ist sehr schlecht.

---

speaking *phrase*
Could I speak to Mrs Mills, please? – ***Speaking***.

am Apparat
Könnte ich bitte mit Frau Mills sprechen? – Am Apparat.

---

spell *v/ti*
How do you ***spell*** that, please?

buchstabieren
Können Sie das bitte buchstabieren?

---

switchboard *n*

(Telefon)Zentrale, Vermittlung

---

switchboard operator *n*

Telefonistin in der Zentrale

---

teleconferencing *n*
(➤ call, conference ~)

Konferenzschaltung

---

transfer *v/t*
I'm afraid you've been put through to the wrong extension. I'll ***transfer*** you to the right one. Please hold the line.

verbinden
Tut mir leid, Sie sind hier falsch verbunden. Ich verbinde Sie weiter. Bleiben Sie bitte am Apparat.

Am Telefon

4 Am Computer

4.1 Hardware

CD-ROM drive *n*
CD-ROM drives are well-suited for multi-media applications such as video or photo-CD.

CD-ROM-Laufwerk
CD-ROM-Laufwerke sind bestens geeignet für Multimediaanwendungen wie Video oder Photo-CD.

---

computer (desktop ~) *n*

Computer

---

laptop *n* **(laptop computer)**
Does this ***laptop*** come with a built-in modem?

Laptop, Notebook
Ist das ein Laptop mit eingebautem Modem?

---

computer (mainframe ~) *n*

Großrechner, Zentralrechner

---

disk (floppy ~) *n*
Are these ***floppy disks*** already formatted?

Diskette
Sind diese Disketten schon formatiert?

---

disk (hard ~) *n*
How big is the ***hard disk*** on this machine?

Festplatte
Wie groß ist die Festplatte von diesem Computer?

---

disk drive *n*

Diskettenlaufwerk

---

disk capacity *n*

Speicherkapazität der Diskette/ Festplatte

---

diskette *n*

Diskette

---

down *adj (colloq)*
The network is ***down*** at the moment due to a power cut.

außer Betrieb
Das Netzwerk ist im Moment wegen Stromausfalls außer Betrieb.

---

hard copy *n*
(↳ *also* **printout**)
We'll need this document on disk and as ***hard copy.***

Ausdruck
Wir brauchen dieses Dokument auf Diskette und als Ausdruck.

---

hardware *n*

Hardware

---

input *n*

Eingabe

Hardware

input v/t Have you ***inputted*** all the data?	**eingeben** Haben Sie die alle Daten eingegeben?
interface n Printers are normally connected to the computer's parallel ***interface***.	**Schnittstelle** Drucker werden normalerweise über eine parallele Schnittstelle des Rechners angeschlossen.
keyboard n	**Tastatur**
keyboard (QWERTY~) n	**englische Tastatur**
memory n How much ***memory*** has this computer got?	**Speicher** Wieviel Speicherkapazität hat dieser Computer?
modem n	**Modem**
monitor n I am used to working with a 17" (inch) ***monitor***.	**Monitor, Bildschirm** Ich bin es gewohnt, auf einem 17-Zoll-Monitor zu arbeiten.
mouse n	**Maus**
network n All our computers are linked to the ***network***.	**Netzwerk** Alle unsere Computer sind vernetzt.
networked adj	**vernetzt**
network manager n	**Netzwerkmanager**
output n, v/t	**Ausgabe, ausgeben**
printer (dot matrix ~) n	**Nadeldrucker**
printer (ink jet ~) n	**Tintenstrahldrucker**
printer (laser ~) n	**Laserdrucker**
printout n	**Ausdruck**

Am Computer

32 Software

peripherals *npl*
Common **peripherals** include printers, scanners and modems.

Peripheriegeräte
Standard Peripheriegeräte schließen Drucker, Scanner und Modems ein.

---

processor *n*

Prozessor

---

scanner *n*
We use a **scanner** to input already existing printed documents.

Scanner
Wir benutzen einen Scanner um bereits existierende Druckvorlagen einzugeben.

---

screen *n*

Bildschirm

---

server *n*
Can I use this programme without having to access the **server**?

Server
Kann ich dieses Programm ohne Zugriff auf den Server benutzen?

---

terminal *n*

Terminal

---

upgrade *n*
It would be advisable to purchase a memory **upgrade** before installing the new software.

Aufrüstung
Ich würde Ihnen raten, Ihre Speicherkapazität aufzurüsten, bevor Sie die neue Software installieren.

VDU (Visual Display Unit) *n*

Bildschirm

---

workstation *n*
There are about 40 networked **workstations** in this department.

(Computer)Arbeitsplatz
In dieser Abteilung haben wir ungefähr 40 vernetzte Computerarbeitsplätze.

4.2 Software

access *n*
I don't seem to have **access** to these files.

Zugriff
Ich habe anscheinend keinen Zugriff auf diese Dateien.

---

access *v/t*
Have you tried **accessing** our home page?

zugreifen
Haben Sie schon versucht, auf unsere Homepage zuzugreifen?

Software

access rights *n*
All our confidential company information is protected by **access rights.**

Zugriffsrechte
Alle vertraulichen Informationen über unsere Firma sind durch Zugriffsrechte geschützt.

application *n*
We chose this computer because it is well-suited to DTP **applications**. (➤ **DTP**)

Anwendung
Wir habe diesen Computer gewählt, weil er sich besonders für DTP-Anwendungen eignet.

applications software *n*

Anwenderprogramme

back-up *n, adj*

Sicherungskopie

back up *v/t*
If you normally use the hard disk you should always **back up** your files on to a floppy disk.

Dokument sichern, Sicherungskopie anlegen
Wenn Sie normalerweise auf der Festplatte arbeiten, sollten Sie immer eine Sicherungskopie auf Diskette anlegen.

bug *n*
Early versions of a program often contain **bugs**.

Programmierfehler
Die ersten Versionen eines Programms enthalten oft Programmierfehler.

button *n*
The small boxes containing the icons act as a **button**.

Schaltfläche (auch: Symbol)
Die Kästchen mit den Sinnbildern dienen als Schaltfläche.

CAD/CAM (Computer Aided Design/Manufacture) *n*

computergestütztes Design, CAD/ computergestützte Produktion, CAM

CAL (Computer Aided Learning) *n*

computergestütztes Lernen

CBT (Computer Based Training) *n*

computergestütztes Lehr- und Lernprogramm

CD-ROM (compact disk – read-only memory) *n*

CD-ROM (Kompaktdiskette, nur Lesespeicher)

Am Computer

Software

character set (foreign ~) n
You'll find the whole **foreign character set** under the 'symbols' sub-menu.

Sonderzeichen
Sie finden alle Sonderzeichen unter dem ‚Symbole' Untermenü.

---

clipboard n

Zwischenablage

---

command n

Befehl

---

compatible adj

kompatibel

---

computer literate adj
I'm fairly **computer literate** but I haven't used networks much previously.

mit Computern vertraut
Ich bin mit Computern einigermaßen vertraut, aber habe im Umgang mit Netzwerken nicht viel Erfahrung.

---

copy n
I can let you have a **copy** of the file on disk, if you like.

Kopie
Wenn Sie möchten, kann ich Ihnen eine Kopie dieser Datei auf Diskette geben.

---

copy v/t

kopieren

---

crash v/i
My computer has **crashed**!

abstürzen
Mein Computer ist abgestürzt!

---

create v/t
You cannot create two files with identical names.

(neues) Dokument anlegen
Sie können nicht zwei Dateien mit identischem Namen anlegen.

---

cursor n

Cursor, Einfügemarke (selten)

---

cut and paste phrase

ausschneiden und einfügen

---

data n (normally used with singular adjective and verb form)
Is this **data** reliable?

Daten
Sind diese Daten verlässlich?

---

database n

Datenbank

---

data entry n (→ also **input**)
Large-scale **data entry** is mostly done by scanners these days.

Dateneingabe
Umfangreiche Dateneingabe erfolgt heutzutage meist per Scanner.

Software 35

data processing *n* | **Datenverarbeitung, EDV**

Data Protection Act *(abbrev **DPA**) n*
The storage and disclosure of personal information is strictly controlled be the **Data Protection Act**.

Datenschutzgesetz
Die Speicherung und Weitergabe persönlicher Daten wird durch das Datenschutzgesetz streng kontrolliert.

debug *v/t* | **Programmierfehler beseitigen**

delete *v/t*
Just try **deleting** some files to free up memory.

löschen
Versuchen Sie doch einfach, einige Dateien zu löschen, um Speicherplatz zu schaffen.

directory *n* | **Verzeichnis**

directory (sub- ~) *n*
Which **sub-directory** did you save the file in?

Unterverzeichnis
In welchem Unterverzeichnis haben Sie die Datei gespeichert?

display *v/t*
This command will **display** a blank template.

anzeigen
Mit diesem Befehl können Sie eine Formvorlage abrufen.

download *v/t*
I **downloaded** this information from the Internet.

(herunter)laden, downladen
Ich habe diese Information vom Internet heruntergeladen.

DTP (Desktop Publishing) *phrase*
We have **DTP** software if you need it but our Graphic Design department normally handles complex work.

Desktop Publishing
DTP-Software ist vorhanden, falls Sie diese benötigen, aber komplexere Arbeiten erledigt normalerweise unsere Grafik- und Designabteilung.

enter *v/t*
Please **enter** your password.

eingeben
Bitte geben Sie Ihr Kennwort ein.

error message *n*
I keep getting the same **error message**.

Fehlermeldung
Ich bekomme immer die gleiche Fehlermeldung.

Am Computer

Software

file v/t
Please **file** this in the 'orders received' folder.

ablegen
Bitte legen Sie das in der Akte ‚Auftragseingänge' ab.

file n (computer)
First save all open **files**, then make a backup copy.

Datei (Computer)
Speichern Sie zuerst alle geöffneten Dateien, fertigen Sie dann eine Sicherheitskopie an.

filename n
This software allows you to create **filenames** of any length.

Dateiname
Mit dieser Software können Sie Dateinamen von beliebiger Länge anlegen.

folder n
A **folder** can contain files or other folders.

Ordner
Ein Ordner kann Dateien oder andere Ordner enthalten.

format v/ti
All these disks are **pre-formatted.**

formatieren
Diese Disketten sind bereits alle formatiert.

highlight v/ti (➤ mark)
First **highlight** the text, then drag it to the desired position.

hervorheben, markieren
Markieren Sie zunächst den Text und ziehen Sie ihn dann auf die gewünschte Position.

host n

zentraler Rechner, Host

install v/t
Can I **install** the software myself?

installieren
Kann ich diese Software selbst installieren?

internet n

Internet

load v/t
I cannot **load** the programme you gave me.

laden
Ich kann das Programm, das Sie mir gegeben haben, nicht laden.

log on/off v/i
Please check that you've **logged on** to the network.

anmelden/abmelden
Bitte überprüfen Sie, dass Sie sich im Netzwerk angemeldet haben.

Machine-Aided Translation n
(abbrev **MAT**)

computergestütztes Übersetzungsprogramm

Software

mark v/t (→ highlight)
You need to **mark** the cell before you can change its format.

markieren, hervorheben
Sie müssen zuerst die Zelle markieren, bevor Sie das Format ändern können.

---

menu bar n

Menüleiste

---

manual n
All of our software includes on-line **manuals**.

Handbuch
Unsere gesamte Software enthält Online Handbücher.

---

on-line service n
On-line services are offered by commercial data providers.

Onlinedienst
Onlinedienste werden von kommerziellen Datendienst-Unternehmen angeboten.

---

operating system n

Betriebssystem

---

password n
Your **password** has expired.

Kennwort
Ihr Kennwort ist abgelaufen.

---

pointer n

Mauszeiger

---

program n

Programm

---

program v/t
What language is this **programmed** in?

programmieren
In welcher Sprache ist das programmiert?

---

retrieve v/t
If you've accidentally deleted a document, you can **retrieve** it from the recycle bin.

abfragen, wiederholen, zurückholen
Wenn Sie irrtümlich ein Dokument gelöscht haben, können Sie es aus dem Papierkorb wiederholen.

ROM n (read-only memory)

ROM (Lesespeicher)

RAM (random access memory) n

RAM (Haupt- oder Arbeitsspeicher)

---

save v/t
We normally **save** files on the hard disk.

speichern
Normalerweise speichern wir alle Dateien auf der Festplatte.

---

scroll v/i

scrollen, Bildlauf durchführen

Am Computer

38 Software

software package *n*	**Software**
spreadsheet *n*	**Tabellenkalkulation**
storage *n*	**Speicher, Speicherung**
template *n* We have devised **templates** for most of our forms and standard letters.	**Formatvorlage** Für die meisten unserer Formulare und Standardbriefe haben wir Formatvorlagen entworfen.
title bar *n*	**Titelleiste**
toolbar *n* You'll find the buttons for the most important menus on the **toolbar**.	**Symbolleiste** Auf der Symbolleiste finden Sie die Schaltflächen der wichtigsten Menübefehle.
update *v/t, n*	**aktualisieren, Update**
user *n*	**Benutzer**
user-friendly *adj* This program is supposed to be **user-friendly**.	**benutzerfreundlich** Dieses Programm ist angeblich benutzerfreundlich.
username *n* You will need a **username** and a password to access data from the network.	**Benutzername, User-Name** Für den Zugriff auf Netzwerkdaten benötigen Sie einen Benutzernamen und ein Kennwort.
virus (anti-~) *adj* All our computers are equipped with **anti-virus** software.	**Virus** All unsere Computer sind mit Anti-Virus Software ausgerüstet.
voice recognition *n* We are currently trialling **voice recognition** software.	**Spracherkennung** Wir erproben zur Zeit Spracherkennungsprogramme.
website *n* You can view all our product information on our **website**.	**Internet-Seite, Website** Sie können sämtliche Produktinformationen auf unseren Internet-Seiten einsehen.
WWW *n* **(World Wide Web)**	**WWW**

Textverarbeitung und Tastatur 39

4.3 Textverarbeitung und Tastatur

arrow key *n*
You can also use the **arrow key** to move the insertion point to the beginning of your text.

Cursortaste
Sie können auch die Cursortaste benutzen, um die Einfügemarke zum Textanfang zu bringen.

---

back shift *n*

Rücktaste

---

blocked *adj (of text)*

(**Text**) geblockt, nicht eingerückt

---

bold *adj*
The title of this document should be in **bold**.

fett, Fettdruck
Der Titel dieses Dokuments sollte in Fettdruck erscheinen.

---

cancel *v/t*

löschen

---

control key *n*

Controltaste

---

copy *v/t*
You first need to mark the paragraph before you can **copy** it.

kopieren
Sie müssen zuerst den Abschnitt markieren, bevor Sie ihn kopieren können.

---

delete key *n*
First choose the entire row, then press the delete key.

Löschtaste
Markieren Sie erst die gesamte Reihe und drücken Sie dann die Löschtaste.

---

edit *v/t*

bearbeiten

---

embolden *v/t* (→ **bold**)

mit Fettdruck versehen

---

enter key *n*
Most commands have to be confirmed by pressing the **enter key**.

Eingabetaste
Die meisten Befehle müssen mit der Eingabetaste bestätigt werden.

---

function key *n*
We have stored the German umlauts under **function keys** F1 to F3.

Funktionstaste
Wir haben die deutschen Umlaute auf den Funktionstasten F1 bis F3 gespeichert.

Am Computer

Textverarbeitung und Tastatur

indent v/t
Indenting text is less common today.

einrücken
Das Einrücken von Texten ist heute weniger üblich.

---

italics npl, adj
All product names should appear in **italics**, and not in bold.

kursiv, Kursivdruck
Alle Produktnamen sollten in Kursivdruck erscheinen und nicht in Fettdruck.

---

key n

Taste

---

page break n
Please insert a **page break** after the table.

Seitenumbruch
Bitte fügen Sie einen Seitenumbruch nach der Tabelle ein.

---

proofing tools n (mostly pl)
Your computer has **proofing tools** for English, French and German.

Korrekturprogramm
Auf Ihrem Computer sind Korrekturprogramme für Englisch, Französisch und Deutsch.

---

return key n

Returntaste, Eingabetaste

---

shift key n

Umschalttaste

---

sort v/t

sortieren

---

spacebar n

Leertaste

---

spellcheck v/t
Make sure you **spellcheck** documents before printing them.

die Rechtschreibung prüfen
Achten Sie darauf, dass Sie die Rechtschreibung prüfen, bevor Sie das Dokument ausdrucken.

---

spellchecker n

Rechtschreibeprogramm

---

tab key n
Do not use the **tab key** or the spacebar to indent a paragraph.

Tabulatortaste
Benutzen Sie nicht die Tabulatortaste oder die Leertaste zum Einrücken von Abschnitten.

---

underline v/t (GB),
underscore v/t (US)

unterstreichen

word-processing *n*
Which **word-processing** software are you used to?

Textverarbeitung, ~sprogramm
Mit welchem Textverarbeitungsprogramm sind Sie vertraut?

work on-line/off-line *phrase*

online/offline arbeiten

5 Die Firma

5.1 Standort und Geschäftsgebäude

acre *n*
The site covers about 5 **acres**.

Morgen *(ca. 3000 qm)*
Unser Grundstück umfasst etwa 15000 qm.

air-conditioned *adj*

mit Klimaanlage

base *n*
We have regional **bases** throughout the UK.

Vertretung
Wir haben regionale Vertretungen in ganz Großbritannien.

base *v/i*
The company is **based** in Birmingham.

den Hauptsitz haben
Unsere Firma hat ihren Hauptsitz in Birmingham.

building *n*
The **building** on your left houses our research laboratory.

Gebäude
In dem Gebäude links vor Ihnen ist unser Forschungslabor untergebracht.

city centre *n (GB)*;
city center *n (US)*
Our firm is located in the **city centre**.

Stadtmitte, City Center, Stadtkern
Unsere Firma befindet sich in der Stadtmitte.

complex *n*
This whole **complex** will be demolished in order to make way for a modern production plant.

Komplex
Dieser gesamte Komplex wird abgerissen, um Platz für eine moderne Produktionsanlage zu schaffen.

Standort und Geschäftsgebäude

depot *n*
Goods are stored at our **depot** in Nottingham prior to distribution to wholesale and retail outlets.

Depot, Lager
Die Waren werden in unserem Depot in Nottingham gelagert, bevor sie an den Groß- und Einzelhandel ausgeliefert werden.

derelict *adj*

verfallen, abbruchreif

edge *n*
Our factory is situated on the northern **edge** of town alongside the ring road.

Stadtrand
Unsere Fabrik liegt direkt an der Ringstraße am nördlichen Stadtrand.

energy efficient *adj*
The buildings were designed to be as **energy efficient** as possible.

energiesparend
Die Gebäude sollten so energiesparend wie möglich sein.

factory *n*

Fabrik

freehold *n*
The company owns the **freehold** of its headquarters in Cambridge.

Besitzrecht, Eigentum
Der Hauptsitz in Cambridge ist Eigentum der Firma.

freehold *adj*

Eigentums-

get to *v/i*
How do I **get to** your company from the railway station?

finden, (hin)kommen
Wie komme ich vom Bahnhof aus zu Ihrer Firma?

green-field site *n*
We recently moved to a **green-field site** near Wetherby, in Yorkshire.

Standort/Industriegelände auf der grünen Wiese
Wir sind unlängst auf ein Industriegelände auf der grünen Wiese, in der Nähe von Wetherby in Yorkshire gezogen.

head office *n*
Our regional offices are controlled from our **head office** in Frankfurt.

Hauptgeschäftsstelle, Hauptverwaltung
Unsere regionalen Geschäftsstellen unterstehen unserer Hauptgeschäftsstelle in Frankfurt.

Standort und Geschäftsgebäude

headquarters
(*abbrev* **H.Q.**) *npl*
Our **headquarters** are here in Cambridge.

Hauptsitz, Zentrale, Stammwerk
Unser Hauptsitz ist hier in Cambridge.

individual office *n*
All Heads of section have **individual offices.**

eigenes Büro, Einzelraumbüro
Alle Abteilungsleiter haben ein eigenes Büro.

industrial estate *n*
Our premises are in Unit 18 in the Armley **industrial estate**.

Industriegebiet
Unsere Geschäftsräume sind im Block 18 im Armley Industriegebiet.

industrial site *n*

Industriegelände

lease *n*
We have a 20-year **lease** on these premises which expires in five years.

Pachtvertrag
Wir haben für diese Geschäftsräume einen Pachtvertrag über 20 Jahre, der in fünf Jahren ausläuft.

office *n*

Büro

office (open plan ~) *n*

Großraumbüro

office space *n*
Recent expansion has led to a shortage of **office space**.

Platz für Büros
Die jüngste Expansion hat zu einer Verknappung an Büroraum geführt.

outskirts *n*
The company is located on the **outskirts** of Cambridge.

Außenbezirk
Unsere Firma liegt im Außenbezirk von Cambridge.

parent company *n*

Mutterfirma

park (business ~) *n*

Industriegebiet

park (science ~) *n*

Technologiepark

plant *n*
We now produce all our machine tools at our Birmingham **plant**.

Werk
Wir stellen jetzt all unsere Werkzeugmaschinen in unserem Werk in Birmingham her.

premises (business ~) n
Can you recommend a hotel which is within easy walking distance of your **business premises**?

Geschäftsräume
Können Sie ein Hotel in unmittelbarer Nähe Ihrer Geschäftsräume empfehlen?

---

purpose-built adj
Our design department moved into **purpose-built** accommodation last year.

speziell angefertigt
Unsere Design-Abteilung ist letztes Jahr in ein speziell angefertigtes Gebäude umgezogen.

---

registered office n
This is our **registered office**, as you will have seen from our letterheads.

eingetragener Sitz der Firma
Dies ist der eingetragene Sitz der Firma, wie Sie aus unserem Briefkopf ersehen haben.

---

relocate v/ti
Some staff are in the process of **relocating** to our new head office.

verlegen (Fabrik), versetzen (Angestellte)
Wir sind dabei, einige Mitarbeiter an die neue Hauptgeschäftsstelle zu versetzen.

---

run-down adj

heruntergekommen, abgewirtschaftet

---

spacious adj

geräumig

---

warehouse n

Lager

5.2 Firmenpräsentation

bar chart n
The **bar chart** shows last year's sales figures by country.

Balkendiagramm
Im Balkendiagramm sehen Sie für jedes Land die Absatzzahlen des letzten Jahres.

---

branch n
What **branch** of business are you in?

Branche
In welcher Branche ist Ihre Firma tätig?

Firmenpräsentation

branch out *v/i*
The company originally manufactured radios and televisions, but increasingly we have **branched out**, particularly into computers.

diversifizieren, sich ausbreiten
Unsere Firma stellte ursprünglich Radios und Fernsehgeräte her, aber wir haben in zunehmendem Maße diversifiziert, vor allem im Computerbereich.

---

brochure *n* — **Prospekt, Broschüre**

---

catalogue *n* — **Katalog**

---

company profile *n* — **Firmenprofil**

---

day-to-day business *n* — **Tagesgeschäft**

---

demonstration of products *n* — **Präsentation der Produkte**

---

document *n*
(➤ information sheet)

Unterlage, Informationsmaterial

---

employee *n*
The number of our **employees** fell slightly last year.

Beschäftigte(r)
Die Zahl unserer Beschäftigten ist im letzten Jahr leicht zurückgegangen.

---

establish *v/i*
The company was **established** in 1976.

gründen, einrichten
Die Firma wurde 1976 gegründet.

---

factsheet *n* — **Informationsblatt**

---

flow chart *n* — **Flussdiagramm**

---

folder *n*
The **folder** I have distributed contains various information about the company.

Mappe, Folder
Die ausgeteilte Mappe enthält verschiedene Informationen über die Firma.

---

graph *n*
May I refer you to the **graph** on page 13.

grafische Darstellung, Grafik
Darf ich Sie auf die Grafik auf Seite 13 verweisen.

---

information pack *n* — **Informationsmaterial**

Die Firma

Firmenpräsentation

leading *adj*
We are one of the **leading** companies in the publishing industry.

führend
Wir gehören zu den führenden Unternehmen des Verlagswesens.

logo *n*
Our company **logo** symbolises our aspirations.

Logo, Firmenzeichen
Unser Firmenzeichen symbolisiert die Aspirationen unserer Firma.

management style *n*
Our **management style** is informal, hands-on and consultative.

Führungsstil
Unser Führungsstil ist informell, praktisch ausgerichtet und beruht auf Konsultation der Mitarbeiter.

manufacture *v/t*

herstellen

market *n*
In recent years our traditional **markets** have become harder to sell in, so we have had to look further afield.

Markt
In den letzten Jahren ist der Absatz auf den traditionellen Märkten schwieriger geworden, daher mussten wir nach weiter entfernten Märkten Ausschau halten.

market *v/t*
We **market** this product under different brand names.

vermarkten
Wir vermarkten dieses Produkt unter verschiedenen Markennamen.

market leader *n*

Marktführer

mission statement *n*
Our company's **mission statement** includes a commitment to providing continuing education opportunities for our staff.

etwa: **Erklärung zur Firmenpolitik**
Die Erklärung zur Firmenpolitik schließt ein verpflichtendes Angebot zu Weiterbildungsmöglichkeiten für unsere Mitarbeiter ein.

multi-media *adj, n*
All staff engaged in promotional activities are provided with these **multi-media** materials.

Multimedia
Alle Mitarbeiter, die sich mit Werbeaktionen beschäftigen, werden mit Multimedia-Materialien versorgt.

Firmenpräsentation

organigramme n
This **organigramme** shows how the various divisions of the company relate to each other.

Organigramm *(schematischer Aufbau einer Organisation)*
Dieses Organigramm zeigt, in welcher Beziehung die verschiedenen Abteilungen der Firma zueinander stehen.

---

overhead projector (OHP) n

Overheadprojektor

---

overhead transparency n
→ slide

Overheadfolie, transparente Vorlage

---

pictogram n
On this **pictogram** each mobile phone represents 1000 units sold.

Piktogramm
Jedes Handy auf diesem Piktogramm repräsentiert 1000 verkaufte Einheiten.

---

pie chart n
This **pie chart** shows the distribution of earnings from all sources.

Kreisdiagramm
Das Kreisdiagramm zeigt die Einkommensverteilung aus den Gesamteinkünften.

---

produce v/t
Our company **produces** electronic consumer goods.

herstellen
Unsere Firma stellt Geräte der Unterhaltungselektronik her.

---

product n

Produkt

---

product guide n

Produktanzeiger

---

promotional video n
It might be useful for you to see our **promotional video** first.

Promotion-Video
Es wäre vielleicht sinnvoll, wenn Sie sich zunächst unser Promotion-Video anschauen.

---

public image n
We take our **public image** very seriously and monitor carefully what the media say about us.

Image/Bild in der Öffentlichkeit
Wir nehmen unser Image in der Öffentlichkeit sehr ernst und verfolgen sorgfältig, was in den Medien über uns gesagt wird.

quality (consistent ~)
Long-term success in the German market means delivery to a **consistent quality**.

gleichbleibende Qualität
Langfristiger Erfolg auf dem deutschen Markt bedeutet, dass man Waren gleichbleibender Qualität liefern muss.

record growth n
The last 3 years show **record growth** for the company.

Rekordwachstum
In den letzten drei Jahren verzeichnete unsere Firma ein Rekordwachstum.

reputation n
Our market research indicates that we enjoy a good **reputation** for the quality and durability of the goods we produce.

Ruf
Unsere Marktforschungen zeigen, dass unsere Produkte einen guten Ruf für Qualität und Lebensdauer haben.

satisfied customers n
We frequently use letters **from satisfied customers** in our promotional materials.

zufriedene Kunden
Wir verwenden häufig Briefe von zufriedenen Kunden in unserem Werbematerial.

slide n
This **slide** gives a breakdown of our main activities.

(Overhead)folie, Transparent
Auf dieser Folie sehen Sie eine Aufschlüsselung unserer Haupttätigkeitsbereiche.

supplier n

Zulieferer

tour of the company n
Perhaps we could begin by making a brief **tour of the company**.

Betriebsbesichtigung
Vielleicht sollten wir zunächst eine kurze Betriebsbesichtigung machen.

track record n
We have a successful **track record** of bringing innovative products to market quickly.

Erfolgsbilanz, Leistungsbilanz
Wir haben eine gute Erfolgsbilanz, innovative Produkte rasch auf den Markt zu bringen.

turnover n
We have almost doubled our **turnover** in the last five years.

Umsatz
Wir haben unseren Umsatz in den letzten fünf Jahren fast verdoppelt.

6   Kundenbetreuung

6.1   Spesenabrechnung

approval *n*
Reimbursement of expenses is subject to the ***approval*** of your line manager.

Genehmigung
Die Erstattung von Spesen bedarf der Genehmigung Ihres unmittelbaren Vorgesetzten.

bill *n*

Rechnung

claim form *n*
You will need to complete an expenses ***claim form*** on a monthly basis.

Spesenabrechnungsformular
Sie müssen jeden Monat ein Spesenabrechnungsformular ausfüllen.

corporate entertaining *n*
In Germany 80 % of expenses for ***corporate entertaining*** can be written off against tax.

Bewirtung von Kunden
In Deutschland können 80 % der Spesen für die Bewirtung von Kunden steuerlich abgesetzt werden.

expense account *n*
Do I have access to an ***expense account*** if I want to take a client out for a meal, for example?

Spesenkonto
Habe ich Zugang zu einem Spesenkonto, wenn ich zum Beispiel einen Kunden zum Essen einladen möchte?

expenses *n*
The company will refund ***expenses*** only against presentation of relevant receipts.

Spesen, Auslagen
Die Firma erstattet Spesen nur gegen Vorlage von entsprechenden Belegen.

gift *n*
Many companies are no longer permitted to accept ***gifts*** from their suppliers.

Geschenk
Vielen Firmen ist es nicht mehr gestattet, Geschenke von ihren Zulieferern anzunehmen.

hospitality *n*
We have a limited budget for ***hospitality***.

Kundenbewirtung, Gastfreundschaft
Wir haben ein begrenztes Budget für Kundenbewirtung.

receipt n
Please attach all **receipts** to your claim form.

Beleg, Quittung
Bitte legen Sie alle Belege Ihrem Spesenabrechnungsformular bei.

reimburse v/t
Will the company **reimburse** me for first or second class rail?

erstatten
Erstattet die Firma die Bahnfahrt mit erster oder zweiter Klasse?

6.2 Kunden zum Essen einladen

dinner n
Mr Huber would like to invite you for **dinner** at his house tonight.

Abendessen
Herr Huber möchte Sie heute zum Abendessen zu sich nach Hause einladen.

dinner party n
Would you be free to come to a **dinner party** this evening?

Diner, Abendgesellschaft
(formal)
Hätten Sie heute Abend Zeit zum Diner zu kommen?

drop off v/t
I can **drop** you **off** at your hotel after we've eaten. It's no problem.

absetzen
Ich kann Sie nach dem Essen in Ihrem Hotel absetzen. Das ist kein Problem.

invitation n
I'm sorry to have to decline your kind **invitation**, but I already have something on tonight.

Einladung
Leider muss ich Ihre freundliche Einladung ablehnen, da ich schon für heute Abend verabredet bin.

invite v/t
Can I **invite** you for a drink?

einladen
Darf ich Sie auf einen Drink einladen?

join v/t
Why don't you **join** me for lunch.

mitkommen, sich anschließen
Kommen Sie doch mit zum Mittagessen.

lunch n
Let's have **lunch** one day next week.

Mittagessen
Gehen wir doch nächste Woche mal zusammen Mittagessen!

meet v/ti
We'll **meet** outside the Opera at 7.00.

treffen
Wir treffen uns um sieben vor der Oper.

pick up v/t
I'll **pick** you **up** from your hotel at 7.30 this evening, then.

abholen
Dann hole ich Sie heute Abend um 19.30 Uhr im Hotel ab.

6.3 Im Restaurant

book v/t
I've **booked** us a table at the Chinese restaurant.

reservieren, buchen
Ich habe uns einen Tisch im China-Restaurant reservieren lassen.

business card n
May I give you my **business card**?

Visitenkarte
Darf ich Ihnen meine Visitenkarte geben?

buffet n
Please help yourself from the cold **buffet**.

Büfett
Bitte bedienen Sie sich doch am kalten Büfett.

choose v/t
Have you already **chosen**, Sir?

(aus)wählen
Haben Sie schon gewählt?

dessert n
What would you like for **dessert**?

Nachspeise, Nachtisch, Dessert
Was möchten Sie zum Nachtisch?

drink n
Would you like a **drink** before your meal?

Getränk, Drink
Möchten Sie vor dem Essen etwas trinken?

entrée n

Zwischengericht

followed by phrase
I think I'll start with celery soup, **followed by** lamb, please.

wörtl.: **gefolgt von**
Ich denke, ich nehme erst die Selleriesuppe und dann das Lammfleisch, bitte.

Im Restaurant

get *v/t colloq.* **(pay for)**
Let me **get** this.

ugs **bezahlen, übernehmen, machen**
Lassen Sie mich das mal machen.

get back *v/i*
How are you **getting back** to your hotel?

zurückkommen
Wie kommen Sie denn in Ihr Hotel zurück?

get in touch *phrase*
I'll **get in touch** with you next week.

sich wieder melden
Ich melde mich dann nächste Woche wieder.

hors d'oeuvre *n* (→ starter)

Vorspeise, hors d'oeuvre

main course *n*

Hauptgericht

menu *n*
Could we have the **menu**, please.

Speisekarte
Wir hätten gern die Speisekarte.

menu (set ~) *n*

Tageskarte, Mittagskarte

mistake *n*
There seems to be a **mistake** in the bill. We only ordered two bottles of wine.

Fehler, Irrtum
Ich glaube, Sie haben sich in der Rechnung geirrt. Wir hatten nur zwei Flaschen Wein bestellt.

mix business with pleasure *phrase*
It's nice to be able to **mix business with pleasure** once in a while.

das Angenehme mit dem Nützlichen verbinden
Es ist schön, hin und wieder das Angenehme mit dem Nützlichen verbinden zu können.

on me *phrase colloq*
The meal's **on me**.

ugs ‚**auf mich**'
Das Essen geht auf mich.

order *v/t*
Are you ready to **order**?

bestellen
Möchten Sie bestellen?

pudding *n*
Traditional English **puddings** are a house speciality.

Pudding, Nachspeise
Der traditionelle englische Pudding ist eine Spezialität des Hauses.

recommend *v/t*
Can you **recommend** a good restaurant?

empfehlen
Können Sie mir ein gutes Restaurant empfehlen?

Im Restaurant 53

recommended *adj* **(highly ~)**
The French restaurant round the corner is **highly recommended**.

sehr/höchst empfehlenswert
Das französische Restaurant um die Ecke ist sehr empfehlenswert.

service *n*
The **service** is normally very good here.

Bedienung, Service
Die Bedienung ist normalerweise sehr gut hier.

specialise in *v/i*
This restaurant **specialises in** fish dishes.

spezialisiert auf
Dieses Restaurant hat sich auf Fischgerichte spezialisiert.

spicy *adj*
Do you like **spicy** food?

scharf
Mögen Sie scharfes Essen?

start with *v/i*
What would you like to **start with**?

beginnen
Womit möchten Sie beginnen?

starter *n*
I'll have garlic prawns as a **starter**.

Vorspeise
Ich nehme Krabben in Knoblauch-soße als Vorspeise.

sweet *n colloq.* (→ **dessert**)

süße Nachspeise

tip *n*

Trinkgeld

vegetarian *adj*
Are there any **vegetarian** meals on the menu?

vegetarisch
Gibt es irgendwelche vegetarischen Gerichte auf der Karte?

vegetarian *n*

Vegetarier

waiter *n*

Kellner, Herr Ober!

waitress *n*

Kellnerin

wine list *n*
May I see the **wine list**, please.

Weinkarte
Ich hätte gern die Weinkarte.

working breakfast *n*

Arbeitsfrühstück

working lunch *n*

Arbeitsessen

Kundenbetreuung

7 Auf der Bank

7.1 Dienstleistungen

a/c payee only (*abbrev.* **account payee only**) (→ *also* **cross**) *phrase*	**nur an Empfänger (entspricht der Streichung des Zusatzes „oder Überbringer" und kann nur vom Zahlungsempfänger eingelöst werden)**
account *n* Do you have an ***account*** with us, Sir?	**Konto** Haben Sie ein Konto bei uns?
account (current ~) *n*	**Girokonto, laufendes Konto**
account (deposit ~, savings ~) *n*	**Einlagenkonto, Sparkonto**
account (joint ~) *n* Is this ***account*** in your name only or is it a joint account?	**gemeinsames Konto** Wird dieses Konto auf Ihren Namen geführt oder ist das ein gemeinsames Konto?
account holder *n*	**Kontoinhaber**
account number *n*	**Kontonummer**
balance *n* Your current account is showing a credit ***balance*** of £ 1,259.	**Kontostand, Saldo** Der Kontostand auf Ihrem Girokonto beträgt £ 1259.
bank card *n* (→ **cheque card**)	**Scheckkarte, Bank-Card**
bank cashier *n*	**Kassierer(in)**
bank charges *npl* ***Bank charges*** are waived if your account balance does not drop below £ 100.	**Kontoführungsgebühren** Solange Ihr Kontostand nicht unter £ 100 fällt, werden keine Kontoführungsgebühren berechnet.
bank clerk *n*	**Bankangestellte(r)**

Dienstleistungen 55

bank counter n	**Bankschalter**
bank manager n	**(Zweigstellen)Leiter(in)**
(bank) sort code n	**Bankleitzahl**
(bank) safe n	**Banktresor**
(bank) till n	**Kasse**

Auf der Bank

banker's draft n
When a bank issues a ***banker's draft*** at a cost to the customer, the cheque is guaranteed by the bank.

Bankscheck
Bei der Ausstellung eines Bankschecks übernimmt die Bank gegen Zahlung einer Gebühr des Kunden die Garantie für diesen Scheck.

---

banker's order n
(→ **standing order**)

Dauerauftrag

---

black (in the ~) colloq.
(→ **credit**) phrase

in den schwarzen Zahlen

---

bounce
colloq. (→ **return**) v/i
The cheque ***bounced*** because she had already closed the account.

platzen
Der Scheck ist geplatzt, da sie ihr Konto bereits aufgelöst hatte.

---

branch n — **Zweigstelle, Filiale**

branch manager n — **Zweigstellenleiter, Filialleiter**

building society n — **Bausparkasse**

---

cash n
Do you want to pay by ***cash*** or by cheque?

Bargeld
Möchten Sie mit Bargeld oder Scheck bezahlen?

---

cash a cheque phrase — **einen Scheck einlösen**

cash dispenser n — **Geldautomat**

Dienstleistungen

cash point *n*
Your **cash point** has just swallowed my card!

Geldautomat
Ihr Geldautomat hat gerade meine Karte geschluckt!

cash point card *n*
The **cash point card allows you** to withdraw cash at any time.

Geldautomatenkarte
Mit der Geldautomatenkarte können Sie zu jeder Zeit Geld abheben.

cheque *n (GB);*
check *n (US)*
Do not keep your **cheque** book and card together.

Scheck
Bitte bewahren Sie Scheckbuch und Scheckkarte getrennt voneinander auf.

cheque (blank ~) *n*

Blankoscheck

cheque (counter ~) *n*
I've forgotten my cheque book. Could I have a **counter cheque**, please.

Notscheck, Behelfsscheck
Ich habe mein Scheckbuch vergessen. Könnte ich bitte einen Notscheck haben?

cheque(crossed ~) *n (GB);*
for deposit only *n (US)*

Verrechnungsscheck

cheque (open ~) *n*

Barscheck, Blankoscheck

cheque card *n*
Your **cheque card** guarantees that cheques up to a specified amount will be honoured.

Scheckkarte
Die Einlösung eines Schecks wird bis zu einer bestimmten Summe durch die Scheckkarte garantiert.

clear *v/t*
How long will it take for the cheque to **clear**?

verrechnen, abbuchen
Wie lange dauert es, bis der Scheck verrechnet ist?

close *v/t*
I'm returning to Germany shortly and would like to **close** my deposit account with you.

auflösen, schließen
Ich kehre bald nach Deutschland zurück und möchte mein Sparkonto bei Ihnen auflösen.

countersign *v/t*

gegenzeichnen

credit *n*

Haben(saldo), Guthaben, Kredit

Dienstleistungen 57

Auf der Bank

credit *v/t*
We will **credit** you with the full amount which was debited to your account in error.

gutschreiben
Wir werden Ihnen den vollen Betrag gutschreiben, der irrtümlicherweise von Ihrem Konto abgebucht wurde.

credit card *n*
Most **credit cards** are accepted throughout Europe.

Kreditkarte
Die meisten Kreditkarten werden in ganz Europa akzeptiert.

credit limit *n*
Your **credit limit** is £ 800 at present.

Kreditrahmen
Ihr Kreditrahmen beträgt zur Zeit £ 800.

credit slip *n*
(→ **paying-in slip**)

Einzahlungsbeleg, Einzahlungsschein,

cross *v/t*
Please **cross** the cheque by writing 'a/c payee' on it.

entspricht: **„nur zur Verrechnung"**
Bitte schreiben Sie „Nur zur Verrechnung" über den linken Rand des Schecks.

deposit account *n*
(→ **savings account**)

Sparkonto, Einlagenkonto

direct debit *n*
You can pay regular bills for variable amounts by **direct debit**.

Lastschrift
Sie können wiederkehrende, aber unterschiedlich hohe Rechnungen durch ein Lastschriftverfahren begleichen.

expiry date *n (GB)*;
expiration date *n (US)*
What is the **expiry date** on your card?

Ablaufdatum, Verfallsdatum
Was ist das Ablaufdatum auf Ihrer Karte?

home banking *n*
Home banking allows all routine banking operations to be conducted from home using a PC.

HomeBanking
Mit HomeBanking können Sie alle Routine-Bankgeschäfte von zu Hause aus auf Ihrem PC erledigen.

Dienstleistungen

interest rate *n*
What is the **interest rate** on deposit accounts?

Zinssatz
Wie hoch ist der Zinssatz auf Sparkonten?

make out to *v/i*
I **made** the cheque **out to** Mr A. N. Jones.

ausstellen auf
Ich habe den Scheck auf Herrn A. N. Jones ausgestellt.

make payable to *v/t*
Please **make** the cheque **payable to** Mr Richard Hardaker.

ausstellen auf
Bitte stellen Sie den Scheck auf Herrn Richard Hardaker aus.

open (to ~ an account) *phrase*
I would like **to open an account** with your bank, please.

ein Konto eröffnen, ein Konto einrichten
Ich möchte gern bei Ihrer Bank ein Konto eröffnen.

overdraft *n*
I would like to arrange **overdraft facilities** for the first three months.

Überziehungs-, Dispositionskredit
Ich würde gern einen Dispositionskredit für die ersten drei Monate vereinbaren.

overdrawn *adj/adv*
I'm afraid your account is **overdrawn** by £ 160.

überzogen
Es tut mir leid, aber Ihr Konto ist um £ 160 überzogen.

payable to *phrase*
The cheque is **payable to** Dakin & Co.

zahlbar an, geht an
Dieser Scheck ist zahlbar an Dakin & Co.

payee *n*

Zahlungsempfänger

pay into *v/t (GB)*;
deposit *v/t (US)*
I would like to **pay** some cheques **into** my account, please.

einzahlen
Ich möchte gern ein paar Schecks auf mein Konto einzahlen.

payments *npl (on statement)*

‚Soll' (auf dem Kontoauszug)

payment (monthly ~) *n*
My **monthly payments** will amount to around £ 1,000.

monatliche Zahlung, ~ Ausgaben
Meine monatlichen Ausgaben werden etwa £ 1000 betragen.

Dienstleistungen 59

red (in the ~) *colloq.*
(→ **overdrawn**) *phrase*

in den roten Zahlen

return *v/t*
Unfortunately the cheque was **returned** by Mr Harpagon's bank because his account is overdrawn.

zurücksenden, nicht einlösen
Leider wurde der Scheck von Herrn Harpagons Bank zurückgesandt, da sein Konto nicht gedeckt ist.

safe deposit box *n*

Schließfach

sign *v/t*

unterschreiben

signature *n*

Unterschrift

specimen signature *n*
You will need to provide the bank with a **specimen signature**.

Unterschriftsprobe
Sie müssen bei Ihrer Bank eine Unterschriftsprobe hinterlegen.

standing order *n*
You can pay regular bills for fixed amounts by **standing order**.

Dauerauftrag
Sie können regelmäßig wiederkehrende Zahlungen des gleichen Betrages per Dauerauftrag bezahlen.

statement *n*
Your **statement** contains three main columns – receipts, payments and balance.

Kontoauszug
Ihr Kontoauszug weist drei wichtige Spalten auf: Haben, Soll und Saldo.

stop (~ a cheque) *v/t*
I'd like to report the loss of my payment card and **stop** two **cheques** I wrote yesterday.

einen Scheck sperren lassen
Ich möchte den Verlust meiner Scheckkarte melden und zwei Schecks, die ich gestern ausgestellt habe, sperren lassen.

tele(phone) banking *n*
Telephone banking offers a limited range of banking services via the telephone.

Telebanking
Telebanking bietet Ihnen eine begrenzte Reihe von Bankdienstleistungen per Telefon.

transfer *n (GB)*;
remittance *n (US)*
I will arrange for an initial **transfer** to be made from my German account.

Überweisung
Ich werde eine erstmalige Überweisung von meinem deutschen Konto veranlassen.

Auf der Bank

60 Geldumtausch

transfer *v/ti*
I would like to **transfer** £200 per month from my current account to my deposit account, please.

überweisen
Ich möchte monatlich £200 von meinem Girokonto auf mein Sparkonto überweisen.

valid *adj*
The cheque is **valid** for 6 months.

gültig
Der Scheck ist sechs Monate lang gültig.

waive charges *phrase*

keine Gebühren erheben, auf Gebühren verzichten

withdraw *v/t*
I would like to **withdraw** £250 from my current account, please.

abheben
Ich möchte gern £250 von meinem Girokonto abheben.

7.2 Geldumtausch

(bank)note *n*
We can only exchange **notes**, Sir.

Banknote, Geldschein
Wir können nur Banknoten umtauschen.

cash *v/t*
Can I **cash** these traveller's cheques, please.

einlösen
Kann ich diese Reiseschecks bitte einlösen.

change *v/t*
I'd like to **change** 500 Marks into Sterling, please.

umtauschen
Ich möchte gerne DM 500.– in englische Pfund umtauschen.

coin *n*
You can only return foreign notes but not **coins**, I'm afraid.

Münze
Sie können leider nur ausländische Banknoten aber keine Münzen zurückgeben.

commission *n*
We charge a flat rate **commission** of 1.5% on currency exchange.

Gebühr, Provision
Wir berrechnen eine allgemeine Gebühr von 1,5% für den Devisentausch.

currency *n*
The Euro is intended to be a stable **currency**.

Währung, Banknoten
Der Euro soll eine stabile Währung werden.

denomination *n*	Einheit, Nennwert
eurocheque *n*	Euroscheck
exchange rate *n* What is the **exchange rate** at the moment?	Wechselkurs Wie steht der Wechselkurs im Moment?
foreign department *n* The **foreign department** is on the first floor.	Auslandsschalter Der Auslandsschalter ist im ersten Stock.
markets (foreign exchange ~) *npl* The **foreign exchange markets** are fairly volatile at the moment.	Devisenmärkte Die Devisenmärkte sind im Moment ziemlich unbeständig.
order *v/t* I would like to **order** £ 200 in American dollars, please.	bestellen Ich möchte gern für £ 200 amerikanische Dollar bestellen.
traveller's cheques *npl* Can I have £ 250 worth of dollar **traveller's cheques** please.	Reiseschecks, Travellerschecks Kann ich bitte für £ 250 Reiseschecks in Dollar bekommen.
unspent *adj* Can I redeem £ 70 worth of **unspent** traveller's cheques, please.	nicht benutzt, nicht ausgegeben Ich möchte bitte nicht benutzte Reiseschecks im Werte von £ 70 zurückgeben.

8 Geschäftsreisen

8.1 Geschäftsreisen buchen

baggage allowance, luggage ~ *n* I'm afraid your **baggage allowance** is only 20 kg.	Freigepäck Es tut mir leid, aber Ihr Freigepäck beträgt nur 20 kg.

Geschäftsreisen buchen

booked *adv*
I'm afraid the flight is fully **booked**, Sir.

(aus)gebucht
Es tut mir leid, aber der Flug ist schon ausgebucht.

booking *n*
Please confirm the **booking** 24 hours before departure.

Buchung
Bitte bestätigen Sie Ihre Buchung 24 Stunden vor Ihrem Abflug.

cabin *n*
I would like a **cabin** for two on the overnight crossing from Zeebrugge to Felixstowe, please.

Kabine
Ich hätte gern eine Kabine für zwei Personen für die Nachtfähre von Zeebrügge nach Felixstowe.

car (by ~) *phrase*
It'll take you about 2 hours **by car**.

mit dem Auto
Mit dem Auto brauchen Sie etwa zwei Stunden.

car ferry *n* (→ ferry)

(Auto)Fähre

car hire company *n*

Autoverleih(firma)

check in *v/t*
We recommend that you **check in** as soon as you reach the airport.

einchecken
Wir empfehlen Ihnen, sich gleich nach Ankunft am Flughafen einchecken zu lassen.

check-in time *n*

Eincheckzeit

class *n*
I'd like a second **class** return to Edinburgh, please.

Klasse
Eine Rückfahrkarte zweiter Klasse nach Edinburgh, bitte.

coach service *n*
There is a regular **coach** and train **service** from the airport to the city centre.

Busverbindung
Es gibt eine regelmäßige Bus- und Zugverbindung zwischen Flughafen und Stadtzentrum.

connect with *v/ti*
This train **connects with** the 10.56 Intercity service to Birmingham.

Anschluss haben an
Sie haben Anschluss an den Intercity nach Birmingham, planmäßige Abfahrt 10.56 Uhr.

crossing *n*
There is a **crossing** every 90 minutes in the high season.

Fähre, Überfahrt
In der Hochsaison fahren die Fähren alle 90 Minuten.

Geschäftsreisen buchen

departure *n*
Please check your ***departure*** on the departures board at the airport.

Abfahrt(szeit), Abflug(zeit)
Bitte überprüfen Sie die Abfahrtszeit auf der Anzeigetafel im Flughafen.

driving licence *n*
Could I see your ***driving licence*** please, Sir?

Führerschein
Kann ich bitte Ihren Führerschein sehen?

ferry *n*
Could you book me a return ticket for a car and two passengers on the 13.00 ***ferry*** to Harwich, please.

Fähre
Könnten Sie bitte die 13.00 Uhr Fähre nach Harwich für mich buchen, für ein Auto mit zwei Personen, hin und zurück.

flight *n* — **Flug**

flight (charter ~) *n* — **Charterflug**

flight (direct ~) *n* — **Direktflug**

flight (domestic ~, internal ~) *n* — **Inlandflug**

flight (international ~) *n* — **internationaler Flug**

flight (scheduled ~) *n* — **Linienflug**

fly (from) *v/ti*
Which airport will I be ***flying from***?

abfliegen von
Von welchem Flughafen werde ich abfliegen?

flight time *n*
The ***flight time*** from Hamburg to London Stansted is exactly one hour.

Flugdauer
Die Flugdauer von Hamburg nach London Stansted beträgt genau eine Stunde.

hire *v/t*
I'd like to ***hire*** a car, please.

mieten
Ich würde gern ein Auto mieten.

insurance *n* — **Versicherung**

insurance (accident ~) *n* — **Unfallversicherung**

insurance (car ~) *n* — **Haftpflichtversicherung**

64 Geschäftsreisen buchen

insurance (medical ~) *n* — Krankenversicherung

insurance (travel ~) *n* — Reiseversicherung

itinerary *n* — (persönlicher) Fahrplan, Reiseverbindung
A detailed ***itinerary*** is enclosed in your travel pack.
Ein detaillierter Fahrplan liegt Ihren Reiseunterlagen bei.

luggage (hand ~) *n* — Handgepäck

open *adj* — frei
All flights to Stuttgart are showing ***open*** at the moment, so do you want me book you a seat?
Alle Flüge nach Stuttgart sind zur Zeit noch frei. Soll ich Ihnen einen Platz buchen?

passenger *n* — Passagier

peak times *npl* — Hauptverkehrszeit
Reservations are recommended on Intercity trains at ***peak times***.
Während der Hauptverkehrszeiten empfehlen wir Ihnen, für den Intercity eine Platzreservierung vorzunehmen.

plane *n* — Flugzeug, Maschine

public holiday *n* — öffentlicher Feiertag
This train does not operate on ***public holidays***.
Dieser Zug verkehrt nicht an öffentlichen Feiertagen.

reserve *v/t* — reservieren
I'd like to ***reserve*** a seat on the 09.45 train to London, please.
Ich möchte gern einen Platz für den Zug nach London um 9.45 Uhr reservieren.

return (return ticket) *n* — Rückfahrkarte, hin und zurück
A ***return*** to Manchester, please.
Manchester, hin und zurück, bitte.

return (cheap day ~) *n* — verbilligte (Tages)Rückfahrkarte (in GB)
Cheap day returns are not available for peak time travel.
Die verbilligte Tagesrückfahrkarte ist nicht während der Hauptverkehrszeit gültig.

Geschäftsreisen buchen

return (day ~) *n*
A **day return** to London, please.

Tagesrückfahrkarte (in GB)
Eine Tagesrückfahrkarte nach London, bitte.

return fare *n*
How much is the first class **return fare** from Manchester to Birmingham, please?

Preis für eine Rückfahrkarte, Rückflug
Wieviel kostet eine Rückfahrkarte erster Klasse von Manchester nach Birmingham, bitte?

seat *n*
Would you like a window **seat** or a **seat** near the aisle?

Platz
Möchten Sie am Fenster oder am Gang sitzen?

shuttle *n*
There is a **shuttle** service from the mainline station to terminal 1.

Pendelservice, Shuttle
Es gibt einen Pendelservice vom Hauptbahnhof bis zum Terminal 1.

single (single ticket) *n*
A **single** to Glasgow, please.

einfache Fahrt, einfach
Einmal Glasgow, einfach, bitte.

station (railway ~, main line ~) *n*
The nearest **railway station** is Paddington.

Bahnhof, Bahnstation (Hauptbahnhof)
Die nächste Bahnstation ist Paddington.

station (tube ~, underground ~) *n*
You will find us approximately 100 yards from Tottenham Court Road **tube station**.

Bahnhof (U-Bahnstation, U-Bahnhaltestelle)
Sie finden uns etwa 100 Yards (91 m) von der U-Bahnstation ‚Tottenham Court Road'.

stopover *n*
Is there a direct flight or will I have to make a **stopover** in Bangkok?

Zwischenaufenthalt, Stopover
Gibt es einen Direktflug oder muss ich in Bangkok einen Zwischenaufenthalt machen?

supplement *n*
In Germany a **supplement** is payable on all Intercity trains.

Zuschlag
In Deutschland ist für alle Intercity-Züge ein Zuschlag zu entrichten.

ticket (~ office) *n*

Fahrkartenausgabe *(Bahn)*, **Verkaufsschalter)** *(Flughafen)*

66 Unterwegs

ticket (season ~) *n*

Dauerkarte, Monats-/Jahreskarte, Semesterticket
(Studenten)

---

travel agency *n*

Reisebüro

---

travel agent *n*

Reisebürokaufmann/~frau

---

underground *n*

U-Bahn

---

visa *n*
How long will it take to get a ***visa*** issued?

Visum
Wie lange dauert es, ein Visum ausgestellt zu bekommen?

8.2 Unterwegs

announcement *n*
This is an ***announcement*** for passengers travelling on the 17.45 service to Worthing.

Durchsage
Dies ist eine Durchsage für Reisende nach Worthing, planmäßige Abfahrt 17.45 Uhr.

---

arrivals lounge *n*

Wartehalle, Wartesaal

---

board *v/t*
Air UK Flight 902 is now ready to ***board***.

einsteigen, boarden
Der Air UK Flug 902 ist jetzt zum Einsteigen bereit.

---

boarding card *n*

Bordkarte

---

booking office *n*
Can you direct me to the ***booking office***, please?

Fahrkartenschalter
Könnten Sie mir sagen, wo der Fahrkartenschalter ist?

---

buffet service *n*
There is a ***buffet*** and restaurant ***service*** on the train.

Bistro(-Café)
Dieser Zug bietet Ihnen ein Bistro-Café und Bordrestaurant.

---

business *n*
I'm here on ***business***.

Geschäft
Ich bin geschäftlich hier.

---

call *v/t*
Your flight will be ***called*** in about 30 minutes.

Aufruf
Ihr Flug wird in etwa 30 Minuten aufgerufen.

cancel v/t
We regret to announce that the 10.35 service to Bath has been **cancelled** due to an equipment failure.

ausfallen
Wegen eines technischen Fehlers muss die Zugverbindung nach Bath, planmäßige Abfahrt 10.35, Uhr leider ausfallen.

---

customs n

Zoll

---

customs allowance n

anmeldefreie, abgabenfreie, zollfreie Wareneinfuhr

---

delay n

Verspätung

---

delayed adj
The train now arriving at platform 3 is the **delayed** 17.26 Intercity service from London Kings Cross.

verspätet
Auf Gleis 3 hat Einfahrt der verspätete Intercity aus London Kings Cross, planmäßige Ankunft 17.26 Uhr.

---

depart v/i
The train **departs** from platform 10 in 3 minutes.

(ab)fahren
Der Zug fährt in drei Minuten von Gleis 10.

---

departure n

Abfahrt

---

departure lounge n
Passengers for flight OS 245 to Oslo are asked to proceed to **departure lounge** 13.

Abflughalle
Die Passagiere des Fluges OS 245 nach Oslo werden gebeten, sich zur Abflughalle 13 zu begeben.

---

excess baggage n

Übergewicht

---

green channel n
If you have nothing to declare you can go through the **green channel**.
→ **red channel**

grüner Ausgang, anmeldefreie Waren
Wenn Sie nichts zu verzollen haben, können Sie durch den grünen Ausgang gehen.

---

last call n
This is the **last call** for Lufthansa flight LHF 206 to Rome.

letzter Aufruf
Dies ist der letzte Aufruf für den Lufthansa-Flug LHF 206 nach Rom.

Unterwegs

lost property *n*
The **lost property** office is near the main entrance.

Fundbüro
Das Fundbüro ist in der Nähe des Haupteingangs.

---

luggage (left ~ office) *n*

Gepäckaufbewahrung

---

luggage allowance *n*
I'm afraid your **luggage allowance** is only 20 kg.

Freigepäck
Es tut mir leid, aber Ihr Freigepäck beträgt nur 20 kg.

---

luggage compartment *n*

Gepäckfach

---

luggage rack *n*

Gepäckablage

---

miss *v/t*
I'm afraid I've **missed** my connection to Selby. Can you tell me when the next train is, please.

verpassen
Es tut mir leid, aber ich habe meinen Anschluss nach Selby verpasst. Können Sie mir bitte sagen, wann der nächste Zug fährt?

---

passport control *n*

Passkontrolle

---

platform *n*
The train leaves from **platform** 12.

Bahnsteig, Gleis
Der Zug fährt von Bahnsteig 12 ab.

---

red channel *n*

anmeldepflichtige Waren

---

report to *v/i*
Will passengers Smith and Jones on Air Sonic flight 903 to London please **report** immediately **to** the Air Sonic desk, please.

melden
Die Passagiere Smith und Jones, Air Sonic Flug 903, werden gebeten, sich umgehend beim Air Sonic-Schalter zu melden.

---

taxi rank *n*
The **taxi rank** is in front of the main entrance to the station.

Taxistand
Der Taxistand ist vor dem Haupteingang am Bahnhof.

---

ticket inspector *n*

Kontrolleur

---

transit lounge *n*
Passengers continuing their journey should proceed to **transit lounge** 3b.

Wartehalle, Wartesaal
Transitreisende werden gebeten, sich in die Wartehalle 3b zu begeben.

8.3 Hotel buchen

board (full ~) *n*
Our hotel offers a concessionary rate for **full board**.

Vollpension
Unser Hotel bietet Ihnen einen Sonderpreis für Vollpension.

board (half ~) *n*

Halbpension

book *v/t*
We have **booked** you a room in the Excelsior Hotel for tomorrow night.

buchen, reservieren
Wir haben für Sie ein Zimmer im Excelsior Hotel für morgen Abend reserviert.

booking *n*
I'm ringing about the hotel **booking** I made this morning.

Reservierung
Ich rufe wegen der Hotelreservierung von heute Morgen an.

conference facilities *npl*
Can you check whether the hotel has **conference facilities** for about 20 people, please.

Konferenzeinrichtung, Konferenzraum
Können Sie bitte nachfragen, ob das Hotel Konferenzeinrichtungen für 20 Teilnehmer hat?

discount *n*
Do you offer **discounts** for regular users of your hotels?

Rabatt, Nachlass
Gibt es in Ihrem Hotel einen Rabatt für Stammkunden?

equip *v/ti*
All rooms are **equipped** with air conditioning, telephone and cable TV.

ausstatten
Alle Zimmer sind mit Klimaanlage, Telefon und Kabelfernsehen ausgestattet

full English breakfast *np*
A **full English breakfast** is included in the price.

englisches Frühstück
Ein englisches Frühstück ist im Preis einbegriffen.

group booking *n*
Can we obtain a discount for **group bookings**?

Gruppenreisen
Bekommen wir einen Rabatt für Gruppenreisen?

high season *n*

Hochsaison

hotel (5 star ~) *n*

5-Sterne-Hotel

Hotel buchen

lift n (GB); **elevator** n (US)	**Aufzug, Lift, Fahrstuhl**
locate(be located) v/ti The hotel is **located** near the city centre.	**liegen, gelegen sein** Unser Hotel liegt in der Nähe des Stadtzentrums.
location n I will send you a plan showing the **location** of the hotel.	**Lage** Ich schicke Ihnen einen Lageplan des Hotels.
low season n	**Nebensaison**
meet v/t Could you arrange for someone to **meet** me at the airport, please?	**treffen, abholen** Könnten Sie bitte veranlassen, dass mich jemand vom Flughafen abholt?
parking facilities npl	**Parkmöglichkeiten**
rate n What is your **rate** for a single room?	**Preis** Was kostet ein Einzelzimmer?
restaurant facilities npl I will need to entertain business friends so can you check that the hotel has **restaurant facilities**, please.	**Restaurant** Ich muß Geschäftskunden zum Essen ausführen. Können Sie bitte nachprüfen, ob das Hotel ein Restaurant hat?
room n What type of **room** do you require, Sir?	**Zimmer** Was für ein Zimmer wünschen Sie bitte?
room (double ~) n	**Doppelzimmer**
room (meeting ~) n Can you check that the hotel has a **meeting room**, please.	**Konferenzraum** Können Sie bitte überprüfen, ob das Hotel über einen Konferenzraum verfügt?
room (single ~) n	**Einzelzimmer, Einbettzimmer**
room (twin-bedded ~) n	**Zweibettzimmer**

sport and leisure facilities
npl
The hotel has first-class sport and **leisure facilities**.

Sportanlagen und Freizeiteinrichtungen
Das Hotel hat erstklassige Sportanlagen und Freizeiteinrichtungen.

8.4 Im Hotel

alarm call *n*
I'd like to book an **alarm call** for 6.00 a.m., please.

Weckruf
Ich möchte gern um 6 Uhr morgen früh geweckt werden.

bath *n*
All rooms are equipped with **bath** or shower-rooms and toilets.

Bad
Alle Zimmer sind mit Bad oder Dusche und Toilette ausgestattet.

bill *n*
Can I pay my bill by Visa card?

Rechnung
Kann ich meine Rechnung mit Visa-Karte bezahlen?

bill (itemised ~) *n*

Rechnung mit Einzelposten

check out *v/i*
Mr Stanton **checked out** earlier today.

abreisen
Herr Stanton ist gestern abgereist.

Do not disturb! *phrase*

Bitte nicht stören!

expect *v/t*
I'm **expecting** a Mr Fernberg at around 6.00 p.m. Could you call me when he arrives, please.

erwarten
Ich erwarte Herrn Fernberg gegen 18 Uhr. Könnten Sie mich bitte anrufen, wenn er eintrifft.

hotel (~ foyer) *n*;
(~ lobby) *n (US)*

Foyer, Lobby

hotel (~ lounge) *n*

Hotelhalle, Lounge

hotel (~ reception) *n*

Rezeption

in the name of *phrase*
Good evening, I've booked a room **in the name of** Bristow.

auf den Namen
Guten Abend, ich habe ein Zimmer auf den Namen Bristow gebucht.

Im Hotel

message *n*
Has anybody left a ***message*** for me, please?

Nachricht
Hat jemand eine Nachricht für mich hinterlassen?

porter *n*
The ***Porter*** will help you with your luggage, Sir.

Portier
Der Portier wird Ihnen mit dem Gepäck helfen.

room number *n*

Zimmernummer

room service *n*

Zimmerservice

Thematischer Wortschatz

1. Die Wirtschaft

1.1 Wirtschaftliche Grundbegriffe

- **branch (~ of industry)** *n*
  The introduction of the minimum wage affects all **branches of industry**.

  (Industrie)Branche, Zweig
  Die Einführung des Mindestlohnes betrifft alle Industriebranchen.

---

capital intensive *adj*

kapitalintensiv

- **CBI (Confederation of British Industry)** *n*
  The views of the **CBI** are taken into account by the government when deciding economic policy.

  Britischer Industrie-/ Unternehmerverband
  (*Äquivalent zum DIHT*)
  Bei wirtschaftspolitischen Beschlüssen der Regierung wird die Stellungnahme des CBI mit berücksichtigt.

Central Statistical Office *n*
(*GB*)
The **Central Statistical Office** publishes a number of reports on the UK's economic performance.

Zentralamt für Statistik
Das Zentralamt für Statistik veröffentlicht eine Reihe von Berichten über die Wirtschaftsentwicklung in Großbritannien.

---

cost (economic ~) *n*
The long-term **economic cost** of this modernisation programme is incalculable.

wirtschaftliche Kosten
Die langfristigen wirtschaftlichen Kosten dieses Modernisierungsprogrammes lassen sich schwer berechnen.

- **cost (s)** *n*

  Preis, (Herstellungs)Kosten, (Anschaffungs)Kosten

- **cost of living** *n*
  In the former GDR the **cost of living** rose much faster than salaries.

  Lebenshaltungskosten
  In der ehemaligen DDR stiegen die Lebenshaltungskosten sehr viel schneller als die Löhne.

Cost of Living Index *n*
Last month's **Cost of Living** Index showed consumer prices continuing their upward movement.

Lebenshaltungskostenindex
Der Lebenshaltungskostenindex des vergangenen Monats zeigte eine weitere Aufwärtstendenz der Verbraucherpreise.

Die Wirtschaft

Wirtschaftliche Grundbegriffe

- **cost(s) (capital ~)** *n* — Kapitalkosten

- **cost(s) (fixed ~)** *n* — Fix-, Festkosten

- **cost(s) (hold down ~, keep ~ down)** *phrase* — Kosten niedrig halten

- **cost(s) (recurring ~, running ~)** *n* — laufende Kosten

deflation *n* — Deflation, Inflationsabbau

- **demand** *n* — Nachfrage, Bedarf
Demand for consumer goods rose last year, as consumer confidence increased.
Mit dem gewachsenen Vertrauen der Verbraucher ist auch die Konsumgüternachfrage im letzten Jahr gestiegen.

demand *n* **(latent ~)** — latenter Bedarf
We believe there is **latent demand** for these new training courses.
Wir glauben, dass ein latenter Bedarf für diese neuen Ausbildungskurse besteht.

demand determines price *phrase* — die Nachfrage bestimmt den Preis

- **demand from abroad** *n* — Auslandsnachfrage

demand-led *adj* — nachfrageinduziert
The government is hoping that reducing the tax burden on individuals will create a **demand-led** recovery in economic activity.
Durch Reduzierung der individuellen Steuerlast erhofft sich die Regierung eine nachfrageinduzierte Wiederbelebung der Konjunktur.

- **DTI** *n* **(Department of Trade and Industry)** — Ministerium für Handel und Industrie
The **DTI** has launched a 'Languages for Export' campaign to improve the performance of British exporting companies.
Das DTI hat eine ‚Sprachen für den Export' Kampagne gestartet, um die Leistung britischer Exportfirmen zu verbessern.

duopoly *n* — Duopol, Marktkontrolle durch zwei Unternehmen

earning power *n* — Erwerbs-, Verdienstpotential

Wirtschaftliche Grundbegriffe

- **EC (European Community)** *n* — Europäische Gemeinschaft

- **economical** *adj* — sparsam (Gebrauch), wirtschaftlich, ökonomisch
  We need to manage our natural resources in an **economical** way.
  Wir müssen sparsam mit unseren natürlichen Resourcen umgehen.

  economic *adj* — wirtschaftsbezogen, w.wissenschaftlich, (volks)wirtschaftlich
  The Bank of England's interest rate policy is not always decided on purely **economic** grounds.
  Die Zinspolitik der Bank von England wird nicht immer aus rein volkswirtschaftlichen Gründen entschieden.

  economic indicator *n* — Konjunkturbarometer
  The **economic indicators** for these countries are not good.
  Das Konjunkturbarometer für diese Länder sieht nicht gut aus.

  economic performance *n* — Wirtschaftsleistung

- **economics** *n* — Volkswirtschaft(slehre) (VWL)

- **economics (macro ~)** *n* — Volkswirtschaft(slehre), Makroökonomie

- **economics (micro ~)** *n* — Betriebswirtschaft(slehre) (BWL), Mikroökonomie

  economics (supply-side ~) *npl* — angebotsorientierte Wirtschaftstheorie
  Advocates of **supply-side economics** and monetarism found favour in Britain in the 1980's and 90's.
  Verfechter einer angebotsorientierten Wirtschaftstheorie und des Monetarismus fanden in Großbritannien in den achtziger und neunziger Jahren Gehör.

- **economy (free enterprise ~, market ~)** *n* — freie Marktwirtschaft

- **economy** *n* — (Volks)Wirtschaft, Ökonomie

Die Wirtschaft

Wirtschaftliche Grundbegriffe

economy (black ~) *n*
The size of the **black economy** is difficult to assess, precisely because it consists of undisclosed economic activity.

Schattenwirtschaft, schwarzer Arbeitsmarkt
Der Umfang der Schattenwirtschaft lässt sich schwer bemessen, gerade weil sie aus nicht angezeigten wirtschaftlichen Aktivitäten besteht.

- **economy (command ~, planned ~)** *n*
The speed of the former GDR's transition from a **planned** to a free enterprise **economy** was unprecedented.

Planwirtschaft, staatlicher Dirigismus
Der rasche Übergang von einer Planwirtschaft zur freien Marktwirtschaft in der früheren DDR war beispiellos.

- **economy (global ~)** *n* — Weltwirtschaft

economy (mixed ~) *n* — gemischte Wirtschaftsform

economy (real ~) *n*
The **real economy** is performing less well than official figures suggest.

reale Wirtschaft(sleistung)
Die reale Wirtschaftsleistung ist nicht so gut wie die offiziellen Zahlen dies vermuten lassen.

economy (social market ~) *n* — soziale Marktwirtschaft

- **EU (European Union)** *n* — Europäische Union

free movement of goods *n*
EU member states enjoy **free movement of goods** and capital.

Freizügigkeit im Warenverkehr
EU-Mitgliedstaaten genießen Freizügigkeit im Waren- und Kapitalverkehr.

- **GDP (gross domestic product)** *n*
Recent economic indicators point to a further 2 % fall in **GDP**.

BIP (Bruttoinlandsprodukt)
Jüngste Konjunkturindikatoren deuten auf einen weiteren Fall des BIP um 2% hin.

- **GNP (gross national product)** *n*
GNP rose last year mainly as a result of earnings from overseas.

BSP (Bruttosozialprodukt)
Das BSP stieg im letzten Jahr im wesentlichen als Folge der Auslandserträge.

- **goods** *npl* — Güter, Waren

Wirtschaftliche Grundbegriffe

income (national ~) *n*	National-, Volkseinkommen, Nettosozialprodukt zu Faktorpreisen
● **income (per capita ~)** *n*	Pro-Kopf-Einkommen
index-linked *adj* That would buy you another £712 of pension income, **index-linked** to inflation.	Index-, indexiert, *(Rente)* dynamisch, indexgekoppelt Das würde Ihnen weitere 712 Pfund Sterling Renteneinkommen einbringen, indexgekoppelt an die Inflationsrate.
index of general business activity *n*	Konjunkturindex
● **industrialised** *adj* Representatives of major **industrialised** countries met in Rome for their annual summit meeting.	industrialisiert, Industrie- Vertreter der wichtigsten Industriestaaten trafen sich in Rom zu ihrem jährlichen Gipfeltreffen.
● **inflation** *n*	Inflation
● **inflation (rate of ~)** *n* The annual **rate of inflation** fell to 2.8 %.	Inflationsrate Die jährliche Inflationsrate fiel auf 2.8 %.
● **infrastructure** *n* Opposition parties are criticising the government for lack of investment in the country's economic **infrastructure**.	Infrastruktur Die Oppositionsparteien kritisieren die Regierung wegen der mangelnden Investitionen in die Infrastruktur des Landes.
● **interest rate** *n* The Governor of the Bank of England announced higher **interest rates** this morning.	Zinssatz, Zinsrate Der Gouverneur der Bank von England kündigte heute Morgen eine Steigerung des Zinssatzes an.
inward investment *n* The government sees **inward investment** as an indicator of the health of the economy.	Investition im Inland Die Regierung sieht in der Investition im Inland einen Indikator für eine florierende Konjunktur.

80 Wirtschaftliche Grundbegriffe

Keynesianism *n* (Economic theories of John M. Keynes, 1883–1946)	**Keynesianismus** (nach John M. Keynes benannte Wirtschaftstheorie)
• **labour** *n*	**Arbeit, Arbeitskraft**
• **labour intensive** *adj* Farming is not nearly as *labour intensive* as it used to be.	**arbeitsintensiv** Die Landwirtschaft ist längst nicht mehr so arbeitsintensiv wie früher.
• **land** *n* *Land* prices have risen considerably over the last year, which will increase production costs for some companies.	**Boden** Die Bodenpreise haben im letzten Jahr erheblich angezogen, was die Produktionskosten für einige Firmen erhöhen wird.
• **market economy** *n* (→ economy, free market ~)	**Marktwirtschaft**
market forces *n* The government believes firmly in leaving the economy to *market forces*.	**Marktkräfte** Die Regierung hält es für richtig, die Wirtschaft den Marktkräften zu überlassen.
monetary *adj*	**monetär, finanziell, geldwirtschaftlich**
• **money supply** *n* The Bundesbank is implementing its deflationary policies by restricting the *money supply*.	**Geldmenge, Geldumlauf, Geldvolumen** Die Bundesbank implementiert ihre Anti-Inflationspolitik durch Beschränkung des Geldvolumens.
• **monopoly** *n*	**Monopol**
• **monopoly (hold a ~)** *phrase* British Telecom no longer *holds a monopoly* in the telecommunications market.	**ein Monopol besitzen** Die britische Telekom besitzt auf dem Telekommunikationsmarkt kein Monopol mehr.
need *n*	**Bedürfnis, Bedarf**
• **oligopoly** *n*	**Oligopol**

Wirtschaftliche Grundbegriffe

opportunity cost(s) *n* — Alternativkosten, Opportunitätskosten

● **output (national ~)** *n* (→ *also* **economic performance**) — volkswirtschaftliche Gesamtproduktion, Output

● **price** *n* — Preis(angabe), (Börsen)Kurs, Kosten

price level *n* — Preisniveau, Preisindex

● **private sector** *n* — privater Sektor
The government is promoting the movement of public services into the private sector.
Die Regierung wirbt für den Übergang von öffentlichen Dienstleistungen in den privaten Sektor.

● **public sector** *n, adj* — staatlicher Sektor
The government is seeking to impose strict limits on **public sector** pay agreements.
Die Regierung ist bemüht, dem staatlichen Sektor strenge Beschränkungen bei den Lohnverhandlungen aufzuerlegen.

public spending *n* — öffentliche Ausgaben
The Chancellor of the Exchequer announced another round of **public spending** cuts in his Budget.
Der Finanzminister kündigte in seinem Haushaltsplan eine weitere Runde von Sparmaßnahmen an.

resources (scarcity of ~) — Knappheit an Resourcen

● **retail price** *n* — Verbraucherpreis, Endkundenpreis, Wiederverkaufspreis

retail price index (RPI) *n (UK)*, **Consumer Price Index (CPI)** *n (US)* — Verbraucherpreisindex
The **retail price index** rose slightly last year.
Der Verbraucherpreisindex stieg im letzten Jahr leicht an.

satisfy (~ demand) *v/t* — Bedürfnisse, Nachfrage befriedigen
The economy simply cannot **satisfy** the seemingly infinite **demand** for health care.
Die Wirtschaft kann die scheinbar unendliche Nachfrage nach Gesundheitsfürsorge einfach nicht befriedigen.

Die Wirtschaft

Konjunktur

scarce *adj*

knapp

sector *n*
The best performing **sectors** of the economy were engineering and vehicles, which were up 2.7 %.

Sektor
Die leistungsstärksten Wirtschaftssektoren waren der Maschinen- und Fahrzeugbau, die beide um 2,7 % stiegen.

state-owned *adj*

staatseigen, in Staatsbesitz

● **strength** *n*
The **strength** of the pound on the foreign exchange markets is making British exports less competitive.

Stärke
Die Stärke des englischen Pfundes auf den ausländischen Devisenmärkten macht britische Exporte weniger wettbewerbsfähig.

● **supply** *n*

Angebot

● **supply and demand** *n*

Angebot und Nachfrage

1.2 Konjunktur

ailing *adj*
Britain's **ailing** industries such as ship-building and steel-making have continued to decline.

krank, kränkelnd
Großbritanniens kränkelnde Industrien wie etwa der Schiffbau oder die Stahlproduktion befinden sich weiterhin im Rückgang.

● **boom** *n*
A **boom** in the housing market normally leads to higher prices and can have a detrimental effect on the economy.

Hochkonjunktur, Aufschwung, Boom
Eine Hochkonjunktur auf dem Wohnungsmarkt führt normalerweise zu höheren Preisen und kann sich nachteilig auf die Gesamtwirtschaft auswirken.

● **boom** *v/i*

(Hoch)Konjunktur haben, Aufschwung nehmen, florieren

Konjunktur

boom and bust n
The property market has gone from **boom** to **bust**.

(Hoch)Konjunktur und Niedergang, ~ und Pleite
Der Wohnungsmarkt ist von einem Hoch in ein Konjunkturloch gefallen.

buoyant adj
Car manufacturers were reporting **buoyant** sales.

sich im Auftrieb befindend, rege
Die Automobilindustrie meldete rege Absätze.

● **decline** n (in ~)
Steel production in most European countries is in **decline**.

im Rückgang (befindlich), rückläufig
Die Stahlproduktion ist in den meisten europäischen Ländern rückläufig.

● **declining** adj

rückläufig, fallend

depression n

Konjunkturrückgang, Wirtschaftskrise

● **economic climate** n
The current **economic climate** is not encouraging firms to make longer term investments.

Wirtschaftsklima
Das augenblickliche Wirtschaftsklima ermutigt Firmen nicht dazu, langfristige Investitionen vorzunehmen.

● **economic cycle** n

Wirtschaftskreislauf

economic downturn n
The current **economic downturn** falls short of a recession.

wirtschaftlicher Rückgang, Wirtschaftsflaute
Die augenblickliche Wirtschaftsflaute gleicht fast einer Rezession.

● **economic growth** n
The last 3 years have seen a period of continued **economic growth.**

Wirtschaftswachstum
In den letzten drei Jahren haben wir ein fortschreitendes Wirtschaftswachstum gesehen.

economic model n
This **economic model** attempts to predict future economic trends.

Konjunkturmodell
Dieses Konjunkturmodell versucht, zukünftige Wirtschaftstrends vorauszusagen.

Die Wirtschaft

Konjunktur

- **economic recovery** *n*
Economists interpret the latest indicators as the 'green shoots' of **economic recovery**.

Erholung/Wiederbelebung der Konjunktur
Wirtschaftswissenschaftler interpretieren die jüngsten Indikatoren als erste Anzeichen einer Wiederbelebung der Konjunktur.

---

economic upturn *n*
The long-awaited **economic upturn** looks set to materialise.

wirtschaftlicher Aufschwung
Es sieht ganz danach aus, dass der lang erwartete wirtschaftliche Aufschwung Wirklichkeit wird.

- **expansion** *n* (➤ growth)

Expansion

- **forecast** *n*
The latest economic **forecasts** suggest that the economy is picking up again.

Voraussage, Vorhersage, Prognose
Den jüngsten Wirtschaftsprognosen zufolge befindet sich die Konjunktur wieder im Aufschwung.

- **forecast** *v/t*

voraussagen, vorhersagen, prognostizieren

---

inflationary spiral *n*
There is a real danger of an **inflationary spiral** if wages and prices continue to increase at present rates.

Inflationsspirale
Wenn Löhne und Preise weiterhin mit den jetzigen Zuwachsraten ansteigen, besteht akute Gefahr einer Inflationsspirale.

- **outlook** *n*
The short-term **outlook** for real growth is only modest.

Aussicht(en)
Die kurzfristigen Aussichten für ein reales Wachstum sind eher bescheiden.

---

overheating *n*
The boom in the housing market is indicative of the **overheating** of the economy.

Überhitzen, Überhitzung
Die Hochkonjunktur auf dem Wohnungsmarkt ist ein Anzeichen für die Überhitzung der Konjunktur.

---

price decline *n*

Preisverfall

---

price trend *n*

Preisentwicklung

Konjunktur

price volatility n
Preisschwankungen, Kursschwankungen

public sector borrowing requirement n (*abbrev* **PSBR**)
Britain's **PSBR** rose sharply last year, as Government expenditure far outstripped its income.

Kreditbedarf der öffentlichen Hand
Der Kreditbedarf der öffentlichen Hand stieg in Großbritannien im letzten Jahr stark an, da die Regierungsausgaben die Einnahmen bei weitem überstiegen.

recession n
Rezession

runaway adj
The government took swift action to stem the country's **runaway** inflation rate.

außer Kontrolle geraten
Die Regierung griff zügig ein, um die außer Kontrolle geratene Inflationsrate einzudämmen.

sluggish adj
Economic activity remains **sluggish**.

schleppend, stagnierend
Die Konjunktur bleibt weiterhin stagnierend.

slump n
(Wirtschafts)Krise, Rückgang, Einbruch

stagnation n
Stagnation in continental Europe is bad news for UK exporters.

Stagnation, Stillstand
Die Stagnation auf dem europäischen Kontinent wirkt sich nachteilig auf die britische Exportwirtschaft aus.

sustained adj
Recent indicators of consumer demand point to a **sustained** economic growth over the next few months.

anhaltend
Jüngste Indikatoren der Verbrauchernachfrage deuten auf ein anhaltendes Wirtschaftswachstum in den nächsten Monaten hin.

trend n
Everything points to an upward **trend** in economic activity in the months ahead.

Trend
Alles deutet in den vor uns liegenden Monaten auf einen Aufwärtstrend in der Konjunktur hin.

Wirtschaftspolitik

trough *n*
The German economy is currently in a ***trough***.

Konjunkturtief
Die deutsche Wirtschaft befindet sich zur Zeit in einem Konjunkturtief.

- **upturn** *n* (→ economic ~)

Aufschwung

1.3 Wirtschaftspolitik

British Standards Institute (*abbrev* **BSI**) *n*
Goods which meet the standards of the ***BSI*** are allowed to use its kite mark.

britisches Normeninstitut
Waren, die der BSI-Norm entsprechen, dürfen sein Gütesiegel tragen.

- **British Overseas Trade Board** (*abbrev* **BOTB**) *n*
The ***BOTB*** liaises between the government and the private sector to improve export performance.

Übersee-, Außenhandelsabteilung
Die Außenhandelsabteilung vermittelt zwischen der Regierung und dem privaten Sektor, um die Exportbilanz zu verbessern.

British Airports Authority (*abbrev* **BAA**) *n*

britische Flughafenbehörde

- **boost (the economy)** *v/t*

(die Wirtschaft/Konjunktur) anheizen

- **budget** *n*
The ***budget*** was adopted after a lengthy debate.

(Staats)Haushalt, Etat, Budget
Der Haushalt wurde nach langwieriger Debatte verabschiedet.

- **budget** *v/t*
The Government had not ***budgeted*** for the rising cost of unemployment.

Etat aufstellen, (im Haushalt) einplanen
Die Regierung hatte die steigenden Kosten der Arbeitslosigkeit im Haushalt nicht miteingeplant.

deflationary (measures) *adj*

konjunkturdämpfend(e) Maßnahmen

Wirtschaftspolitik 87

Department of Employment n (GB); **Department of Labor** n (US)

Arbeitsministerium

Department of the Environment n
Protestors against the planned bypass have appealed to the **Department of the Environment.**

Umweltministerium
Die Demonstranten gegen die geplante Umgehungsstraße haben beim Umweltministerium Einspruch erhoben.

● **Department of Trade and Industry (DTI)** n (GB); **Department of Commerce** n (US)

Handelsministerium

Department of Transport n (GB), **Department of Transportation** n (US)

Verkehrsministerium

---

denationalisation n

(Re)Privatisierung, Entstaatlichung

---

denationalise v/t
(➜ **privatise**)
The Conservative government **denationalised** British Rail.

(re)privatisieren, entstaatlichen
Die konservative Regierung hat die britische Eisenbahn privatisiert.

---

deregulated adj
Labour markets have been **deregulated** and working hours have become more flexible.

liberalisiert
Der Arbeitsmarkt ist liberalisiert worden, und die Arbeitszeiten sind flexibler geworden.

● **deregulation** n
The water companies have made record profits since **deregulation**.

Liberalisierung, Aufhebung der Preiskontrollen
Seit der Aufhebung der Preiskontrollen haben die Wasserwirtschaftsunternehmen Gewinne in Rekordhöhe gemacht.

---

economic adviser n

Wirtschaftsberater

● **economic planning** n

Wirtschaftsplanung

Wirtschaftspolitik

- **fiscal policy** *n*
The government's **fiscal policy** has always been to stabilise public spending.

Finanz-, Fiskal-, Steuerpolitik
Es ist schon immer die Finanzpolitik der Regierung gewesen, die öffentlichen Ausgaben konstant zu halten.

---

interest rate policy *n*

(Kapital)Zinspolitik

---

intervene *v/t*
The Bundesbank stated categorically that the government should not **intervene** in monetary policy.

eingreifen, sich einmischen, intervenieren
Die Bundesbank erklärte kategorisch, dass die Regierung sich nicht in die Geldpolitik einmischen solle.

- **intervention** *n*

Eingreifen, Einmischung, Intervention

---

lobby *n*
The roads **lobby** significantly influences the government's transport policy.

Lobby
Die Verkehrslobby nimmt entscheidenden Einfluss auf die Verkehrspolitik der Regierung.

---

monetarism *n* (➤ **economics, supply-side ~**)

Monetarimus

- **monetary policy** *n*
The government is keeping a tight rein on **monetary policy** in order to hold back inflation.

Finanzpolitik, Währungspolitik
Die Regierung zieht in der Finanzpolitik die Zügel an, um die Inflation unter Kontrolle zu behalten.

---

monetary policy committee *n (GB)*
The Bank of England's **monetary policy committee** was established in 1997 as one of the first moves towards the bank's independence from government control.

Ausschuss für Finanzpolitik
Als einer der ersten Schritte zur Unabhängigkeit der Bank von England von der Regierungskontrolle wurde 1977 der Ausschuss für Finanzpolitik der Bank gegründet.

Wirtschaftspolitik 89

● **Monopolies and Mergers Commission** n (GB) (abbrev **MMC**)
Federal Trade Commission n (US)
The proposed merger between the two major airlines was referred to the **MMC**.

Kartellamt, Kartell(aufsichts)behörde
Die beantragte Fusion zwischen den beiden Hauptfluggesellschaften wurde an das Kartellamt verwiesen.

● **nationalise** v/t
The Labour Party **nationalised** a number of key industries during its periods in government.

verstaatlichen
Während ihrer Amtszeit in der Regierung verstaatlichte die ‚Labour' Partei eine Reihe von Schlüsselindustrien.

● **nationalised** adj
Questions have often been raised about the efficiency of nationalised industries.

verstaatlicht
Die Effizienz verstaatlichter Industrien ist immer wieder in Frage gestellt worden.

Office for Fair Trading n
The **Office for Fair Trading** protects consumers against unfair practices.

Verbraucherschutz-, Wettbewerbsaufsichtsbehörde
Die Verbraucherschutzbehörde schützt Verbraucher vor unlauteren Praktiken.

peg v/t
The government has **pegged** wages and prices in order to bring down the inflation rate.

(Preise/Währung) festlegen, festsetzen, stützen
Die Regierung hat Löhne und Preise festgelegt, um die Inflationsrate zu senken.

● **price-fixing** n
The **price-fixing** resulted from a gentlemen's agreement between the two companies.

Preisabsprache
Die Preisabsprache zwischen den beiden Firmen war Resultat eines Frühstückskartells.

prices and incomes policy n (→ **peg**)

Preis- und Einkommenspolitik

● **privatisation** n
The 1980's and 1990's saw a wave of major **privatisations** in Britain.

Privatisierung
In den achtziger und neunziger Jahren gab es in Großbritannien eine Reihe von größeren Privatisierungswellen.

Die Wirtschaft

Wirtschaftspolitik

- **privatise** v/t
The electricity industry is one of a number of utilities to have been **privatised** by the Conservative government.

privatisieren
Die Stromversorgungswirtschaft ist einer von vielen öffentlichen Versorgungsbetrieben, die von der konservativen Regierung privatisiert wurde.

regulate v/t

regeln, ordnen, regulieren

regulatory bodies n
A number of **regulatory bodies** have been established to monitor the performance of the newly privatised industries.

Aufsichtsbehörde
Eine Reihe von Aufsichtsbehörden ist eingerichtet worden, um die Leistung der neu privatisierten Industrien zu überwachen.

stimulate v/t
The government announced a raft of measures to **stimulate** the economy.

stimulieren, beleben, anheizen
Die Regierung kündigte eine ganze Reihe von Maßnahmen an, um die Konjunktur zu beleben.

- **subsidise** v/t
The farmers' lobby would like to persuade us that agricultural production needs to be **subsidised**.

subventionieren
Die Lobby der Bauern möchte uns glauben machen, dass Agrarprodukte subventioniert werden müssen.

- **subsidy** n
Surpluses are generally disposed of on world markets with the help of export **subsidies**.

Subvention
Überschüsse werden im Allgemeinen auf dem Weltmarkt mit Hilfe von Exportsubventionen abgestoßen.

Trade Descriptions Act n (GB)
The company was prosecuted under the **Trade Descriptions Act** for providing the public with misleading information.

Warenkennzeichnungsgesetz
Die Firma wurde wegen Irreführung der Öffentlichkeit nach dem Warenkennzeichnungsgesetz strafrechtlich verfolgt.

- **Treasury** n (GB); **Department of the Treasury** n (US)

Finanzministerium, Schatzamt

1.4 Wirtschaftssektoren
1.4.1 Primärer Sektor

● **agricultural** *adj*	**landwirtschaftlich**
● **agricultural product** *n* The cost of **agricultural products** is kept artificially high by the EU's Common Agricultural Policy.	**landwirtschaftliches Erzeugnis, ~ Produkt** Die Kosten für landwirtschaftliche Erzeugnisse werden durch die Gemeinsame Agrarpolitik der EU künstlich hochgehalten.
agriculture *n*	**Agrarwirtschaft**
basic materials *npl*	**Grundstoffe**
cattle breeding *n*	**Viehzucht**
● **coal mining** *n* **Coal mining** saw its most severe decline in Britain in the seventies and eighties.	**Kohlebergbau** Der Kohlebergbau hat in Großbritannien in den siebziger und achtiger Jahren seinen stärksten Rückgang erlebt.
dairy industry *n*	**Milchwirtschaft**
drill *v/t* The company has obtained permission to **drill** for oil in the North Sea.	**bohren** Der Firma wurde die Erlaubnis erteilt, in der Nordsee nach Öl zu bohren.
● **energy** *n*	**Energie**
● **energy industry** *n*	**Energiewirtschaft**
extract *v/t* Oil and gas are still being **extracted** from the North Sea.	**gewinnen** Öl und Gas werden immer noch aus der Nordsee gewonnen.
extractive *adj* **Extractive** industries remove irreplaceable natural resources.	**Abbau-, Grundstoff-** Grundstoffindustrien bauen unersetzbare natürliche Rohstoffe ab.
farm *v/t*	**bewirtschaften**

Wirtschaftssektoren

- **farming** n
  European **farming** subsidies are expected to decline in all member states.

  Landwirtschaft, Agrar-
  Man erwartet, dass die europäischen Agrarsubventionen für alle Mitgliedstaaten rückläufig sein werden.

---

farming (organic ~) n

biologischer Anbau

---

farming (intensive ~) n
Environmentalists have expressed concerns about **intensive farming**.

(landwirtschaftliche Intensiv-) Bewirtschaftung
Umweltschützer haben ihre Besorgnis über Intensivbewirtschaftung zum Ausdruck gebracht.

- **fishery** n

  Fischerei

- **forestry** n

  Forstwirtschaft

---

fuel (fossil ~) n
The burning of fossil **fuels** such as coal releases harmful chemical compounds into the atmosphere.

fossiler Brennstoff
Durch Verbrennen fossiler Brennstoffe wie zum Beispiel Kohle werden schädliche chemische Verbindungen in der Atmosphäre freigesetzt.

- **gas industry** n

  Gas-/Energiewirtschaft

- **generate** v/t

  erzeugen

- **generation of electricity** n
  The **generation of electricity** should not be over-dependent on nuclear power.

  Elektrizitätserzeugung
  Die Elektrizitätserzeugung sollte nicht zu sehr von der Nuklearenergie abhängig sein.

---

hydro-electric power n

Wasserkraft

- **mine** n

  Bergwerk

- **mine** v/t
  Coal has been **mined** here for twenty years.

  abbauen, fördern (unter Tage)
  Zwanzig Jahre lang ist in dieser Gegend Kohle abgebaut worden.

---

mineral resources npl

Bodenschätze

- **mining** n

  Bergbau

Wirtschaftssektoren 93

- **nuclear power** *n*
France is heavily dependent on **nuclear power** for its energy needs.

    Atomkraft
    Frankreichs Energiebedarf ist sehr stark von der Nuklearkraft abhängig.

- **oil industry** *n*

    (Erd-/Mineral)Ölindustrie

- **oil rig** *n*

    Ölbohrinsel, Ölbohrturm

- **power station** *n*

    Kraftwerk

- **power supply** *n*

    Stromversorgung, Energieversorgung

- **primary** *adj*
Farming, mining and fishing are important **primary** industries.

    primär
    Landwirtschaft, Bergbau und Fischerei sind bedeutende Primärindustrien.

- **raw materials** *npl*

    Rohstoffe

- **replace** *v/t*
Natural resources such as gas and oil cannot be **replaced**.

    ersetzen
    Natürliche Rohstoffe wie Gas und Öl sind nicht ersetzbar.

- **resources (natural ~)** *npl*

    natürliche Rohstoffe, ~ Ressourcen

solar power, ~ energy *n*
Solar power, wind and wave energy are environmentally friendly forms of energy.

   Solarenergie, Sonnenenergie
   Sonnen-, Wind- und Wellenenergie sind umweltfreundliche Energieformen.

- **utility company** *n*
Public **utility companies** in the UK are now privately owned.

    Versorgungsunternehmen, Energieunternehmen
    Öffentliche Versorgungsunternehmen in Großbritannien sind jetzt in Privatbesitz.

wind energy *n*

Windkraft

wave energy *n*

Wellenenergie

Die Wirtschaft

1.4.2 Sekundärer Sektor

- **aerospace industry** *n*
  The European **aerospace industry** has a successful track record in joint ventures.

  Luft- und Raumfahrtindustrie
  Die europäische Luft- und Raumfahrtindustrie hat eine erfolgreiche Leistungsbilanz bei Joint Ventures.

- **arms industry** *n*

  Waffenindustrie

- **assemble** *v/t*

  zusammenbauen, montieren

- **assembly plant** *n*
  Building **assembly plants** in the UK allows Japanese companies free access to European markets.

  Montagewerk, Fertigungswerk
  Das Errichten von Montagewerken in Großbritannien ermöglicht japanischen Firmen freien Zugang zu europäischen Märkten.

- **automobile industry** *n*
  (→ **car industry**)

  Automobilindustrie, Automobil- und Kraftfahrzeugbau

- **building industry** *n*

  Baugewerbe, Bauindustrie

- **car industry** *n*
  The German economy is heavily dependent on the **car industry**.

  Automobilindustrie
  Die deutsche Wirtschaft ist sehr stark abhängig von der Automobilindustrie.

- **chemical industry** *n*

  chemische Industrie

- **clothing industry** *n*

  Kleidungsindustrie

- **construction industry** *n*
  German unification led to a boom in the **construction industry**.

  Bauindustrie
  Die deutsche Wiedervereinigung führte zu einem Aufschwung in der Bauindustrie.

consumer durables *npl*
Sales of **consumer durables** are often promoted by interest-free credit arrangements.

langlebige Konsumgüter
Für den Verkauf von langlebigen Konsumgütern wird oft mit zinslosen Kreditangeboten geworben.

consumer electronics *npl*

Unterhaltungselektronik

consumer goods *npl*

Konsumgüter

Wirtschaftssektoren 95

- **defence industry** n *(GB);* **defense ~** n *(US)* — Rüstungsindustrie

- **electronics industry** n — Elektronikindustrie, Elektrotechnik

- **fashion industry** n — Modeindustrie

finished (~ goods) *adj* — fertige, verarbeitete Waren
Manufacturers are having to hold large stocks of ***finished goods*** due to a slump in sales.
Wegen einer Verkaufsflaute müssen Hersteller große Vorräte von verarbeiteten Waren auf Lager halten.

food chain n — Nahrungsmittelkette
There are serious concerns about hygiene standards in parts of the ***food chain***.
Die Hygienestandards in einigen Teilen der Nahrungsmittelkette geben Anlass zu ernsthafter Besorgnis.

- **food industry** n — Nahrungsmittelindustrie

food processing industry n — nahrungsmittelverarbeitende Industrie

- **heavy industry** n — Schwerindustrie

- **engineering (mechanical ~)** n — Maschinenbau

- **engineering (civil ~)** n — Hoch- und Tiefbau

- **iron and steel industry** n — Eisen- und Stahlindustrie

light industry n — Leichtindustrie

- **manufacture** n — Herstellung
We specialise in the ***manufacture*** of machine tools.
Wir haben uns auf die Herstellung von Werkzeugmaschinen spezialisiert.

- **manufacture** *v/t* — herstellen

- **manufactured goods** *npl* — Fertigware, Fertigerzeugnisse

Die Wirtschaft

Wirtschaftssektoren

manufacturing *adj*
Manufacturing techniques in the car industry have changed dramatically over the past ten years.

Herstellungs-, Verarbeitungs-
Die Verarbeitungstechniken in der Automobilindustrie haben sich in den letzten zehn Jahren drastisch geändert.

- **manufacturing industry** *n* — verarbeitende Industrie

- **petro-chemical industry** *n* — petrochemische Industrie

- **pharmaceutical industry** *n* — pharmazeutische Industrie, Pharmaindustrie

plant construction *n* — Anlagebau

precision engineering *n* — Feinmechanik

- **secondary industries** *npl* (→ manufacturing industry) — Sekundärindustrien

- **shipbuilding** *n* — Schiffbau

- **steel industry** *n* — Stahlindustrie

- **textile industry** *n* — Textilindustrie

1.4.3 Tertiärer Sektor

- **advertising** *n*
Changes in technology have altered **advertising** methods.

  Werbung
  Der technologische Wandel hat die Werbemethoden verändert.

agency (forwarding ~) *n* — Spedition

agency (shipping ~) *n* — Spedition (per Schiff)

- **airline** *n*
Airlines are currently cutting the prices of their services between major European destinations.

  Fluggesellschaft
  Die Fluggesellschaften reduzieren momentan ihre Preise für ihren Service zwischen den Hauptflugzielen in Europa.

- **banking** *n* — Bankwesen

Wirtschaftssektoren

• **commerce** n	**Handel, Handelsverkehr**
• **communications** npl The Internet is a major player in global **communications** systems.	**Kommunikation** Das Internet ist einer der Hauptakteure bei den globalen Kommunikationssystemen.
consultancy n He took early retirement in order to set up his own **consultancy**.	**Beratung(sfirma), Beratungstätigkeit** Er trat frühzeitig in den Ruhestand, um seine eigene Beratungsfirma aufzubauen.
• **education sector** n	**Erziehungssektor, Erziehungswesen**
distributive sector n	**Vertriebssektor**
• **entertainment industry** n The British **entertainment industry** is alive and kicking.	**Unterhaltungsindustrie** Die britische Unterhaltungsindustrie ist gesund und munter.
estate agency n	**Maklerunternehmen**
film and television industry n The British **film industry** has recently been boosted by substantial funds from the national lottery.	**Film- und Fernsehindustrie** Die britische Filmindustrie ist unlängst durch eine erhebliche Geldsumme aus der Nationallotterie gefördert worden.
freight forwarding n	**(Güter)Spedition**
health care n	**Gesundheitsfürsorge**
• **health service** n The privatisation of the **health service** is a most controversial issue.	**Gesundheitswesen** Die Privatisierung des Gesundheitswesens ist ein äußerst kontroverses Thema.
• **hotel and catering industry** n The **hotel and catering industry** is a major employer in the south of the country.	**Hotel- und Gaststättengewerbe** Das Hotel- und Gaststättengewerbe ist der Hauptarbeitgeber im Süden des Landes.

Die Wirtschaft

Wirtschaftssektoren

- **insurance** *n* — Versicherung, Versicherungswesen

- **insurance company** *n* — Versicherungsgesellschaft

land agent *n* — Grundstücksmakler

- **legal service** *n* — Rechtshilfe
  Legal services are expanding as Britain becomes a more litigious country.
  Die Rechtshilfedienstleistungen expandieren in Großbritannien, da die Zahl der Rechtsstreitigkeiten im Lande zunimmt.

- **media** *npl* — Medien

provision of services *n* — Angebot von Dienstleistungen
The **provision of services** in the telecommunications sector is second to none in the entire service sector.
Das Angebot von Dienstleistungen im Telekomsektor ist im gesamten Dienstleistungssektor unübertroffen.

publishing *n* — Verlagswesen

- **retail business** *n* — Einzelhandel
  Retail businesses felt the squeeze this year as consumer spending fell below last year's average.
  Der Einzelhandel geriet in diesem Jahr unter Druck, da die Verbraucherausgaben unter das Vorjahresniveau fielen.

- **road haulage** *n* — Transportunternehmen

- **service industry** *n* — Dienstleistungsindustrie, ~sektor, ~gewerbe, tertiärer Sektor
  The **service industries** are the fastest growing sector of the economy
  Das Dienstleistungsgewerbe ist der am schnellsten wachsende Wirtschaftssektor.

services (provide ~) *phrase* — Dienstleistungen anbieten
We are able to **provide** these **services** throughout Europe.
Wir können diese Dienstleistungen europaweit anbieten.

services (provision of ~) *n* — Dienstleistungsangebot

- **services (public ~)** *npl*
  Poor **public services** have a detrimental effect on the economy.

  öffentliche Dienstleistungen
  Schlechte öffentliche Dienstleistungen wirken sich nachteilig auf die Wirtschaft aus.

- **telecommunications industry** *n*

  Fernmelde-, Kommunikationsindustrie

- **tourism** *n*

  Touristik

- **transport** *n (GB);*
  transportation *n (US)*

  Transport

- **wholesale price** *n*
  Is this the **wholesale** or the retail **price**?

  Großhandelspreis
  Ist das der Groß- oder Einzelhandelspreis?

2 Das Unternehmen

2.1 Gründung und Auflösung

- **bankruptcy** *n*
  The stock market crash led to a huge wave of **bankruptcies**.

  Bankrott, Konkurs
  Der Börsenkrach führte zu einer riesigen Konkurswelle.

  be your own boss *phrase*
  Can you draw up a list of objectives which you hope to achieve from **being your own boss**?

  sein eigener Chef sein
  Können Sie eine Liste mit den Zielen aufstellen, die Sie als eigener Chef zu erreichen hoffen?

- **business** *n*

  Geschäft(sbetrieb), Firma, Unternehmen, (Handels)-Gewerbe

- **business (small ~)** *n*

  Klein-, Familienunternehmen

  business (drive out of ~, force out of ~) *phrase*
  The company was **driven out of business** by foreign competition.

  aus dem Geschäft verdrängen, zur Geschäftsaufgabe zwingen
  Die Firma wurde durch ausländische Konkurrenz zur Geschäftsaufgabe gezwungen.

100 Gründung und Auflösung

• **business (go out of ~)** *phrase*
The company **went out of business** during the recession.

Geschäft aufgeben, Betrieb schließen
Die Firma hat während der Rezession ihr Geschäft aufgegeben.

business failure *n*
The number of **business failures** has fallen to its lowest level since the recession.

Unternehmens-, Firmenzusammenbruch, Firmenpleite
Seit der Rezession ist die Zahl der Firmenzusammenbrüche auf den niedrigsten Stand gefallen.

• **business organisation** *n*

Handels-, Geschäfts-, Unternehmensorganisation

• **business plan** *n*
A **business plan** helps you to define your longer-term objectives.

Geschäfts-, Unternehmensplan
Ein Unternehmensplan hilft Ihnen bei der Festlegung Ihrer längerfristigen Unternehmensziele.

business rate *n*
Setting up in an enterprise zone will entitle you to reduced **business rates**.

Gewerbesteuer(satz)
Wenn Sie sich in einem staatlich geförderten Gewerbegebiet niederlassen, haben Sie ein Anrecht auf einen reduzierten Gewerbesteuersatz.

• **company** *n*

Firma, Unternehmen, Betrieb, Handels-, Kapitalgesellschaft

company failure *n*
(→ **business failure**)

Unternehmens-, Firmenzusammenbruch, Firmenpleite

Consumer Credit Act *n*

Verbraucherkreditgesetz

dissolution *n*

Auflösung

• **dissolve** *v/t*
The partnership was **dissolved** two years ago.

auflösen
Die Personengesellschaft wurde vor zwei Jahren aufgelöst.

• **enterprise** *n*
Government funds are available for pump priming small and medium-sized **enterprises**

Unternehmen
Für kleine und mittelständische Unternehmen steht staatliche Starthilfe zur Verfügung.

Gründung und Auflösung

- **entrepreneur** *n*
By definition, **entrepreneurs** are risk takers.

Unternehmer(in)
Definitionsgemäß sind Unternehmer Risikoträger.

entrepreneur (budding ~) *n*
There are lots of potential pitfalls for the **budding entrepreneur.**

angehender Unternehmer(in)
Für angehende Unternehmer gibt es eine Menge von potentiellen Fallstricken.

- **establish a company** *phrase*
(➤ **form a company**)

ein Unternehmen gründen

establishing *n*
The **establishing** of a company requires a great deal of specialist advice.

(Geschäfts)Gründung
Zur Geschäftsgründung benötigt man eine Menge fachlicher Beratung.

establishment *n*
MBR is one of the largest commercial **establishments** in the field of communication technology.

Unternehmen, Geschäft, Niederlassung
MBR ist eines der größten kommerziellen Unternehmen auf dem Gebiet der Kommunikationstechnologie.

Financial Services Act *n*
Investment bureaus are governed by the **Financial Services Act** and the Consumer Credit Act.

Börsengesetz
Anlageinstitute unterliegen dem Börsengesetz und dem Verbraucherkreditgesetz.

- **firm** *n*

Firma, Betrieb, Unternehmen, Personengesellschaft

fold *v/i*
The business **folded** as a result of the BSE crisis.

Bankrott gehen, eingehen, zusammenbrechen
Das Geschäft ist infolge der BSE-Krise eingegangen.

form a company *phrase*
When you **form a company** you must first decide on its legal form.
(➤ **establish a company**)

ein Unternehmen gründen
Wenn Sie ein Unternehmen gründen, müssen Sie sich zuerst für seine Rechtsform entscheiden.

- **formation (~ of a company)** *n* **Unternehmensgründung**

Gründung und Auflösung

- **found** v/t
  The company was **founded** in 1986 by the brothers Carl and John McIntyre.

  gründen
  Die Firma wurde 1986 von den Gebrüdern Carl und John McIntyre gegründet.

- **founder** n

  Gründer(in)

- **fund** n
  Initially, you'll also need some extra **funds** to fall back on.

  Kapital, Geldsumme, Geldmittel
  Anfänglich werden Sie auch zusätzliche Geldmittel als Rücklage benötigen.

- **go bankrupt** phrase
  The business **went bankrupt** as a result of severe cash flow problems.

  Bankrott gehen
  Das Geschäft ging wegen schwerer Liquiditätsprobleme Bankrott.

go bust colloq phrase
(→ **go bankrupt**)

Bankrott gehen, Pleite machen

goodwill n
When estimating a company's value you need to take both its assets and its **goodwill** into account.

(immaterieller) Firmenwert, Stammkundschaft
Wenn Sie den Wert einer Firma schätzen, müssen Sie sowohl ihren Vermögenswert, als auch den immateriellen Firmenwert berücksichtigen.

health and safety n
As a new employer you'll need to familiarise yourself with the **Health and Safety** at Work Act.

Arbeitsschutz
Als neuer Arbeitgeber müssen Sie sich mit dem Arbeitsschutzgesetz vertraut machen.

- **insolvent** adj
  A business is **insolvent** when its liabilities are greater than its assets.

  zahlungsunfähig, insolvent
  Eine Firma ist zahlungsunfähig, wenn ihre Verbindlichkeiten ihren Vermögenswert übersteigen.

liquidate v/t
The company's assets were **liquidated** by the receiver.

auflösen, liquidieren
Das Betriebsvermögen wurde durch den Konkursverwalter aufgelöst.

Gründung und Auflösung

- **liquidation** *n*
Creditors received 19p in the £ when the company went into **liquidation**.

Auflösung, Liquidation
Bei Auflösung der Firma erhielten die Gläubiger 19 Pence pro Pfund Sterling.

liquidation (compulsory ~) *n*

Zwangsauflösung, Zwangsliquidation

liquidation (go into ~) *phrase*
(→ **liquidation**)

aufgelöst, liquidiert werden

liquidation (voluntary ~) *n*

freiwillige Auflösung, Liquidation

- **location** *n*
German companies wanting to expand abroad see the UK as an attractive **location** for investment.

Standort
Deutsche Unternehmen, die ins Ausland expandieren wollen, sehen Großbritannien als einen attraktiven Standort für Investitionen.

location (advantageous ~) *n*
Foreign investors regard the UK as an **advantageous location** in many respects, especially in terms of low production costs.

Standortvorteil
Ausländische Investoren sehen in Großbritannien in vieler Hinsicht Standortvorteile, insbesondere, was die niedrigen Produktionskosten betrifft.

location (choice of ~) *n*

Standortwahl

nature of the business *phrase*
Please enter the objectives and the **nature of the business.**

Tätigkeitsbereich, ‚Gegenstand der Unternehmung'
Bitte tragen Sie Zielsetzung und ‚Gegenstand der Unternehmung' ein.

off the peg *phrase*
You may be able to buy an existing company **off the peg** rather than start up a new business.

‚von der Stange'
Es ist möglich, dass Sie eine (auf dem Papier) existierende Firma ‚von der Stange' kaufen, anstatt eine neue Firma zu gründen.

Gründung und Auflösung

proxy (by ~) *n*
The legal aspects of establishing a company are often dealt with **by proxy** or by a solicitor.

durch einen Bevollmächtigten
Mit den rechtlichen Aspekten einer Firmengründung befasst sich oft entweder ein Bevollmächtigter oder ein Rechtsanwalt.

● **raise money** *v/t*
In order to found a business you first need to **raise money.**

Geld(mittel) aufbringen, beschaffen
Um ein Geschäft zu gründen, müssen Sie zunächst Geldmittel beschaffen.

receiver *n*
The **receivers** were called in last week.

Konkursverwalter, Liquidator
Letzte Woche wurden die Konkursverwalter bestellt.

receiver (in the hands of the ~) *phrase*
The company ended up **in the hands of the receivers.**

liquidiert werden, in den Konkurs gehen
Letztendlich ging die Firma in Konkurs.

receivership (go into ~) *phrase*
The company went into **receivership** last year.

Konkurs machen, in Konkurs gehen
Die Firma ging letztes Jahr in Konkurs.

● **regulation** *n*

Bestimmung, Verordnung, Dienstvorschrift

regulatory *adj*
The chart provides a guide to the main **regulatory** framework which must be complied with when starting up a business.

ordnend, regulativ, Aufsichts-
Das Schaubild bietet einen Leitfaden zu den wichtigsten Rahmenbedingungen, die bei einer Firmengründung erfüllt werden müssen.

● **risk (calculated ~)** *n*
You stand the best chance of being successful in business if you are prepared to take a **calculated risk.**

kalkulierbares Risiko
Sie haben die besten Chancen, im Geschäftsleben erfolgreich zu sein, wenn Sie bereit sind, ein kalkulierbares Risiko einzugehen.

risk (low-~ venture) *n*

Unternehmen mit geringem Risiko

Gründung und Auflösung

risk (high- ~ business) *n*
The production of multi-media software is a high-risk business.

Geschäft mit hohem Risiko, äußerst riskantes Geschäft
Die Produktion von Multimedia Software ist ein äußerst riskantes Geschäft.

- **run a business** *phrase*
Advice on many aspects of **running a business** can be provided by solicitors, accountants and banks.

Geschäft/Betrieb leiten, führen, betreiben
Rechtsanwälte, Steuerberater und Banken können Sie bei vielen Fragestellungen zur Geschäftsführung beraten.

- **self-employed** *adj*
Some people find the notion of being **self-employed** very attractive, others find it rather intimidating.

selbständig (tätig), freiberuflich
Einige Menschen finden die Vorstellung, selbständig zu sein, sehr attraktiv, andere eher beängstigend.

- **start a business** *phrase*
(→ business)

eine Firma gründen, ein Geschäft eröffnen

- **start up** *v/t* (→ set up)
When we first **started up** the business we had no idea what we were letting ourselves in for.

(Geschäft/Firma) gründen
Als wir unsere Firma gründeten, hatten wir zuerst keine Ahnung, worauf wir uns einließen.

start-up loan *n*

Existenzgründungsdarlehen, Unternehmensgründungsdarlehen

- **trading (cease ~, stop ~)** *phrase*

Geschäft aufgeben

undertaking *n*
This is rather a large **undertaking** for a sole trader with limited finance.

Unterfangen, Unternehmen
Dies ist ein ziemlich großes Unterfangen für einen Einzelhändler mit beschränkten Finanzen.

- **wind up** *v/t*
The company was **wound up** after the suppliers refused to sell any more goods on credit.

(Geschäft, Firma) auflösen
Das Geschäft wurde aufgelöst, nachdem die Zulieferer sich weigerten, weitere Waren auf Kreditbasis zu liefern.

Das Unternehmen

Unternehmensformen

winding-up n
In a limited company voluntary **winding-up** can occur if 75% of the members vote for it.

Geschäftsauflösung, Liquidation
Bei einer GmbH kann die freiwillige Geschäftsauflösung stattfinden, wenn 75% der Mitglieder dafür stimmen.

2.2 Unternehmensformen

administrative board n	**Verwaltungsrat**
advisory board n All well-reputed international journals have an **advisory board.**	**Beirat** Alle renommierten internationalen Zeitschriften haben einen (wissenschaftlichen) Beirat.
• **Annual General Meeting (AGM)** n	**Jahreshauptversammlung**
• **approved** adj If the documents are not available in English, **approved** translations must be supplied.	**beglaubigt** Sind die Dokumente nicht auf Englisch erhältlich, so müssen notariell beglaubigte Übersetzungen eingereicht werden.
Articles of Association n (GB); **(corporate) bye-laws** n (US) Your rights and duties as managing director of Hunt UK are detailed in the **Articles of Association.**	**Satzung, Gesellschaftsvertrag** Ihre Rechte und Pflichten als Geschäftsführer(in) von Hunt UK sind in der Satzung ausgeführt.
Assocs n **(Associates)**	**Gesellschafter, Teilhaber**
• **board of directors** n (→ **supervisory board**) Corporate policy is the prerogative of the **board of directors.**	**Aufsichtsrat, Vorstand, Direktorium** Unternehmenspolitik ist das Privileg des Aufsichtsrates.
• **branch** n	**Filiale, Zweigniederlassung, Zweigstelle**
• **Bros** n pl **(Brothers)**	**(Ge)Brüder**

Unternehmensformen

● **chairman of the management board** n	**Vorsitzender des Vorstandes (AG), Vorsitzender der Geschäftsführung (GmbH)**
charity n	**Wohltätigkeitsorganisation**
● **co-owner** n	**Geschäftsteilhaber**
Companies Act n *(GB)* Any company established in Great Britain is subject to the regulations laid down in the **Companies Act**.	*(seit 1985 in GB geltendes)* **Firmengesetz** Jede in Großbritannien etablierte Firma fällt unter die Bestimmungen des ‚Firmengesetzes'.
● **company (private limited ~) (Ltd ~)** n *(GB);* **closed corporation** n *(US)* The form of accounts for a **limited company** is laid down by law.	**Gesellschaft mit beschränkter Haftung (GmbH)** Bei einer GmbH ist die Form des Jahresabschlusses gesetzlich festgelegt.
● **company (public limited ~) (plc)** n *(GB);* **open corporation, joint-stock company** n *(US)* The majority of British Building Societies have been turned into **plcs**.	**Aktiengesellschaft** Die Mehrheit der britischen Bausparkassen sind in Aktiengesellschaften umgewandelt worden.
● **Companies House** n (→ **Registrar of Companies**)	**Name des britischen Handelsregister**
● **executive (~ director, ~ manager)** n The majority of **executive directors** are elected to the board on the recommendation of the managing director.	**Vorstandsmitglied, Generalbevollmächtigter** Die Mehrheit der Vorstandsmitglieder werden auf Empfehlung des Geschäftsführers in den Vorstand berufen/gewählt.
● **float (~ on the stock exchange)** *phrase* PLCs are **floated on the stock exchange** and require an initial authorised share capital of at least £50,000.	**(Firma) gründen, an der Börse handeln** AGs werden an der Börse gehandelt und erfordern ein Gründungskapital von mindestens 50 000 Pfund Sterling.

Das Unternehmen

Unternehmensformen

• **franchise** *n* A contract for the *franchise* must be made with the franchisor.	**Franchise(unternehmen), Alleinverkaufsrecht, Lizenz** Ein Vertrag für das Franchiseunternehmen muss mit dem Lizenzgeber abgeschlossen werden.
incorporate *v/t (US)*	**gründen, als AG (im Handelsregister) eintragen**
incorporated (*abbrev* **inc.**) *adj (US)*	**(amtlich) eingetragen**
incorporation (of a company) *n (US)* The time span from setting up a company to *incorporation* can be up to three months.	**Handelsregistereintragung** Die Zeitspanne von der Gründung bis zur Eintragung ins Handelsregister kann bis zu drei Monaten dauern.
Incorporation (Certificate of ~) *n* Having formed a limited company, the *Certificate of Incorporation* and the registration date need to be displayed publicly.	**Gründungsurkunde** Nach der Gründung einer GmbH müssen die Gründungsurkunde und das Datum der Gründung öffentlich ausgehängt werden.
• **initial authorised share capital** *phrase*	**Gründungskapital**
• **liability** *n* The drawback of a partnership is that each partner shares the *liability* for all debts.	**Haftung** Der Nachteil einer Personengesellschaft ist die gemeinsame Haftung für alle Verbindlichkeiten.
liability (with limited ~) *phrase*	**mit beschränkter Haftung**
• **limited** (*abbrev* **Ltd**) *adj* Directors of a private *limited* company are liable for debts up to the amount invested in the company.	**beschränkt** Die Geschäftsführer einer GmbH sind für Schulden bis zur Höhe ihrer Stammeinlagen haftbar.
• **Managing Director** *n (GB)*, **General Manager** *n (US)* A public company must have two *managing directors* and a private company one.	**(Haupt)Geschäftsführer(in)** Eine Aktiengesellschaft muss zwei, eine GmbH einen Geschäftsführer haben.

Unternehmensformen

- **management board** n
  Responsibility for running the group would rest with the ***management board***.

  Vorstand (AG), Geschäftsführung (GmbH)
  Die Verantwortung für die Leitung der Gruppe würde beim Vorstand liegen.

---

memorandum of association n *(GB)*; **articles of incorporation** npl *(US)*
The ***memorandum of association*** should, among other things, state the name of the company and the location of the registered office.

Gründungsurkunde
Die Gründungsurkunde sollte unter anderem den Firmennamen und den eingetragenen Sitz der Firma aufführen.

---

non-profit-making organisation n
As a ***non-profit-making organisation*** you are exempt(ed) from VAT.

gemeinnützige Organisation
Als gemeinnützige Organisation sind Sie von der Mehrwertsteuer befreit.

- **partner** n

  Gesellschafter(in), Teilhaber(in)

- **partner (general ~)** n
  In a limited partnership the ***general partner*** is fully liable for any debts.

  Komplementär, persönlich haftender Partner(in)
  In einer KG haftet der Komplementär unbeschränkt für alle Verbindlichkeiten.

- **partner (limited ~)** n
  The ***limited partner*** is only liable for debts up to the amount he invested in the company.

  Kommanditist
  Der Kommanditist ist nur bis zur Höhe seiner investierten Einlagen haftbar.

- **partner (managing ~)** n

  geschäftsführender Gesellschafter(in)

---

partner (sleeping ~) n

stiller Teilhaber(in)

- **partnership** n

  (Personen)Gesellschaft, Offene Handelsgesellschaft (OHG)

Das Unternehmen

Unternehmensformen

partnership (deed of ~) n We recommend that you ask your solicitor to draw up a **deed of partnership**.	**Gesellschaftsvertrag** Wir empfehlen Ihnen, dass Sie Ihren Rechtsanwalt beauftragen, einen Gesellschaftsvertrag aufzusetzen.
partnership (enter into a ~) phrase	**in eine Gesellschaft eintreten, Teilhaberschaft eingehen**
• **partnership (limited ~)** n	**Kommanditgesellschaft (KG)**
partnership (limited ~ with limited company as general partner) n	**GmbH & Co. KG**
• **PLC** (→ company, public limited) n	**Aktiengesellschaft (AG)**
• **proprietor** n The newspaper industry consists of a large number of titles owned by a small number of **proprietors**.	**Geschäftsinhaber(in)** Zeitungsverlage bestehen aus einer großen Anzahl von Titeln und einer kleinen Anzahl von Geschäftsinhabern.
public corporation n	**Anstalt des öffentlichen Rechts**
quango (quasi-autonomous non-governmental organisation) n *(GB) pej.*	**halbstaatliche Organisation**
• **registered** adj Your company will need to be **registered** with the Companies Registration Office in London.	**eingetragen, registriert** Ihre Firma wird im Handelsregister in London eingetragen werden müssen.
• **registered office** n Our **registered office** is now in Frankfurt.	**eingetragener Sitz** Der eingetragene Sitz unserer Firma ist jetzt in Frankfurt.
Registrar of Companies n (→ **Companies House**)	*entspricht deutschem* **Handelsregister**
secretary (~ company) n	**Verwaltungsdirektor(in), Vorstandssprecher(in)**

Unternehmensformen

● **signatory** n
In our charity we normally have two **signatories**.

Handlungsbevollmächtigte(r), Unterschriftsberechtigte(r), Prokurist(in)
In unserer Wohltätigkeitsorganisation haben wir normalerweise zwei Unterschriftsberechtigte.

share n

Aktie

● **shareholder** n
Shareholders voted to restructure the company's debts.

Aktionär (AG), Gesellschafter (GmbH)
Die Aktionäre beschlossen, die Firmenschulden umzustrukturieren.

shareholders' meeting n

Hauptversammlung (AG), Gesellschafterversammlung (GmbH)

● **small and medium-sized enterprises (SMEs)** npl
The Government announced a range of measures to reduce the tax burden for **SMEs**.

kleine und mittelständige Unternehmen
Die Regierung kündigte eine Reihe von Maßnahmen zur Reduzierung der Steuerlast für kleine und mittelständische Unternehmen an.

● **sole trader** n (GB);
sole proprietor n (US)
Setting up as a **sole trader** involves the least work and fewest formalities.

Einzelunternehmen, Alleinbetrieb, Einzelkaufmann
Die Gründung eines Einzelunternehmens ist mit der geringsten Arbeit und den wenigsten Formalitäten verbunden.

● **subsidiary** n

Tochterunternehmen, Tochterfirma

● **supervisory board** n
(↪ **board of directors**)

Aufsichtsrat

trading licence n (GB);
business license n (US)
If you're unsure whether you require a **business licence**, please contact your local trading standards department.

Gewerbeschein, Gewerbeerlaubnis
Falls Sie unsicher sind, ob Sie einen Gewerbeschein benötigen, erkundigen Sie sich bitte vor Ort bei Ihrem Gewerbeaufsichtsamt.

Zusammenschlüsse und Übernahmen

trading standards department *n*	Gewerbeaufsichtsamt
workers co-operative *n*	Genossenschaft

2.3 Zusammenschlüsse und Übernahmen

- **acquisition** *n*
Experts pointed out that the undisclosed foreign **acquisition** might be a prelude to a big move in the domestic market.

    Akquisition, Aufkauf, Erwerb
Experten verwiesen darauf, dass die geheimgehaltene ausländische Akquisition ein Vorzeichen für größere Bewegungen auf dem Binnenmarkt sein könnte.

- **antitrust law** *n (US)* — **Kartellrecht**

- **buyout** *n*
The company was forced to agree to the **buyout** by foreign investors.

    Unternehmenskauf, Aufkauf
Das Unternehmen war gezwungen, dem Aufkauf durch ausländische Investoren zuzustimmen.

- **buyout (leveraged ~)** *n* — fremdfinanzierter Unternehmensaufkauf

- **buyout (management ~)** *n* — **Management-Buyout, Übernahme durch die Geschäftsleitung**

- **cartel** *n* — **Kartell**

- **concern (industrial ~)** *n* — **Industriekonzern**

- **core activity** *n*
Our **core activity** consists of securing European-wide patents for our clients.

    Haupttätigkeit
Unsere Haupttätigkeit besteht darin, Patente für unsere Klienten europaweit zu sichern.

- **cross-holding** *n* — gegenseitige Kapitalbeteiligung

Zusammenschlüsse und Übernahmen

● **diversification** *n*
Through prudent ***diversification*** the company has managed to get through the recession unscathed.

Diversifizierung
Durch umsichtige Diversifizierung ist es dem Unternehmen gelungen, ungeschoren durch die Rezession zu kommen.

● **diversify** *v/t*

diversifizieren

● **dominant** *adj*
The merger would lead to a ***dominant*** position in the market.

marktbeherrschend
Die Fusion würde zu einer marktbeherrschenden Stellung führen.

● **hold** *v/t*
Yoko ***holds*** about 15% of Nico's shares.

(Anteile) halten, (Aktien) besitzen
Yoko besitzt ca. 15% von Nicos Aktien.

holding company *n*
Once a company has acquired 51% of another company's shares it is said to be the ***holding company***.

Holdinggesellschaft
Wenn ein Unternehmen 51% der Aktien eines anderen Unternehmens erworben hat, wird es zur Holdinggesellschaft.

● **integration** *n*
The successful ***integration*** of the two companies will depend on the development of a common corporate culture.

Integration
Die erfolgreiche Integration der beiden Unternehmen hängt von der Entwicklung einer gemeinsamen Firmenkultur ab.

● **joint venture** *n*
Partners in a ***joint venture*** can be individuals as well as corporate bodies.

Gemeinschaftsunternehmen, Joint Venture
Als Partner bei einem Gemeinschaftsunternehmen kommen sowohl natürliche als auch juristische Personen in Betracht.

link-up *n*
A ***link-up*** would provide our company with the investment it currently lacks.

Verbindung, Verflechtung, Zusammenschluss
Ein Zusammenschluss würde unserer Firma die Investitionen beschaffen, die ihr momentan fehlen.

Das Unternehmen

114 Zusammenschlüsse und Übernahmen

- **merge** *v/t*
 It will never be easy to **merge** large and culturally distinct companies.

 fusionieren, verschmelzen, zusammenlegen
 Es wird niemals leicht sein, große und kulturell unterschiedliche Unternehmen miteinander zu verschmelzen.

- **merger** *n*
 The **merger** between the two Bavarian banks will knock Druckner off its perch in second place behind Deko in the league table of German banks.

 Fusion, (Firmen)Zusammenschluss
 Die Fusion der beiden bayrischen Banken wird die Druckner vom hohen Ross runterholen und hinter der Deko auf den zweiten Platz in der deutschen Bankenliga verweisen.

 merger-mania *n*
 The chairman of Yoko bank stressed that his bank was remaining aloof from the **merger-mania**.

 Fusionsmanie, Fusionswahn
 Der Vorsitzende der Yoko Bank betonte, dass seine Bank sich bei der Fusionsmanie zurückhalten werde.

 Monopolies and Merger Commission *(GB);* **Federal Trade Commission** *(US) n*
 When a large-scale enterprise seeks to acquire another it has to declare this to the **Monopolies and Merger Commission**.

 (Bundes)Kartellamt
 Wenn ein Großunternehmen ein anderes zu erwerben beabsichtigt, so muss es dies beim Kartellamt anmelden.

- **multinational (corporation)** *n*
 In a global economy **multinationals** will no longer be the exception but the norm.

 multinationales Unternehmen, multinationaler Konzern, Multi
 In einer globalen Wirtschaft werden die Multis nicht länger eine Ausnahme sein, sondern zur Norm werden.

 own outright *v/t*

 voll und ganz besitzen, volles Eigentumsrecht besitzen

Zusammenschlüsse und Übernahmen

owned (wholly-~, fully-~) *adj*
It would be difficult to merge our companies if yours is not **wholly-owned** by you.

voll und ganz besitzen, volles Eigentumsrecht besitzen
Es gäbe Schwierigkeiten bei der Fusionierung unserer Unternehmen, wenn Sie nicht das volle Eigentumsrecht an Ihrem Unternehmen besitzen.

● **parent company** *n*
The **parent company** will retain all decision making powers.

Muttergesellschaft
Unsere Muttergesellschaft wird alle Entscheidungsbefugnisse beibehalten.

swallow up *(colloq) v/t*

schlucken

● **take over** *v/t*
Our company was **taken over** last year by a multinational food chain.

übernehmen, aufkaufen
Unser Unternehmen wurde im letzten Jahr von einer multinationalen Lebensmittelkette aufgekauft.

● **takeover** *n*
The **takeover** by the German car manufacturer took the Japanese completely by surprise.

Übernahme
Die Übernahme durch den deutschen Automobilhersteller kam für die Japaner völlig überraschend.

takeover (friendly/ hostile ~) *n*
Hostile takeovers American-style are on the increase in Europe.

freundliche/feindliche Übernahme
Feindliche Übernahmen nach amerikanischem Vorbild sind in Europa auf dem Vormarsch.

takeover-bid *n*
The **takeover-bid** fell through in the end.

Übernahmeangebot
Das Übernahmeangebot ist schließlich nicht zu Stande gekommen.

takeover-bid (launch a) *phrase*

ein Übernahmeangebot machen

● **trust** *n*

Stiftung, Treuhand-(gesellschaft), Trust

Das Unternehmen

3. Der Mensch

3.1 Personalplanung und -auswahl

● **advertise a post** *phrase*
The post must be **advertised** internally and externally.

eine Stelle ausschreiben
Die Stelle muß intern und extern ausgeschrieben werden.

---

applicant *n*
There were 25 **applicants** for this job.

Bewerber
Für diese Stelle gab es 25 Bewerber.

● **application** *n*
His **application** for the post of Product Manager was successful.

Bewerbung
Seine Bewerbung für die Stelle des Produktionsleiters war erfolgreich.

● **application (handwritten ~)** *n*
Please submit a current c.v. and a **handwritten** letter of **application** by ... .

Bewerbung (handschriftliche ~)
Bitte reichen Sie Ihren aktuellen Lebenslauf mit handschriftlichem Bewerbungsbrief bis zum ... ein.

● **application deadline** *n*
The **application deadline** for this post has been extended by two weeks.

Bewerbungsfrist, Bewerbungsschluss
Die Bewerbungsfrist für diese Stelle ist um zwei Wochen verlängert worden.

● **application form** *n*

Bewerbungsformular

---

apply *v/t*
Why don't you **apply** for this job?

bewerben
Warum bewerben Sie sich nicht um diese Stelle?

---

appoint *v/t*
He was **appointed** general manager of Coopers & Lybrand.

ernennen
Er wurde zum Hauptgeschäftsführer von Coopers & Lybrand ernannt.

---

appraisal *n*
The annual **appraisal** of the job performance of each employee meets with little resistance now.

Bewertung, Beurteilung
Die jährliche Leistungsbeurteilung eines jeden Mitarbeiters trifft heute kaum noch auf Widerstand.

Personalplanung und -auswahl

appraiser *n*
Both **appraisers** and appraisees require training.

Bewerter, Beurteilender
Sowohl Bewerter als auch zu Beurteilender benötigen eine Ausbildung.

aptitude test *n*
All applicants have to undergo an **aptitude test**.

Eignungstest
Alle Bewerber müssen sich einem Eignungstest unterziehen.

assess *v/t*
The company **assesses** employees' performance on an annual basis.

beurteilen
Das Unternehmen führt eine jährliche Leistungsbeurteilung seiner Mitarbeiter durch.

brain drain *n*

Abwanderung von Experten (z. B. Wissenschaftlern)

● **candidate** *n*

Kandidat

● **career** *n*
Could you describe your **career** to date.

Beruf, Berufslaufbahn, Werdegang
Könnten Sie uns Ihren bisherigen Werdegang beschreiben.

closing date *n*
(→ **application deadline**)

Bewerbungsfrist, Bewerbungsschluss

CV (curriculum vitae) *n*

Lebenslauf

discrimination (positive ~) *n*
Positive discrimination may be applied in favour of women or ethnic minorities when two candidates are of equal ability.

Quotenregelung
Bei gleicher Qualifikation zweier Kandidaten kann die Quotenregelung zugunsten von Frauen oder ethnischen Minderheiten angewendet werden.

discrimination *n*
The law does not allow **discrimination** on the basis of race, age, gender or trade union activity.

Diskriminierung
Diskriminierung aufgrund von Rasse, Alter, Geschlecht oder Gewerkschaftszugehörigkeit verstößt gegen das Gesetz.

Der Mensch

Personalplanung und -auswahl

document *n*
Which **documents** should I include with my letter of application?

Dokument, (Bewerbungs-)-unterlagen
Welche Unterlagen soll ich meinem Bewerbungsschreiben beilegen?

---

dole (be on the ~) *phrase (colloq.)*

arbeitslos sein

---

drop-out rate *n*
The **drop-out rate** from our in-house training programmes is very low.

Ausfallquote
Die Ausfallquote in unserem innerbetrieblichen Ausbildungsprogramm ist sehr gering.

---

education *n*

Ausbildung

---

employee *n*

Arbeitnehmer, Angestellter

---

employer *n*
The CBI (Confederation of British Industry) represents **employers'** interests.

Arbeitgeber
Der CBI (*Äquivalent zum DIHT*) vertritt die Interessen der Arbeitgeber.

---

employment *n*

Arbeit, Anstellung, Einstellung

---

employment agency *n*
Many companies rely on **employment agencies** to provide them with temporary staff.

private Arbeits-/Stellenvermittlung
Für die Vermittlung von Teilzeitkräften greifen viele Firmen auf private Arbeitsvermittler zurück.

---

employment history *n*
His **employment history** has been rather checkered.

beruflicher Werdegang, Berufserfahrung
Sein beruflicher Werdegang verlief sehr unstetig.

---

executive *n*
Some employment agencies specialise in the recruitment of top **executives**.

Führungskraft
Einige private Arbeitsvermittler spezialisieren sich auf die Rekrutierung von Führungskräften.

---

experience *n*
The ideal candidate will have extensive **experience** of working overseas.

Erfahrung
Der ideale Bewerber/die ideale Bewerberin sollte umfangreiche Auslandserfahrung besitzen.

fill a vacancy *phrase*	**eine Stelle besetzen**
• **flexitime** *n (GB);* **flextime** *n (US)*	**Gleitzeit, gleitende Arbeitszeit**
• **freelance** *adj*	**freiberuflich**
• **full-time employment** *n*	**Vollzeitbeschäftigung**
• **fully-qualified craftsman** *n*	*(entspricht etwa)* **Meister**
• **Further Education college** (*abbrev* **FE college**) *n*	**berufsbildende Schule, Berufsschule**
• **graduate** *n* The number of ***graduate*** jobs increased this year.	**Hochschulabsolvent** Die Anzahl der Stellen für Hochschulabsolventen ist in diesem Jahr gestiegen.
headhunt *v/t*	**nach Führungskräften suchen, headhunt**
home (work from ~) *phrase*	**von zu Hause aus arbeiten**
• **human resources department** *n*	**Personalabteilung, Personalwesen**
• **instruct** *v/t*	**unterrichten, unterweisen, anleiten**
• **instruction** *n*	**Anweisung, Anleitung**
interview *n*	**Auswahlgespräch, Vorstellungsgespräch**
• **interview** *v/t* Shortlisted candidates will be ***interviewed*** on 9th May.	**interviewen** Ausgewählte Kandidaten werden am 9. Mai interviewed.
• **job** *n*	**Arbeit, Beruf, Job**
• **job agency** *n* (→ **employment agency**)	**private Arbeitsvermittlung**

Der Mensch

Personalplanung und -auswahl

job centre n (GB);
job center n (US)

Arbeitsamt

---

job description n
The **job description** must identify the duties and responsibilities of the post-holder.

Stellenbeschreibung
Die Stellenbeschreibung muss die Pflichten und den Verantwortungsbereich des Stelleninhabers benennen.

---

job evaluation n

Bewertung des Arbeitsplatzes

● **job experience** n

Berufserfahrung

---

job offer n

Stellenangebot

● **job satisfaction** n

Zufriedenheit im Beruf

● **job-title** n

Berufsbezeichnung

● **job-sharing** n
This post is suitable for **job-sharing.**

Arbeitsplatzteilung
Dieser Job eignet sich für eine Arbeitsplatzteilung.

---

labour market n

Arbeitsmarkt(-situation)

---

lack of skilled personnel n

Fachkräftemangel

● **line of work** n
What **line of work** are you in?

Beruf
Was sind Sie von Beruf?
In welcher Branche arbeiten Sie?

● **manager** n

Geschäftsführer

● **managerial** adj

Führungs-

● **master craftsman** n

Meister

---

meet s.o.'s need v/t
The firm is unable to **meet** its **need** for skilled computer personnel.

Bedarf decken
Die Firma ist nicht imstande, den Bedarf an Computerfachleuten zu decken.

minority n
We promote the employment of suitably qualified ethnic **minorities** and the disabled.

Minderheit
Bei gleicher Qualifikation werden ethnische Minderheiten und Schwerbehinderte bevorzugt eingestellt.

National Vocational Qualification (NVQ) n
The Government is keen to promote **NVQs** as an alternative to academic A-levels.

national anerkanntes Ausbildungssystem in GB
Die Regierung bemüht sich um die Förderung von NVQs als Ersatz für die akademischen Abiturfächer.

operative n
All **operatives** have been issued with a copy of our new safety regulations.

(Fabrik)Arbeiter(in), Maschinist(in)
Eine Kopie unserer neuen Sicherheitsvorschriften ist an alle Arbeiter ausgehändigt worden.

panel n
The formal interview was conducted by a **panel** consisting of five people.

Auswahlausschuß, Komitee
Das formale Vorstellungsgespräch wurde von einem fünfköpfigen Auswahlausschuss geführt.

• part-time employment n
Teilzeitbeschäftigung

• performance related pay (PRP) n
leistungsbezogenes Gehalt

• personal interests npl
Personal interests can say a lot about an applicant's suitability.

persönliche Interessen
Persönliche Interessen können für die Eignung eines Bewerbers sehr aufschlußreich sein.

• personnel n
Personal, Belegschaft

• personnel department n
Personalabteilung

• professional training n
berufliche Ausbildung

• promotion n
Beförderung

promotion prospects npl
Promotion prospects depend very much on one's performance.

Aussicht auf Beförderung
Die Aussicht auf Beförderung hängt sehr von der eigenen Leistung ab.

qualification n
The company actively encourages employees to gain further **qualifications**.

Qualifikation, Abschluß
Unser Unternehmen ermutigt seine Mitarbeiter dazu, weiterführende Qualifikationen zu erwerben.

- **qualification (additional ~)** n

  Zusatzqualifikation

- **qualified** adj

  qualifiziert

- **recognition** n
  There are 380 **qualifications** recognised under the German day-release system.

  Anerkennung
  Im deutschen dualen System gibt es 380 anerkannte Berufe.

recruitment agency n
(→ also employment agency)
Our company pays high fees to a specialised **recruitment agency** to find the right person for the job.

private Stellenvermittlung, Fachvermittlungsdienst, Agentur
Unser Unternehmen zahlt hohe Beträge an einen Fachvermittlungsdienst für die Anwerbung geeigneter Mitarbeiter.

- **reference** n
  References will normally be taken up prior to the interview.

  Gutachten, Referenz
  Normalerweise werden Gutachten vor dem Auswahlgespräch eingeholt.

- **rejection** n
  The reasons for the **rejection** of a candidate must be recorded and given if asked for.

  Ablehnung
  Die Gründe für die Ablehnung eines Kandidaten müssen schriftlich festgehalten und auf Anfrage mitgeteilt werden.

- **requirement** n
  The ability to work under pressure and to meet deadlines is an absolute **requirement** for this post.

  Anforderung, Voraussetzung
  Die Fähigkeit, unter Druck zu arbeiten und Termine einhalten zu können, ist unbedingte Voraussetzungen für diese Stelle.

- **safe job** n
  There is no such thing as a **'safe' job** anymore.

  sicherer Job, sichere Stelle
  So etwas wie eine ‚sichere' Stelle gibt es heutzutage nicht mehr.

Personalplanung und -auswahl

- **school leaver** n
  The firm takes on **school leavers** and trains them itself.

  Schulabgänger
  Die Firma stellt Schulabgänger ein und bildet diese selbst aus.

- **secure job** n (→ safe job)

  sicherer Job, sichere Stelle

- **selection process** n

  Auswahlverfahren

- **senior** adj
  You need to speak to our **senior** manager about this matter.

  berufserfahren, senior
  In dieser Angelegenheit müssen Sie mit unserem Seniorchef sprechen.

shortlist v/t
We have **shortlisted** five candidates for this post.

in die engere Wahl ziehen
Wir haben für diese Stelle fünf Kandidaten in die engere Wahl gezogen.

- **skilled (qualified) person** n

  Fachkraft

- **skilled (qualified) worker** n

  Facharbeiter

- **skilled (semi ~)** adj

  angelernt

specialisation n
A feature of modern business is **specialisation**.

Spezialisierung
Spezialisierung ist ein Merkmal der modernen Arbeitswelt.

specialist employment agency n
We tend to use a **specialist employment agency** when we recruit specialised computer personnel.

Fachvermittlungsdienst
Für die Anwerbung von Computer-Fachleuten benutzen wir normalerweise einen Fachvermittlungsdienst.

- **staff** n

  Belegschaft, Mitarbeiter

staff turnover n
Staff turnover was high last year due to the setting up of another machine tool plant nearby.

Fluktuation der Arbeitskräfte
Wegen der Gründung einer weiteren Werkzeugmaschinenfabrik in unserer Nähe hatten wir im vergangenen Jahr eine große Fluktuation von Arbeitskräften.

Der Mensch

Personalplanung und -auswahl

- **suitable** *adj* — **geeignet**

- **take on** *v/t* — **einstellen**
  Due to the overall economic situation we are no longer able to **take on** any more apprentices.
  Aufgrund der allgemeinen Wirtschaftslage sehen wir uns nicht mehr imstande, weitere Lehrlinge einzustellen.

- **testimonial** *n (GB)*; **letter of recommendation** *n (US)* — **Arbeitszeugnis**
  The **testimonial** from his previous employer is good but it is now 5 years old.
  Das Arbeitszeugnis von seinem vorherigen Arbeitgeber ist gut, aber bereits 5 Jahre alt.

unemployed *adj* — **arbeitslos**

- **university degree** *n* — **Universitätsabschluß**

- **unskilled** *adj* — **ungelernt, Aushilfs-**

- **unsuitable** *adj* — **ungeeignet**

vacancy *n* — **offene Stelle, freie Stelle**
I regret to inform you that there are no **vacancies** in our company at the moment.
Wir müssen Ihnen leider mitteilen, daß es in unserem Unternehmen zur Zeit keine offenen Stellen gibt.

- **with a first degree** *n* — **mit abgeschlossenem Hochschulstudium**

worker (blue collar ~) *n* — **manuelle Arbeitskraft**

worker (white collar ~) *n* — **nicht manuelle Arbeitskraft**

working conditions *npl* — **Arbeitsbedingungen**
Working conditions have worsened considerably under the present government.
Die Arbeitsbedingungen haben sich unter der amtierenden Regierung erheblich verschlechtert.

3.2. Arbeitsvertrag und Tarifvertrag

- **absence** *n*
  The **absence** record is unsatisfactory.

  Abwesenheit
  Die Anzahl der Fehltage lässt zu wünschen übrig.

  absenteeism *n*
  The rate of **absenteeism** is too high in your department.

  Abwesenheit, Fehlzeit
  Die Abwesenheitsrate in Ihrer Abteilung ist zu hoch.

- **annual leave** *n*

  Jahresurlaub

- **attendance** *n*

  Anwesenheit

- **bereavement** *n*
  Employees are allowed compassionate leave in the event of a **bereavement**.

  Trauerfall
  Mitarbeiter können aus familiären Gründen (z. B. Trauerfall) Urlaub erhalten.

  clock in *v/i*

  (bei Arbeitsantritt) stempeln

  collective *n*

  Genossenschaft

- **collective agreement** *n*

  Tarifvertrag

- **collective bargaining** *n*

  Tarifverhandlungen

- **commence** *v/t*
  You will have to hand in your notice now if you wish to **commence** your new job as of 1 September.

  beginnen
  Sie müssen jetzt kündigen, wenn Sie Ihre neue Tätigkeit mit Wirkung vom 1. September aufnehmen wollen.

- **commencement** *n*

  Beginn

- **compassionate leave** *n*

  Urlaub aus familiären Gründen

- **compensation** *n*
  Employees with at least two years' service are entitled to redundancy **compensation**.

  Entschädigung
  Bei einer Mindestbeschäftigungsdauer von zwei Jahren haben Mitarbeiter im Falle einer Entlassung Anspruch auf Entschädigung.

  conditions of employment *n*

  Arbeitsbedingungen

Arbeitsvertrag und Tarifvertrag

● **consultation** n
The management acted in full **consultation** with employees.

Absprache, Einverständnis
Die Geschäftsleitung handelte in vollem Einverständnis mit den Mitarbeitern.

● **contract** n

Vertrag

contractual arrangements npl
The employee complained about an infringement of the companies' **contractual arrangements**.

Vertragsbestimmungen
Der Arbeitnehmer beschwerte sich über einen Verstoß gegen die Vertragsbestimmungen seitens der Firmenleitung.

custom and practice n
The contract of employment contains implied terms based on **custom and practice** in the printing industry.

handelsüblich
Der Arbeitsvertrag enthält implizite Regelungen, die in der Druckindustrie handelsüblich sind.

death-in-service benefit n
The employee's dependants are entitled to **death-in-service benefit** if he dies while in employment.

Finanzielle Unterstützung bei Arbeitsunfall
Falls ein Mitarbeiter einen tödlichen Arbeitsunfall erleidet, haben die Angehörigen Anrecht auf finanzielle Unterstützung.

demotion n

Herabstufung

● **discretion** n
The terms of employment may be varied at the **discretion** of the employer.

Ermessen
Es steht im Ermessen des Arbeitgebers, die Arbeitsbedingungen zu ändern.

dismiss n

entlassen

dismissal n

Entlassung

● **duty** n
The employee shall undertake such **duties** as the employer may reasonably require.

Pflicht, Aufgabe
Dem Arbeitnehmer obliegen solche Pflichten, die der Arbeitgeber als zumutbar verlangen kann.

Arbeitsvertrag und Tarifvertrag

- **early retirement** *n*
He opted for **early retirement**.

  Frühpension, vorzeitiger Ruhestand
Er entschied sich dazu, vorzeitig in den Ruhestand zu gehen.

- **entitle** *v/t*
You are **entitled** to take four weeks paid holiday per year.

  berechtigen, Anspruch haben
Sie haben Anspruch auf vier Wochen bezahlten Urlaub im Jahr.

- **equal opportunities** *npl*
The **Equal Opportunities** Commission's Code of Practice requires employers to treat men and women equally in all respects.

  Chancengleichheit
Der Verhaltenskodex der Kommission für Chancengleichheit fordert von den Arbeitgebern eine Gleichbehandlung von Männern und Frauen in jeder Hinsicht.

- **equal pay** *n*

  gleiche Bezahlung, gleiche Entlohnung

- **Equal Pay Act** *n*
The **Equal Pay Act** gives both men and women the right to equal treatment in employment contracts.

  Gesetz über gleiche Entlohnung
Das Gesetz über gleiche Entlohnung sichert Männern und Frauen das Gleichbehandlungsrecht bei Anstellungsverträgen zu.

- **fixed-term contract** *n*
Employees on a **fixed-term contract** cannot claim unfair dismissal if their contract is not renewed when it expires.

  Zeitvertrag, zeitlich begrenzter Vertrag
Arbeitnehmer mit Zeitverträgen können sich nicht auf unrechtmäßige Entlassung berufen, wenn ihr Vertrag nach Ende der Vertragsdauer nicht erneuert wird.

- **flat-rate (state) pension** *n*
The **flat-rate pension** is payable to everyone of pensionable age.

  staatliche Einheitsrente, Mindestrente
Die staatliche Mindestrente steht jedem Bürger im Rentenalter zu.

- **fractional contract** *n*
She currently has a **fractional contract** and is interested in a full-time post.

  Teilzeitvertrag
Sie hat momentan einen Teilzeitvertrag und ist an einer Vollzeitstelle interessiert.

Der Mensch

Arbeitsvertrag und Tarifvertrag

give notice *n*	**die Kündigung einreichen**
health and safety *n*	**Arbeitsschutz**
industrial injury *n*	**Betriebsunfall**
• **infringement** *n*	**Regelverstoß**
• **infringement of contract** *n* She claimed that the new requirement to work on a Saturday was an ***infringement of*** her ***contract.***	**Vertragsverstoß** Sie behauptete, dass die neue Regelung, samstags zu arbeiten, einen Vertragsverstoß darstelle.
• **job enrichment** *n* ***Job enrichment*** can lead to increased satisfaction and therefore increased performance.	**‚Bereicherung' der Arbeit (Ersetzen von Fließbandarbeit durch Einzelarbeitsplätze)** Die Verlagerung vom Fließband zum Einzelarbeitsplatz kann zu größerer Zufriedenheit und damit zur Leistungssteigerung führen.
job security *n*	**Arbeitsplatzsicherheit**
leave *n*	**Urlaub, Beurlaubung**
• **leave (maternity ~)** *n*	**Mutterschaftsurlaub**
leave (paternity ~) *n*	**Vaterschaftsurlaub**
leave entitlement *n* The post carries an annual ***leave entitlement*** of five weeks.	**zustehender Urlaub** In dieser Stelle steht Ihnen ein Jahresurlaub von fünf Wochen zu.
liability *n* The employer denied ***liability*** for the accident.	**Haftung** Der Arbeitnehmer bestritt, für den Arbeitsunfall haftbar zu sein.
lump sum *n* On retirement a long-serving employee receives a ***lump sum*** equivalent to one year's pay.	**Pauschale, Pauschalsumme** Langjährige Mitarbeiter erhalten bei ihrer Pensionierung eine einmalige Pauschale in der Höhe ihres Jahreseinkommens.

Arbeitsvertrag und Tarifvertrag

misconduct (gross ~) *n*
After physically assaulting a fellow employee he was dismissed without notice for **gross misconduct.**

grobes Fehlverhalten, Berufsvergehen
Nach einem tätlichen Angriff auf einen Mitarbeiter wurde er wegen groben Berufsvergehens fristlos entlassen.

national minimum wage *n*
Opponents of a **national minimum wage** fear it would increase unemployment.

nationaler Mindestlohn
Gegner eines national geregelten Mindestlohns befürchten, dass dies zu einer steigenden Arbeitslosigkeit führen würde.

● **notice** *n*
A three month period of **notice** is required.

Kündigung
Eine dreimonatige Kündigungsfrist ist erforderlich.

● **occupational health** *n*
Many companies provide **occupational health** facilities.

berufliche Gesundheitsfürsorge
Viele Firmen stellen Einrichtungen zur Gesundheitsfürsorge zur Verfügung.

● **on leave** *phrase*
She is **on leave** this week.

beurlaubt, im Urlaub
Sie ist diese Woche beurlaubt.

party *n*
The two **parties** were satisfied with the outcome of their negotiations.

Tarifpartner, Tarifpartei
Beide Tarifpartner erklärten sich zufrieden mit dem ausgehandelten Ergebnis.

● **probation** *n*
(→ **probationary period**)

Probezeit

● **probationary period** *n*
A recruit must serve a **probationary period** of one year, after which his/her appointment is confirmed.

Probezeit
Vor ihrer Festanstellung müssen neue Mitarbeiter zunächst eine Probezeit von einem Jahr absolvieren.

redeployment *n*

Wiederbeschäftigung, erneute Beschäftigung

Arbeitsvertrag und Tarifvertrag

- **redundancy** *n*
The management promised that they would not lay off staff indiscriminately but operate a voluntary **redundancy** scheme instead.

  Entlassung, Ausscheiden
Die Geschäftsleitung versprach, Mitarbeiter nicht wahllos zu entlassen, sondern stattdessen Möglichkeiten zum freiwilligen Ausscheiden anzubieten.

- **redundant (make s.o. ~)** *v/t*
Then he was made **redundant** for the third time in two years.

  arbeitslos (werden)
Dann wurde er zum dritten Mal innerhalb von zwei Jahren arbeitslos.

- **reinstate** *v/t*
The tribunal ordered that the employee be **reinstated** in the same post.

  wiedereinstellen
Das Schiedsgericht (Arbeitsgericht) ordnete an, die Mitarbeiterin in ihrer frühere Position wieder einzustellen.

- **resign** *v/i*

  kündigen, zurücktreten

- **resignation** *n*

  Kündigung, Rücktritt

responsibility *n*

  Verantwortungsbereich, Zuständigkeit

retire *v/i*

  in Pension gehen, in Ruhestand treten

- **retirement** *n*

  Ruhestand

- **sack** *v/t*

  entlassen, feuern, hinauswerfen

safeguard *n*
This exclusivity clause is included as a **safeguard** against the divulgence of confidential information to competitors.

  Absicherung, Sicherheit
Diese Exklusivitätsklausel ist eingefügt, um die Weitergabe von vertraulicher Information an Konkurrenten zu verhindern.

service (length of ~) *n*
In a money purchase scheme the pension is determined by the amount of money invested, **length of service** is irrelevant.

  Dienstjahre
Bei einer Geldmarktanlage wird die Rente durch die Höhe der Investitionssumme festgelegt, die Dienstjahre sind dabei irrelevant.

severance pay *n*	**Abfindung, Abfindungssumme**
short-time working *n* Because of a slump in orders the management introduced **short-time working**.	**Kurzarbeit** Aufgrund von Auftragsrückgängen führte die Geschäftsleitung Kurzarbeit ein.
● **sick (on ~ leave)** *phrase* He is on **sick** leave.	**wegen Krankheit beurlaubt** Er ist wegen Krankheit beurlaubt.
statutory requirement *n* In accordance with the **statutory requirements** ...	**gesetzliche Anforderung, satzungs-** Satzungsgemäß ...
● **suspend** *v/t* The employee was **suspended** from work during the investigation of the case.	**beurlauben, suspendieren** Der Mitarbeiter wurde während der Untersuchung des Falles vom Dienst suspendiert.
● **suspension** *n*	**Suspendierung (von Dienst)**
● **temp** *n colloq* **(temporary worker)** He worked as a **temp** for an employment agency.	**Aushilfskraft, Zeitarbeitskraft** Er hat als Aushilfskraft für eine Stellenvermittlung gearbeitetet.
temp *v/i (colloq)*	**als Aushilfskraft arbeiten, Zeitarbeit machen**
termination of contract *n*	**Auflösung, Beendigung, Kündigung des Arbeitsvertrags**
time and a half *phrase* Overtime rates are **time and a half** on Saturdays and double time on Sundays.	**anderthalbfache Überstundenzulage** Samstags gibt es eine anderthalbfache und sonntags eine doppelte Überstundenzulage.
time off from work *phrase* The employee is entitled to **time off from work** for union activities.	**Freistellung von der Arbeit** Der Angestellte hat das Recht, für Gewerkschaftsangelegenheiten von der Arbeit freigestellt zu werden.

132 Löhne und Gehälter

time off in lieu *phrase*
Unfortunately we are unable to pay overtime, but you may take **time off in lieu**.

Zeitausgleich, freie Zeit für geleistete Überstunden
Leider können wir keine Überstunden bezahlen, aber Sie können sich die entsprechende Zeit freinehmen.

unfair dismissal *n*
The employee claimed **unfair dismissal** on the grounds that the company had changed his contract of employment without his consent.

rechtsswidrige/unrechtmäßige Entlassung
Der Mitarbeiter behauptete, er sei rechtswidrig entlassen worden, da die Firma seinen Arbeitsvertrag ohne seine Zustimmung verändert habe.

welfare *n*
The company provides a **welfare** and counselling service.

Fürsorge
Unsere Firma bietet einen Fürsorge- und Beratungsdienst an.

● **workforce** *n*

Belegschaft, Arbeitskräfte

● **working hours** *npl*
Normal **working hours** are 9.00 a.m. to 5.00 p.m.

Arbeitszeit
Die normale Arbeitszeit dauert von 9.00 bis 17.00 Uhr.

● **workplace** *n*
Smoking at the **workplace** is not allowed.

Arbeitsplatz
Das Rauchen am Arbeitsplatz ist nicht gestattet.

3.3 Löhne und Gehälter

additional voluntary contributions *npl*
(*abbrev* **AVCs**)
With an employer's pension scheme you can pay **additional voluntary contributions** to increase your final pension.

freiwillige Zusatzbeiträge
Bei einer betrieblichen Rentenversicherung kann man freiwillige Zusatzbeiträge einzahlen, um die Endsumme der Rente zu erhöhen.

allowance (daily ~) *n*

Tagessatz

● **annually** *adv*

jährlich

Löhne und Gehälter

back pay *n*
You are entitled to **back pay** because your starting salary was incorrectly calculated.

Lohnrückstand
Sie haben Anrecht auf eine Lohnrückstandszahlung, da Ihr Anfangsgehalt falsch berechnet wurde.

● **basic wage** *n*
The **basic wage** at our Munich plant is DM 22.50 per hour.

Grundlohn
Der Grundlohn in unserer Münchner Fabrik beträgt 22,50 DM pro Stunde.

● **bonus** *n*

Bonus, Prämie

● **buy back** *v/t*
Public service employees have the option to **buy back** added years for their pension schemes.

zurückkaufen, erkaufen
Angestellte im öffentlichen Dienst haben die Möglichkeit, verlorene Jahre für ihre Rentenversicherung zurückzukaufen.

contract out *v/ti*
Many employees **contract out** of SERPS and join an employer's pension scheme or have their own personal pension.
(➞ **SERPS**)

sich befreien lassen, sich nicht beteiligen
Viele Arbeitnehmer lassen sich von der staatlichen Altersversorgung befreien und treten einer betrieblichen Rentenversicherung bei oder schließen eine private Altersversorgung ab.

contribution *n*

Beitrag(sleistung), Zuschuss

contributory pension scheme *n*
Employees contribute around 6% of their earnings to the **pension scheme**.

beitragspflichtige Altersversorgung
Die Beschäftigten tragen etwa 6% ihres Verdienstes zu ihrer Altersversorgung bei.

● **deduction** *n*

Abzug

● **deductions (fixed ~)** *npl*

feste Abzüge

● **deductions (variable ~)** *npl*

variable Abzüge

● **double time** *n*

zweifacher Lohn, hundertprozentige Zulage

Der Mensch

Löhne und Gehälter

• **earnings** *npl*	**Einkünfte**
• **employer's pension scheme** *n*	**betriebliche Rentenversorgung**
• **expenses** *npl* ***Expenses*** can only be refunded on presentation of receipts.	**Spesen** Spesen können nur gegen Vorlage von Quittungen erstattet werden.
fringe benefit *n* The ***fringe benefits*** include private healthcare paid by the employer.	**Zusatzleistungen (des Arbeitgebers)** Die Zusatzleistungen des Arbeitgebers schließen die Zahlung einer privaten Krankenversicherung ein.
golden handshake *n*	**(hohe) Abfindung für vorzeitiges Ausscheiden**
• **gross** *adv, adj*	**brutto**
incentive *n* The company rewards patentable inventions through an ***incentive*** scheme.	**Leistungsanreiz, Leistungsprämie** Die Firma bietet Leistungsprämien für patentierbare Erfindungen.
• **income tax** *n*	**Lohn-/Einkommensteuer**
• **increment** *n* Your salary will increase by one ***increment*** each year.	**Gehaltstufe, Steigerung(-sstufe)** Ihr Gehalt erhöht sich jedes Jahr um eine Gehaltstufe.
maternity (~ benefit) *n*	**Mutterschaftsgeld**
• **monthly** *adv*	**monatlich, pro Monat**
national insurance *n*	**Sozialversicherung**

national insurance contributions *npl (GB);* **social security contributions** *npl (US)*
National insurance contributions are automatically deducted from your pay.

Beiträge zur Sozialversicherung
Beiträge zur Sozialversicherung werden automatisch von Ihrem Gehalt einbehalten.

● **net** *adj, adv* — **netto**

---

non-contributory pension scheme *n*
Our company used to operate a ***non-contributory pension scheme.***

nicht beitragspflichtige Altersversorgung
In unserer Firma gab es eine nicht beitragspflichtige Altersversorgung.

---

on target earnings (O.T.E.) *npl*
The basic pay is low but the commission on sales gives ***O.T.E.*** of £60,000 p.a. (per annum).

zu erreichendes Einkommen
Das Grundgehalt ist niedrig, aber das durch Verkaufsprovision zu erreichende Jahreseinkommen beträgt £ 60 000.

● **opt out** *v/ti* (→ **contract out**) — **sich befreien lassen**

● **overtime** *n* — **Überstunden**

● **pay (basic ~)** *n*
Your monthly salary consists of your ***basic pay*** plus any bonuses to which you are entitled.

Grundgehalt
Ihr Monatsgehalt besteht aus Ihrem Grundgehalt zuzüglich der Ihnen zustehenden Zulagen.

● **pay** *n*
After tax and other deductions your take home ***pay*** will be in the region of DM 4,300 per month.

Entgelt, Gehalt
Nach Abzug von Steuern und Sozialabgaben werden Ihnen netto ca. 4300 DM im Monat übrig bleiben.

● **pay (hourly ~)** *n* — **Stundenlohn**

● **pay (maternity ~)** *n* — **Mutterschaftsgeld**

● **pay (take home ~)** *n* — **Nettoverdienst**

Der Mensch

Löhne und Gehälter

pay in advance *v/t* The rent has to be ***paid*** 2 months ***in advance***.	**vorauszahlen** Die Miete muss zwei Monate im Voraus bezahlt werden.
• **pay scale** *n* You are presently on point 11 of the ***pay scale***.	**Gehaltsskala** Sie sind zur Zeit auf der Stufe 11 in der Gehaltsskala.
• **pay statement** *n* The ***pay statement*** is itemised to show deductions.	**Gehaltsauszug** Die Gehaltsabrechnung weist Einzelposten auf, so dass die Abzüge ersichtlich sind.
• **payable** *adj* Income tax is ***payable*** on your earnings less your personal allowance.	**zahlbar** Die Lohnsteuer ist zahlbar von dem durch Ihren Freibetrag verringerten Gehalt.
PAYE (*abbrev* **pay as you earn**) *phrase (GB)*; **pay as you go** *phrase (US)* With a limited company, tax is deducted from your salary each month under the ***PAYE*** system.	**Lohnsteuerabzug, Quellenbesteuerung** Bei einer GmbH werden die Steuern monatlich im Lohnsteuerabzugsverfahren entrichtet.
• **pension scheme** *n (GB)*; **pension plan** *n (US)*	**Altersversorgung, Rentenversorgung, Pension**
pension top-up scheme *n* Since 1995, employers have been obliged to offer ***pension top-up schemes***.	**Zusatzrente** Seit 1995 sind Arbeitgeber verpflichtet, eine Zusatzrente anzubieten.
• **per annum** *adj, adv*	**pro Jahr**
• **per month** *adv*	**pro Monat**
perk *n (colloq)* Big companies spend too much money on ***perks*** for management.	**(Zusatz-)Vergünstigung, Nebenleistung** Große Firmen geben zu viel Geld an Nebenleistungen für die Geschäftsleitung aus.

Löhne und Gehälter

● **personal allowance** *n*
A married man's ***personal allowance*** currently stands at £3,765 per year.

(Steuer-)Freibetrag
Der Steuerfreibetrag für Verheiratete beträgt zur Zeit £3765.

● **personal pension** *n*
The self-employed are advised to take out a ***personal pension.***

private Rentenversicherung
Selbständige Erwerbstätige werden angehalten, eine private Rentenversicherung abzuschließen.

piece rate *n*

Stücklohn

pro rata *n*
Employees on fractional contracts are paid on a ***pro rata*** basis.

anteilig, anteilmäßig
Arbeitnehmer mit Teilzeitverträgen werden anteilmäßig bezahlt.

● **profit-sharing** *n*

Gewinnbeteiligung

rate of pay (hourly ~) *n*
What is the going ***hourly rate of pay*** for a receptionist these days?

Stundenlohn
Wie hoch ist der gängige Stundenlohn für eine Empfangsdame heutzutage?

remuneration *n*
I'm afraid there is no ***remuneration*** for this honorary post.

Entgelt, Honorar, Vergütung
Leider gibt es für diese ehrenamtliche Tätigkeit keine Vergütung.

● **rise** *n (GB)*; **raise** *n (US) (colloq.)*
Pay ***rises*** decline when profitability falls.

Lohn-/Gehaltserhöhung
Lohnerhöhungen gehen zurück, wenn die Rentabilität fällt.

● **salary** *n*
The ***salary*** is payable at the end of each calendar month.

Gehalt
Das Gehalt wird jeweils am Monatsende ausgezahlt.

salary (final ~) *n*

Endgehalt

● **salary slip** *n*

Gehaltsabrechnung

SERPS (State Earnings Related Pension Scheme) *n*

staatliche Altersversorgung (die sich nach der Höhe des Gehaltes richtet)

shift pay *n*

Schichtzulage

Der Mensch

138 Aus- und Fortbildung

- **sick pay** n

Krankengeld

- **statutory** adj
The **statutory** deductions for National Insurance are listed on you salary slip.

gesetzlich
Die gesetzlichen Abzüge für die Krankenkasse sind auf Ihrem Gehaltsauszug vermerkt.

suggestion scheme n

System für Verbesserungsvorschläge

- **tax return** n
The Inland Revenue requires you to complete a **tax return** every year.

Einkommensteuererklärung
Das Finanzamt verlangt eine jährliche Einkommensteuererklärung.

- **unemployment benefit** n

Arbeitslosengeld

unsocial hours npl
Due to unprecedented demand staff were asked to work **unsocial hours**.

Arbeit außerhalb der normalen Arbeitszeit
Wegen der außergewöhnlichen Nachfrage wurde die Belegschaft gebeten, außerhalb der normalen Arbeitszeit zu arbeiten.

- **wage** n

Lohn

- **wage claim** n

Gehaltsforderung

wage freeze n

Lohnstopp

3.4 Aus- und Fortbildung

- **apprentice** n
It is illegal for the training company to bind the **apprentice** in any way.

Auszubildende(r), Lehrling
Jegliche Form der Bindung des Auszubildenden an das Unternehmen ist rechtlich unzulässig.

- **apprenticeship** n
Almost all of our German employees have vocational qualifications based on a three-year **apprenticeship**.

Lehre, Lehrzeit
Fast alle unserer deutschen Mitarbeiter haben als Berufsabschluss eine dreijährige Lehre absolviert.

Aus- und Fortbildung

day-release scheme *n*
The company's ***day-release*** scheme enables employees to gain additional qualifications.

Freistellung zu Ausbildungszwecken, ‚Duales System'
Die tageweise Freistellung zu Ausbildungszwecken ermöglicht es Arbeitnehmern zusätzliche Qualifikationen zu erwerben.

deskilling *n*
Widespread use of information technology is leading to the ***deskilling*** of sections of the workforce.

Herabstufung von Arbeitsplätzen
Die weitverbreitete Benutzung von Informationstechnologie hat bei einigen Berufsgruppen zu einer Herabstufung von Arbeitsplätzen geführt.

language skills *npl*
Sprachkenntnisse

learning-by-doing *phrase*
Lernen durch praktische Anwendung

in-service training *n*
We have opted for a three-day ***in-service training*** programme this year.

innerbetriebliche Aus-/Fortbildung
Wir haben uns in diesem Jahr für ein dreitägiges innerbetriebliches Fortbildungsprogramm entschieden.

induction *n*
Induction familiarises new employees with the organisation.

Einführung, Einweisung, Einarbeitung
Die Einführung dient dazu, neue Mitarbeiter mit dem Unternehmen vertraut zu machen.

on-the-job *phrase*
In our company all our trainees participate in ***on-the-job*** training programmes.

am Arbeitsplatz, betriebsintern
Alle Auzubildenden in unserer Firma nehmen an einem betriebsinternen Ausbildungsprogramm teil.

release *v/t*
freistellen

retrain *v/t*
Our company has ***retrained*** a number of existing staff who otherwise would have been made redundant.

umschulen
Unsere Firma hat eine Anzahl bisheriger Mitarbeiter umgeschult, die ansonsten arbeitslos geworden wären.

140 Aus- und Fortbildung

- **retraining** *n* — **Umschulung**

- **skill** *n* — **Fertigkeit, Fähigkeiten, Fachkenntnisse**
  New technologies bring into being a host of new jobs needing new **skills**.
  Neue Technologien schaffen eine Menge neuer Stellen, die neue Fachkenntnisse erfordern.

  skill shortage *n* — **Fachkräftemangel**
  When there is a **skill shortage** you cannot assume that training is always going to provide the answer.
  Es wäre falsch anzunehmen, dass ein Fachkräftemangel allein durch Ausbildung behoben werden kann.

- **skilled** *adj* — **ausgebildet, qualifiziert**
  We need **skilled** employees in order to remain competitive.
  Wir brauchen gut ausgebildete Mitarbeiter, um konkurrenzfähig zu bleiben.

- **supervisor** *n* — **Ausbilder, Vorgesetzter, Vorarbeiter**

  syllabus *n* — **Lehrplan**

- **train** *v/t* — **ausbilden**

- **trainee** *n* — **Auszubildende(r)**
  The employer must release the **trainee** for a day or two each week to attend a vocational college.
  Der Arbeitgeber muss den Auszubildenden ein oder zwei Tage pro Woche für den Besuch einer Berufsschule freistellen.

- **training** *n* — **Ausbildung**
  Our **training** programmes are reassessed and updated every second year.
  Unsere Ausbildungsprogramme werden alle zwei Jahre überprüft und auf den neusten Stand gebracht.

  Training Agency *n* — **Training Agency, Amt für Ausbildungskoordination**
  (Formerly **MSC** (Manpower Service Commission))
  (Früher **MSC** (Manpower Service Commission))

Gewerkschaften und Mitbestimmung

training and development *n*
We have increased our ***training and development*** budget by 5% this year.

Aus- und Fortbildung
Wir haben unser Budget für Aus- und Fortbildung in diesem Jahr um 5% erhöht.

- **training centre** *n (GB)*;
  training center *n (US)*

  Ausbildungszentrum

- **training course** *n*
  Places for ***training courses*** will be allocated on a first come first served basis.

  Fortbildungskurs, Seminar
  Plätze für Fortbildungsseminare werden strikt der Reihenfolge der Anmeldungen nach vergeben.

- **training manager** *n*

  Ausbildungsleiter

- **training period** *n*

  Ausbildungszeit

training providers *n*
Training providers include TECs (Training & Enterprise Councils), Colleges of Further Education, Universities and private-sector agencies.

Anbieter von (Berufs)Ausbildungsprogrammen
Anbieter von Ausbildungsprogrammen schließen staatliche Einrichtungen wie die TECs, Berufsschulen, Universitäten sowie private Ausbildungsstätten ein.

- **vocational training** *n*

  berufliche Ausbildung

3.5 Gewerkschaften und Mitbestimmung

**ACAS
(Advisory, Conciliation and Arbitration Service)** *n*
Despite some failures ***ACAS*** has had much success in bringing industrial disputes to a peaceful conclusion.

staatliche Schlichtungsstelle
Trotz mancher Fehlschläge hat ACAS bei der friedlichen Beilegung von Arbeitskämpfen viele Erfolge zu verzeichnen.

**AFL-CIO
(American Federation of Labor and Congress of Industrial Organisers)** *n (US)*

Dachverband der amerikanischen Industriegewerkschaften

Gewerkschaften und Mitbestimmung

- **agreement** n
An **agreement** was reached after four rounds of secret talks between the key negotiators.

  Einigung
  Nach vier geheimen Gesprächsrunden zwischen den Hauptverhandlungsführern wurde eine Einigung erreicht.

all-out strike n
An **all-out strike** brought production to a halt for two days.

  allgemeiner Streik
  Ein allgemeiner Streik brachte die Produktion zwei Tage lang zum Stillstand.

arbitration n
Arbitration means that both sides agree to accept the verdict of a third party.

  Schlichtung
  Schlichtung bedeutet, dass beide Seiten das Urteil einer dritten Partei akzeptieren.

arbitrator n
The ACAS **arbitrator** seeks to help the parties in dispute to reach a settlement through discussion and compromise.

  Schlichter
  Der ACAS Schlichter versucht mit den Streitparteien durch Diskussion und Kompromissvorschläge eine Einigung zu erzielen.

- **avert** v/t
After two days of intense negotiations a strike was finally **averted**.

  vermeiden
  Nach zwei Tagen intensiver Verhandlungen konnte ein Streik schließlich doch noch vermieden werden.

- **ballot** n
When all attempts at arbitration had failed the unions called a strike **ballot**.

  (Ur-)Abstimmung
  Nachdem alle Schlichtungsversuche gescheitert waren, riefen die Gewerkschaften zur Urabstimmung über Kampfmaßnahmen auf.

- **ballot (secret ~)** n

  geheime Abstimmung

- **bargain** v/t
As in previous years the union will want to **bargain** for a reduction in the hours worked per week.

  aushandeln, verhandeln
  Wie in den Jahren zuvor wird die Gewerkschaft eine Reduktion der wöchentlichen Arbeitszeit aushandeln wollen.

- **break down** v/i

  scheitern

Gewerkschaften und Mitbestimmung

- **breakdown** *n*
Both sides blamed each other for the ***breakdown*** in negotiations.

    Scheitern
Für das Scheitern der Verhandlungen wiesen sich beide Partner gegenseitig die Schuld zu.

closed shop *n*
In a ***closed shop*** an employee has to belong to a trade union.

gewerkschaftspflichtiger Betrieb
In einem gewerkschaftspflichtigen Betrieb muss jeder Arbeitnehmer einer Gewerkschaft angehören.

- **co-determination** *n*
(to describe German model of 'Mitbestimmung')

    Mitbestimmung

code of practice *n*
The EOC's ***code of practice*** deals with many types of discrimination.
(→ **Equal Opportunities Commission**)

Verhaltensmaßregel, Verhaltenskodex
Der Verhaltenskodex der Kommission für Chancengleichheit befasst sich mit vielen Arten der Diskriminierung.

- **collective bargaining** *n*
Collective bargaining takes place between representatives of the employers and of the trade unions.

    Tarifverhandlung
Tarifverhandlungen finden zwischen den Vertretern der Arbeitgeber und den Gewerkschaften statt.

- **compensation** *n*
The employee claimed ***compensation*** for loss of earnings during the lockout.

    Entschädigung, Schadensersatz
Der Arbeitnehmer verlangte Schadensersatz für den Verdienstverlust während der Aussperrung.

conciliation *n*
The chances of reaching an agreement by ***conciliation*** are minimal in this dispute.

gütliche Einigung
Die Chancen auf eine gütliche Einigung in diesem Konflikt sind äußerst gering.

- **confrontation** *n*

    Konfrontation

cooling-off period *n*
The Government proposed a one month ***cooling-off period*** in the postal dispute to avoid further strikes.

Friedenspflicht
Die Regierung schlug für den Poststreik eine Friedenspflicht von einem Monat vor, um weitere Kampfmaßnahmen zu vermeiden.

Der Mensch

Gewerkschaften und Mitbestimmung

- **deal** *n*
A **deal** between employers and trade union representatives was announced at 12.30 a.m.

  Einigung
  Eine Einigung zwischen Arbeitgebern und Gewerkschaftsvertretern wurde um 24.30 Uhr bekannt gegeben.

demand *n*
Union **demands** were not met by the firm.

  Forderung
  Die Firma gab den Forderungen der Gewerkschaft nicht nach.

Department for Education and Employment (DFEE) *n*
(since 1995)

  dt. Entsprechungen: Bundesministerien für Bildung und Wissenschaft sowie Arbeit und Sozialordnung

disciplinary procedure *n*

  Disziplinarverfahren

- **dispute (labour ~)** *n*

  Arbeitskonflikt

down tools *v/t*
In protest at the dismissal of a colleague union members **downed tools** for an unspecified period of time.

  Arbeit niederlegen
  Aus Protest gegen die Entlassung eines Kollegen legten die Gewerkschafter auf unbestimmte Zeit ihre Arbeit nieder.

downsizing *n*
The unions reacted angrily to the management's **downsizing** plans.

  ‚Herunterfahren', Rationalisierung
  Die Gewerkschaften reagierten mit Verärgerung über die Rationalisierungspläne der Geschäftsführung.

Equal Opportunities Commission *(abbrev **EOC**)* *n*

  Kommission für Chancengleichheit

go-slow strike *n*

  Bummelstreik

grievance *n*
The worker took out a **grievance** procedure against his employer.

  Beschwerdeverfahren
  Der Arbeitnehmer leitete ein Beschwerdeverfahren gegen seinen Arbeitgeber ein.

Gewerkschaften und Mitbestimmung

- **industrial action** *n*
  About a quarter of the employees voted for **industrial action** while the majority abstained.

  Kampfmaßnahme
  Etwa ein Viertel der Arbeitnehmer stimmten für Kampfmaßnahmen, während sich die Mehrheit der Stimme enthielt.

- **industrial relations** *npl*
  Industries hit by the recession often have problems with **industrial relations.**

  Arbeitgeber-Arbeitnehmer-beziehungen
  Von der Rezession betroffene Unternehmen haben oft Probleme mit den Arbeitgeber-Arbeitnehmerbeziehungen.

  industrial tribunal *n*
  The **industrial tribunal** found in favour of the sacked employee and awarded substantial damages.

  Schiedsgericht
  Das Schiedsgericht gab dem Arbeitnehmer Recht und gewährte ihm eine beträchtliche Entschädigungssumme.

- **labour relations** *npl*
  (→ **industrial relations**)

  Arbeitgeber-Arbeitnehmer-beziehungen

- **lay off** *v/t*
  Due to fierce competition from abroad the company had to **lay off** 60 staff.

  entlassen (aufgrund von Arbeitsmangel)
  Wegen starker Konkurrenz aus dem Ausland musste die Firma 60 ihrer Mitarbeiter entlassen.

  lock out *v/t*

  aussperren

  lock-out *n*
  Employers may respond to an unofficial strike by a **lock-out.**

  Aussperrung
  Arbeitgeber können auf einen inoffiziellen Streik mit Aussperrung reagieren.

  mediation *n*
  Although employers and unions had been at loggerheads for several days, **mediation** by ACAS was ultimately successful.

  Schlichtung, Vermittlung
  Obwohl die Arbeitgeber mit den Gewerkschaften mehrere Tage im Clinch lagen, war die Schlichtung durch ACAS doch schließlich erfolgreich.

Gewerkschaften und Mitbestimmung

mediator n (→ **arbitrator**) In contrast to the arbitrator, a **mediator** can only achieve conciliation in a labour dispute.	**Vermittler(in)** Im Gegensatz zum Schlichter kann ein Vermittler nur eine gütliche Einigung in einem Arbeitskonflikt erreichen.
• **negotiate** v/t	**verhandeln**
no-strike agreement n	**Übereinkunft nicht zu streiken**
• **official strike** n An **official strike** has union backing.	**offizieller Streik** Ein offizieller Streik wird von der Gewerkschaft unterstützt.
• **pay agreement** n The Ford **pay agreement** serves as a benchmark for the rest of the motor industry.	**ausgehandelter Tariflohn** Der von Ford ausgehandelte Tariflohn setzt Maßstäbe für die Verhandlungen in der restlichen Automobilindustrie.
• **picket** n	**Streikposten**
picket v/t	**Streikposten stehen**
picket line n	**Streikkette**
picketing (secondary~) n **Secondary** picketing is illegal nowadays.	**Bestreiken von Drittbetrieben** Das Bestreiken von Drittbetrieben ist heutzutage illegal.
rank and file n The **rank and file** regarded the deal negotiated by their union as a sellout.	**Basis** Von der Basis wurde das Verhandlungsergebnis als Ausverkauf betrachtet.
scab n *(slang, pej.)* Workers refusing to go on strike were denounced as '**scabs**'.	**Schimpfname für Streikbrecher** Arbeiter, die sich dem Streik widersetzten, wurden als Streikbrecher beschimpft.
selective strike n	**Schwerpunktstreik**
• **settle a conflict** phrase	**einen Konflikt beilegen**
• **settlement** n	**gütliche Beilegung, Einigung**

Gewerkschaften und Mitbestimmung

- **shop steward** *n*
In unionised plants employee representatives are usually known as **'shop stewards'**.

Vertrauensperson, Betriebsobmann
In gewerkschaftlich organisierten Betrieben werden die Vertreter der Arbeitnehmer normalerweise als ‚Vertrauenspersonen' bezeichnet.

stoppage *n*
Any **stoppages** would be extremely costly for the management in this branch of industry.

Arbeitsniederlegung
Jede Arbeitsniederlegung in dieser Industriebranche wäre äußerst kostspielig für die Geschäftsführung.

- **strike** *n*

Streik

strike fund *n*

Streikkasse, Streikfond

- **strike pay** *n*
All union members are entitled to **strike pay** during an industrial dispute.

Streikgeld
Alle Gewerkschaftsmitglieder haben ein Anrecht auf Streikgeld während eines Arbeitskampfes.

token strike *n*
The union called a **token** one-hour **strike** as a warning to management.

Warnstreik
Um der Geschäftsführung ein Warnzeichen zu setzen, rief die Gewerkschaft einen einstündigen Streik aus.

- **trade union** *n (GB)*;
labor union *n (US)*
German companies in the UK prefer to deal with a single **trade union** rather than several.

Gewerkschaft
Deutsche Firmen in GB ziehen es vor, mit einer Einzelgewerkschaft anstatt mit mehreren Gewerkschaften zu verhandeln.

- **trade unionist** *n (GB)*;
labor unionist *n (US)*
Trade unionists wanted to reach an agreement with employers at a national level.

Gewerkschaftler(in)
Die Gewerkschaftler wollten mit den Arbeitgebern eine Einigung auf nationaler Ebene erreichen.

Gewerkschaften und Mitbestimmung

TUC (Trades Union Congress) *n*
The **TUC** is the umbrella organisation of the trade unions and represents the majority of unions in Britain.

Gewerkschaftsbund *(ähnlich dem DGB)*
Der TUC ist der Dachverband der Gewerkschaften und vertritt die Mehrheit der Gewerkschaften in Großbritannien.

---

umbrella organisation *n*

Dachverband

---

unofficial strike *n*
(→ official strike)

inoffizieller Streik

---

walkout *n*
The union asked workers in the Production department to stage an unofficial **walkout** in protest over a sacked colleague.

Arbeitsniederlegung
Als Protest gegen einen entlassenen Kollegen forderte die Gewerkschaft Arbeiter in der Produktionsabteilung zu einer inoffiziellen Arbeitsniederlegung auf.

---

wildcat strike *n*
The union official criticised the decision to call a **wildcat strike.**

wilder Streik
Der Gewerkschaftsvertreter kritisierte die Entscheidung einen wilden Streik auszurufen.

---

work-to-rule *n*
Having been told they would not be paid overtime rates for longer working hours the unions started a **work-to-rule** campaign.

Dienst nach Vorschrift
Nachdem man den Gewerkschaften mitgeteilt hatte, dass keine Überstundentarife für längere Arbeitszeiten bezahlt würden, begannen sie ihre ‚Dienst nach Vorschrift' Kampagne.

● **worker participation** *n*

Mitbestimmung

● **worker representation** *n*

Arbeitnehmervertretung, Betriebsrat

● **works councils**
Works councils include workers' representatives who may or may not be trade unionists.

Betriebsrat, Belegschaftsvertretung
Betriebsräte schließen Arbeitnehmervertreter ein, die Gewerkschaftsvertreter sein können, aber nicht zu sein brauchen.

4 Besprechungen

4.1 Offizielle Besprechungen
4.1.1 den Vorsitz führen

- **abstain** *v/i*
If you feel unable to vote in favour or against the proposal, then you may of course **abstain**.

sich enthalten
Wenn Sie weder für noch gegen den Vorschlag stimmen wollen, können Sie sich natürlich (auch) enthalten.

---

abstention *n*
Are there any **abstentions**?

Enthaltung
Gibt es irgendwelche Enthaltungen?

- **action points** *npl*
Some of the matters arising take the form of **action points.**

‚zur Bearbeitung'
Einige der Anmerkungen zum letzten Protokoll sind als ‚zur Bearbeitung' vermerkt.

- **address to** *v/t*
Would you please **address** your remarks **to** the Chair.

richten an
Würden Sie Ihre Bemerkungen bitte an den Vorsitzenden richten.

---

adjourn *v/t*
I can see no alternative but to **adjourn** this meeting until we have reliable figures.

vertagen, unterbrechen
Ich sehe keine andere Möglichkeit, als die Sitzung zu vertagen, bis wir verlässliche Zahlen haben.

- **agenda** *n*
As you will see, we have an extremely full **agenda** today.

Tagesordnung
Wie Sie sehen, haben wir heute eine äußerst volle Tagesordnung.

---

airing (a good ~) *n*
I think we have given this point **a good airing** and propose to move on to the next agenda item.

(ausführliche) Besprechung, Behandlung (eines Punktes)
Ich denke, wir haben diesen Punkt nun ausführlich besprochen, und ich schlage vor, dass wir zum nächsten Tagesordnungspunkt übergehen.

---

amendment *n*
The proposed **amendment** is rejected by 7 votes.

Änderung(svorschlag)
Der Änderungsvorschlag wird mit einer Mehrheit von 7 Stimmen abgelehnt.

Offizielle Besprechungen

● **AOB** *n (abbrev **Any Other Business**)* — **Sonstiges, weitere Punkte**

apologies (send ~) *phrase*
(→ **apologies for absence**)
Eric Jones sends his ***apologies***.

sich entschuldigen lassen
Eric Jones lässt sich entschuldigen.

● **apologies for absence** *npl*
Are there any ***apologies for absence***?

Entschuldigungen (für Abwesenheit)
Lässt sich jemand entschuldigen?

at issue *phrase*
The point ***at issue*** here is whether the data is reliable.

zur Debatte, zur Diskussion, zum Thema
Der strittige Punkt ist hier, ob die Zahlen verlässlich sind.

● **attend** *v/t*
Thank you for ***attending*** this meeting.

teilnehmen, anwesend sein
Ich danke Ihnen für die Teilnahme an der Besprechung.

● **attendance list** *n* — **Anwesenheitsliste**

brainstorming *n* — **Brainstorming**

brief *v/t*
Ray Holmes will ***brief*** us on the impact of EU legislation on manufacturing standards.

informieren, instruieren, einweisen
Ray Holmes wird uns über die Auswirkungen der EU-Gesetzgebung auf die Herstellungsnormen informieren.

briefing *n* — **Informationen, Anweisungen, (Lage)Besprechung, auch: das Briefing**

business (to get through a lot of ~) *phrase*
We have a lot of ***business to get through***, so I suggest we make a prompt start.

eine Menge erledigen
Wir haben eine Menge zu erledigen, deshalb schlage ich vor, dass wir pünktlich beginnen.

Offizielle Besprechungen

- **call a meeting** *phrase*
I have **called** this **meeting** so that we can discuss the strategy for the impending merger with ASA UK.

eine Sitzung, Konferenz, Besprechung einberufen
Ich habe diese Sitzung einberufen, damit wir unsere Strategie für den bevostehenden Zusammenschluss mit ASA UK besprechen können.

- **chair** *n* **(chairperson, chairman, chairwoman)**
Could you address all questions through the **chair**, please.

Vorsitz, Vorsitzende(r)
Könnten Sie bitte alle Fragen direkt an den Vorsitzenden richten.

- **chair** *v/t*
Mr Fromkin will be **chairing** the annual general meeting.

den Vorsitz führen
Herr Fromkin wird den Vorsitz bei der Jahreshauptversammlung führen.

circulate *v/t*
The accomanying information was **circulated** at the beginning of last week.

herumgehen lassen, zirkulieren lassen, in Umlauf bringen, umlaufen
Die dazugehörige Information wurde zu Beginn letzter Woche in Umlauf gebracht.

close *n* **(draw to a ~)**
I'd like to **draw** the meeting **to a close** now.

zum Abschluss bringen
Ich möchte die Sitzung jetzt zum Abschluss bringen.

compromise *n*
I can see some common ground between your points of view and would like to suggest the following **compromise**.

Kompromiss
Ich kann durchaus eine gemeinsame Basis zwischen Ihren Standpunkten sehen und würde folgenden Kompromiss vorschlagen.

consensus *n*
I sense a possible **consensus** emerging around Mr Whittaker's proposal.

Übereinstimmung, Einigkeit, Konsens
Ich habe den Eindruck, dass wir uns einem Konsens nähern, der in etwa auf Herrn Whittakers Vorschlag hinausläuft.

Offizielle Besprechungen

convene v/t
This working party was first **convened** six months ago and has met on a monthly basis since then.

einberufen
Dieser (Arbeits)Ausschuss wurde vor sechs Monaten zum ersten Mal einberufen und hat seither einmal pro Monat getagt.

---

defer v/t
The next item was **deferred** from the last meeting because the accompanying figures were incomplete.

verschieben, vertagen
Der nächste Punkt wurde von der letzten Sitzung (auf heute) verschoben, da das begleitende Zahlenmaterial unvollständig war.

---

digress v/i

abschweifen

● **direct through** v/t
(→ **address to**)

richten an

---

dissent n
Your **dissent** will be noted in the minutes but we must move on to the next item now.

Ablehnung, Nichtübereinstimmung, andere Meinung
Ihre Ablehnung wird im Protokoll vermerkt, aber wir müssen jetzt zum nächsten Punkt übergehen.

---

distribute v/t
The minutes of this meeting will be **distributed** within 5 working days.

verteilen
Wir werden das Protokoll dieser Sitzung innhalb von 5 Arbeitstagen verteilen.

● **eligible** adj

teilnahmeberechtigt

---

exchange of views n
We have had a useful **exchange of views** even if it has been difficult to agree on all points.

Meinungsaustausch
Wir haben einen nützlichen Meinungsaustausch gehabt, selbst wenn es schwierig war, in allen Punkten eine Einigung zu erzielen.

---

explicit adj
Can you be a little more **explicit**, please.

explizit, ausführlich
Könnten Sie das bitte etwas näher erklären?

● **floor** n
Are there any further questions from the **floor**?

Publikum, Zuhörerschaft
Gibt es noch weitere Fragen aus dem Publikum?

Offizielle Besprechungen

formal *adj*
All **formal** meetings have to be minuted.

formell, offiziell
Alle offiziellen Besprechungen müssen protokolliert werden.

- **hands (raise ~)** *n*
Would all those in favour of/against the proposal please **raise** their **hands**.

Hand (erheben), sich melden
Würden bitte alle, die für/gegen den Vorschlag sind, die Hand erheben.

- **hands (show of ~)** *n*
Can I ask for a **show of hands**.

Abstimmung per Handzeichen, offene Abstimmung
Darf ich Sie um Abstimmung per Handzeichen bitten.

informal *adj*

informell

- **inquorate** *adj* (→ **quorate**)

nicht beschlussfähig

invite *v/t*
I would like to **invite** the Company Secretary to comment on his proposal before I open up the general debate.

auffordern, bitten
Ich möchte den Verwaltungsleiter bitten, zunächst seinen Vorschlag zu kommentieren, bevor ich die allgemeine Debatte darüber eröffne.

- **item** *n*
The first **item** on the agenda is the planned share flotation.

(Tagesordnungs)Punkt
Der erste Tagesordnungspunkt ist die geplante Aktienemission.

- **matters (raise ~)** *n*
Could you please notify me of any **matters** you wish to **raise** under Any Other Business.

Angelegenheiten, Punkte (zur Sprache bringen)
Könnten Sie mich bitte darüber informieren, ob Sie irgendwelche Punkte unter ‚Sonstiges' zur Sprache bringen möchten.

- **meeting** *n*
The next **meeting** of the Works Committee will take place in Room 101 on Monday 8th April at 3.00 p.m.

Besprechung, Konferenz, Sitzung, Tagung, Versammlung
Die nächste Betriebsratsversammlung findet am Montag, den 8. April um 15.00 Uhr statt.

154 Offizielle Besprechungen

matters arising *phrase*
There are a number of **matters arising** from the minutes of the last meeting.

Anmerkungen zum Protokoll der letzten Sitzung
Es gibt eine Reihe von Anmerkungen zum Protokoll der letzten Sitzung.

---

minute *v/t*
Elizabeth Jones, who is sitting on my right, will be **minuting** the meeting.

Protokoll führen
Elisabeth Jones, zu meiner Rechten, wird das Protokoll führen.

• **minutes (check ~)** *npl*
Can we first **check the minutes** of the last meeting for accuracy.

das Protokoll (über)prüfen
Können wir zunächst das Protokoll auf seine Korrektheit überprüfen.

---

misrepresent *v/t*
On page 3, the third and fourth sentences in paragraph 2 **misrepresent** the point I made.

falsch wiedergeben, falsch darstellen
Satz 3 und 4 auf Seite 3, Abschnitt 2, stellen meine Ausführungen falsch dar.

---

objection *n*
I am unclear as to whether your **objection** is one of form or substance.

Einwand
Mir ist nicht klar, ob sich Ihr Einwand auf die Form oder den Inhalt bezieht.

• **open** *adj*
I hereby declare this Annual General Meeting **open**.

eröffnet
Ich erkläre die Jahreshauptversammlung hiermit als eröffnet.

---

order (call to ~, appeal for ~) *phrase*
I really must appeal for **order**, ladies and gentlemen.

zur Ordnung rufen, ermahnen sich an die Verfahrensordnung zu halten
Meine Damen und Herren, ich muss Sie wirklich bitten, sich an die Verfahrensordnung zu halten.

---

overrule *v/t*

überstimmen

• **papers** *npl*
Can you please check that you have the following **papers** in front of you.

Dokumente
Können Sie sich bitte vergewissern, dass Sie die folgenden Dokumente vor sich liegen haben.

Offizielle Besprechungen 155

point (address the ~) *phrase*
Can you **address the point** Mrs Kite is making, please.

auf einen Punkt eingehen
Können Sie bitte auf den Punkt eingehen, den Frau Kite angesprochen hat.

point (expand on the ~) *phrase*
I think colleagues would appreciate your **expanding** a little **on that point.**

einen Punkt näher erläutern
Ich glaube, die Kollegen wären Ihnen dankbar, wenn Sie diesen Punkt etwas näher erläutern könnten.

point (miss the ~) *phrase*
You seem to be **missing the point** to some extent, John.

etwas missverstehen
Du hast anscheinend nicht ganz verstanden, worauf ich hinauswollte, John.

point (stick to the ~) *phrase*
Can we **stick to the point** please, colleagues.

bei der Sache bleiben
Kollegen, können wir bitte bei der Sache bleiben.

point (understand the ~) *phrase*
I am not sure that I **understand the point** you are making.

etwas verstehen, begreifen
Ich bin nicht sicher, ob ich verstehe, worauf Sie hinauswollen.

point (on a ~ of order) *phrase*
On a point of order, shouldn't we deal with this item under 'Any Other Business'?

zur Geschäftsordnung
Zur Geschäftsordnung: sollten wir diesen Punkt nicht unter ‚Sonstiges' behandeln?

quorate *adj*
I note with regret that we do not appear to be **quorate**.
(→ *inquorate*)

beschlussfähig
Ich stelle mit Bedauern fest, dass wir nicht beschlussfähig zu sein scheinen.

● **quorum** *n*
The constitution of this committee requires that at least two thirds of its members be present for there to be a **quorum**.

beschlussfähige Mehrheit, Quorum
Die Satzung dieses Ausschusses erfordert zur Beschlussfähigkeit die Anwesenheit von mindestens zwei Drittel seiner Mitglieder.

rapporteur *n*

Berichterstatter

Offizielle Besprechungen

reconcile v/t
It is quite clear to me as Chair that your views cannot be **reconciled**.

miteinander vereinbaren
Als Vorsitzender ist es mir offensichtlich, dass sich Ihre Standpunkte nicht miteinander vereinbaren lassen.

---

refrain v/i
Could you please **refrain** from talking among yourselves so that we can hear what the speaker is saying?

unterlassen
Könnten Sie bitte die Unterhaltung miteinander unterlassen, damit wir den Vortragenden verstehen könne?.

---

relate v/t
Does your point **relate** directly to the one made by the last speaker?

sich beziehen, in Zusammenhang stehen
Bezieht sich Ihr Punkt direkt auf den (Beitrag) des letzten Sprechers?

---

resolution n
Can I remind the meeting that the **resolution** to resist the takeover was passed at the shareholders' meeting?

Beschluss, Entschliessung, Resolution
Darf ich die Versammlung daran erinnern, dass der Beschluss, sich der Übernahme zu widersetzen, auf der letzten Aktionärsversammlung gefasst wurde?

● **respond** v/i
Would you like to **respond** to the point made by the last speaker?

antworten, eingehen auf
Möchten Sie auf den Punkt des letzten Redners eingehen?

---

right to reply n
I think we should allow the last speaker the **right to reply.**

Recht auf Erwiderung
Ich denke, wir sollten dem letzten Sprecher das Recht auf Antwort einräumen.

● **start (make a ~)** phrase

Anfang machen, beginnen

● **sub-committee** n

Unterausschuss

● **summarise** v/t
I think your respective views can be **summarised** as follows.

zusammenfassen, resümieren
Ich denke, Ihre jeweiligen Standpunkte lassen sich wie folgt zusammenfassen.

Offizielle Besprechungen

● **table (~ a paper)** *phrase*
In addition to the papers circulated with the agenda two further **papers** have just been **tabled**.

(ein Dokument) einbringen, vorlegen
Zusätzlich zu den Dokumenten, die mit der Tagesordnung verteilt wurden, sind gerade zwei weitere Dokumente vorgelegt worden.

---

terms of reference *npl*
Can I remind you of the **terms of reference** of this working party?

Aufgabenbereich, Zuständigkeitsbereich
Darf ich Sie an den Aufgabenbereich dieses Ausschusses erinnern?

---

tie *n*

Stimmengleichheit

---

true and accurate *adj*
Is it the view of the meeting that the minutes provide a **true and accurate** account of the last meeting?

wahrhaftig und korrekt
Vermittelt das Protokoll nach Ansicht der Anwesenden eine wahrhaftige und korrekte Wiedergabe der letzten Sitzung?

● **unanimously** *adv*
The Board's proposal was accepted **unanimously**.

einstimmig
Der Vorschlag des Vorstandes wurde einstimmig angenommen.

---

vote (anonymous ~) *n*
I think in the circumstances it might be advisable to take an **anonymous vote.**

anonyme Abstimmung
Ich denke, unter den gegebenen Umständen wäre es ratsam, eine anonyme Abstimmung vorzunehmen.

● **vote (cast a ~)** *n*
Please **cast your vote** by completing the slips and returning them to Miss Jenkins.

abstimmen, Stimme abgeben, wählen
Bitte füllen Sie für Ihre Stimmabgabe die Zettel aus und geben Sie sie bei Frau Jenkins ab.

---

vote (casting ~) *n (GB)*,
tie breaking vote *n (US)*
May I remind you that in the event of a tie, the Chair has the **casting vote.**

(ausschlaggebende) Stimme
Darf ich Sie daran erinnern, dass der Vorsitzende bei Stimmengleichheit die ausschlaggebende Stimme hat.

Besprechungen

Offizielle Besprechungen

vote (put to the ~) *phrase* I suggest we **put** the proposal **to the vote.**	**abstimmen, zur Abstimmung bringen** Ich schlage vor, über den Vorschlag abzustimmen.
● **vote (take a ~)** *phrase*	**abstimmen**
vote (tied ~) *n* (→ **tie**)	**Stimmengleichheit**
working party *n*	**Arbeitsausschuss**

4.1.2 Protokoll führen

● **agree** *v/t* It was **agreed** to defer a decision on new premises until the next meeting.	**vereinbaren, zustimmen, sich einverstanden erklären, einer Meinung sein** Es wurde vereinbart, die Entscheidung über die neuen Räumlichkeiten auf die nächste Sitzung zu vertagen.
● **carry** *v/t* The motion was **carried** by 7 votes to 3.	**annehmen (Antrag, Entschließung)** Der Antrag wurde mit 7 zu 3 Stimmen angenommen.
● **close** *v/t* The meeting **closed** at 11.30 a.m.	**enden, beenden, schließen** Die Sitzung endete um 11.30 Uhr.
conclude *v/t* The board of directors **concluded** that the advice given by the company's solicitors had proved to be very sound.	**beenden, folgern, zu dem Schluss kommen** Der Aufsichtsrat kam zu dem Schluss, dass sich der Ratschlag des Rechtsanwaltes der Firma als gut fundiert herausgestellt hat.
convey *v/t* It was stated that item 2.4 of the minutes did not **convey** what was actually said.	**ausdrücken, klarmachen, vermitteln** Es wurde angemerkt, dass Punkt 2.4 des Protokolls nicht das ausdrückte, was tatsächlich gesagt wurde.

Offizielle Besprechungen

- **end** *v/ti*
  The meeting ***ended*** at 4.00 p.m.

  enden, beenden
  Die Sitzung endete um 4 Uhr.

- **express (~ the view)** *phrase*
  Several employees ***express the view*** that the present marketing strategy was not viable.

  ausdrücken, zum Ausdruck bringen, Standpunkt vertreten
  Einige Mitarbeiter vertraten den Standpunkt, dass die augenblickliche Marketingstrategie nicht realisierbar sei.

- **feel** *v/t*
  A minority of the shareholders ***felt*** that flotation on the stock exchange clashed with the founding principles of the building society.

  empfinden, der Meinung sein
  Eine Minderheit der Aktionäre war der Meinung, dass sich eine Aktienemission an der Börse nicht mit den Grundprinzipien einer Bausparkasse verträgt.

- **inaccuracy** *n*
  There are two ***inaccuracies*** on page 3.

  Ungenauigkeit
  Auf Seite 3 gibt es zwei Ungenauigkeiten.

- **introductory remarks** *npl*
  In his ***introductory remarks*** the Chair explained why the meeting had been called at such short notice.

  einführende Bemerkungen, einleitende Worte
  In seinen einführenden Bemerkungen erklärte der Vorsitzende, warum die Sitzung so kurzfristig einberufen wurde.

minutes secretary *n*

Protokollantin

misspelling *n*
It was noted that the ***misspellings*** in the minutes created a very poor impression.

Rechtschreibefehler, orthographische Fehler
Es wurde angemerkt, dass die Rechtschreibefehler im Protokoll einen sehr schlechten Eindruck hinterließen.

- **note** *v/t*
  The meeting ***noted*** its concern about the downward trend in sales.

  bemerken, zur Kenntnis nehmen, äußern (Besorgnis)
  Die Versammlung äußerte ihre Besorgnis über den rückgängigen Trend der Verkaufszahlen.

Das Wort ergreifen

- **omit** *v/t*
  Two key points seemed to have been **omitted** from section 4.2. of the minutes.

  auslassen, fehlen
  Zwei wesentliche Punkte scheinen im Abschnitt 4.2 des Protokolls zu fehlen.

- **punctuation** *n*
  Ms Jones observed that the **punctuation** of the minutes left something to be desired.

  Zeichensetzung
  Frau Jones stellte fest, dass die Zeichensetzung im Protokoll einiges zu wünschen übrig ließ.

- **read** *v/ti*
  It was agreed that the minute should be corrected to **read** as follows.

  lauten
  Es wurde vereinbart, dass der korrigierte Protokollsatz wie folgt lauten sollte.

- **remark** *v/t*
  Several members **remarked** that a secret ballot would have been preferable to a show of hands.

  anmerken, bemerken
  Mehrere Mitglieder bemerkten, dass sie eine geheime Abstimmung der Wahl per Handzeichen vorgezogen hätten.

- **report on** *v/t*
  The Chair **reported on** a number of matters arising directly from the minutes.

  berichten über
  Der Vorsitzende berichtete über eine Reihe von Angelegenheiten, die sich unmittelbar aus dem Protokoll ergaben.

4.2 Das Wort ergreifen

- **allow** *v/t*
  If you would **allow** me to continue.

  erlauben, gestatten
  Wenn Sie mir gestatten würden weiterzureden.

  butt in *v/i (colloq)*
  Excuse me for **butting in**, but the figures you have just quoted are wrong.

  sich einmischen, dazwischenfunken
  Entschuldigen Sie, wenn ich mich da einmische, aber die Zahlen, die Sie gerade zitiert haben, sind falsch.

- **come in** *v/i*
  Can I **come in** here please.

  sich einschalten (Gespräch), etwas sagen
  Kann ich hier bitte etwas dazu sagen.

Das Wort ergreifen

- **comment** *v/t*
I wonder if I could **comment** briefly on your last point.

    sich äußern, kommentieren, eingehen auf
    Wenn ich kurz auf Ihren letzten Punkt eingehen darf.

- **complete** *v/t*
Can I **complete** the point I'm making please, Chair.

    ausreden, aussprechen, etwas zu Ende bringen
    Herr Vorsitzender, kann ich diesen Punkt bitte zu Ende bringen?

- **concede** *v/t*
I must **concede** that I have been somewhat overcautious in my estimate of the financial situation.

    zugeben, einräumen
    Ich muss zugeben, dass ich bei der Einschätzung der Finanzlage etwas übervorsichtig gewesen bin.

- **consider** *v/t*
I think there are a number of factors we need to **consider** before going any further.

    bedenken, in Betracht ziehen, betrachten
    Ich glaube, es gibt eine ganze Reihe von Faktoren, die wir bedenken müssen, bevor wir überhaupt weitergehen können.

- **context (take out of ~)** *phrase*
You have **taken** the quote **out of context**.

    aus dem Zusammenhang reißen
    Sie haben das Zitat aus dem Zusammenhang gerissen.

- **continue** *v/ti*
May I **continue**, please.

    fortfahren, weitermachen, weiterreden
    Darf ich bitte weiterreden.

- **draw attention to** *phrase*
I would like to **draw** your **attention to** two important facts.

    Aufmerksamkeit lenken auf
    Ich möchte Ihre Aufmerksamkeit auf zwei wichtige Fakten lenken.

- **go back to** *v/t*
I'd like to **go back to** the point John has just mentioned.

    zurückkommen auf
    Ich möchte noch mal auf den Punkt zurückkommen, den John gerade erwähnt hat.

- **go over** *v/t*
I would like to **go over** the last two points again.

    durchsprechen, überdenken
    Ich würde gern die letzten beiden Punkte noch einmal durchsprechen.

Besprechungen

have one's say *phrase colloq*
Everyone else **has had their say**, so can I please have mine.

zu Wort kommen, die Meinung äußern
Alle sind bisher zu Wort gekommen, kann ich bitte auch meine Meinung äußern.

• **interrupt** *v/ti*
I'm terribly sorry to **interrupt**, but I wonder whether you'd be able to take an urgent call.

unterbrechen
Es tut mir furchtbar leid, Sie zu unterbrechen, aber ich wollte fragen, ob Sie einen dringenden Anruf entgegennehmen könnten.

lose sight of *v/t*
We must not **lose sight of** the facts of the matter.

aus den Augen verlieren
Wir dürfen nicht die Tatsachen aus den Augen verlieren.

misunderstand *v/t*
You're **misunderstanding** what I'm saying.

missverstehen
Sie haben missverstanden, was ich gesagt habe.

• **object** *v/t*
I **object** to being made a scapegoat for someone else's mistakes.

einwenden, Einspruch erheben, sich wehren
Ich wehre mich dagegen, die Schuld für die Fehler anderer zugeschoben zu bekommen.

observation (make an ~) *phrase*
Can I **make a** couple of **observations** about what has been said so far.

Bemerkung machen
Kann ich zu dem bisher Gesagten ein paar Bemerkungen machen.

• **point (make a ~)** *phrase*
If I may **make** another **point**.

auf etwas aufmerksam machen
Wenn ich noch auf einen anderen Punkt aufmerksam machen darf.

• **point out** *v/t*
May I just **point out** that the issue raised is not an agenda item for today.

darauf hinweisen
Darf ich Sie nur darauf hinweisen, dass das angesprochene Problem nicht auf der heutigen Tagesordnung steht.

Das Wort ergreifen

point (take the ~) *phrase*
I **take your point**, but we shouldn't lose sight of all the other aspects involved in the takeover.

verstehen, begreifen, nachvollziehen
Ich hab das schon verstanden, aber wir sollten nicht alle anderen Aspekte aus den Augen verlieren, die mit der Übernahme zu tun haben.

- **point (raise a ~)** *phrase*

etwas zur Sprache bringen

- **reply** *v/t*
May I **reply** to that point immediately?

beantworten, eingehen auf
Darf ich auf diesen Punkt direkt eingehen?

respect (with ~) *phrase*
With respect, John, I really must correct you on that point.

(bei allem) Respekt
Bei allem Respekt, John, in diesem Punkt muss ich dich wirklich korrigieren.

- **return to** *v/t* (→ **go back to**)

zurückkommen auf

right *adj*
Would I be **right** in thinking that the two suggestions are mutually exclusive?

richtig, recht
Gehe ich recht in der Annahme, dass die beiden Vorschläge sich gegenseitig ausschliessen?

say (~ a word about) *phrase*
May I just **say a word** about our links with the TEC.

etwas sagen zu
Darf ich vielleicht etwas zu unseren Verbindungen zu TEC sagen.

suggestion *n*
I wonder if I could come in with a **suggestion** at this point.

Vorschlag
Wenn ich an dieser Stelle einen Vorschlag machen darf.

touch on *v/t*
Graeme **touched** briefly **on** a couple of points which need some amplification.

ansprechen (Thema, Punkt)
Graeme hat kurz eine Reihe von Punkten angesprochen, die näherer Erläuterung bedürfen.

164 Die eigene Meinung ausdrücken

4.3 Die eigene Meinung ausdrücken

- **agree with** *v/t*
I hear what you're saying, but I simply don't **agree with** it.

zustimmen, übereinstimmen mit, einer Meinung sein
Ich verstehe schon, was Sie sagen, aber ich bin einfach anderer Meinung.

- **agreement** *n*
I am in complete **agreement** with the last speaker, but would like to add …

Zustimmung, Übereinstimmung, Einigkeit
Ich stimme völlig mit dem letzten Redner überein, möchte aber noch hinzufügen …

- **appreciate** *v/t*
I **appreciate** why Steve takes the view that he does but I wonder if he is in the best position to judge.

bewusst sein, Verständnis haben für
Ich habe Verständnis dafür, dass Steve diese Meinung vertritt, aber ich frage mich, ob er in der Lage ist, dies zu beurteilen.

bury one's head in the sand *phrase*
It is tempting to **bury our head in the sand** but the problem will not go away.

den Kopf in den Sand stecken
Es ist zwar verlockend, den Kopf in den Sand zu stecken, aber das Problem wird dadurch nicht verschwinden.

- **circumstances (under no ~)** *phrase*
We should **under no circumstances** agree to further redundancies.

unter keinen Umständen
Wir sollten unter keinen Umständen weiteren Entlassungen zustimmen.

concern (voice ~) *phrase*
I would like to **voice** my **concern** over the way this decision has been reached.

Besorgnis ausdrücken, (erhebliche) Bedenken erheben/haben
Ich habe erhebliche Bedenken über die Art und Weise, wie diese Entscheidung zustande gekommen ist.

- **convince** *v/t*
Nothing I've heard so far has **convinced** me.

überzeugen
Von dem, was ich bisher gehört habe, hat mich nichts überzeugt.

Die eigene Meinung ausdrücken 165

- **cross-purposes (to argue at ~)** *phrase*
I think Brian and Elaine are **arguing at cross-purposes.**

aneinander vorbei reden
Ich glaube, Brian und Elaine reden aneinander vorbei.

- **disagree with** *v/t*

nicht übereinstimmen mit, nicht einverstanden sein mit

doubts (have ~ about) *phrase*
I **have** some **doubts about** their real motives for the merger.

Zweifel haben an
Ich habe einige Zweifel an den wahren Motiven für die Fusion.

- **evident** *adj*
It is by no means **evident** that the majority of shareholders will just want to make a fast buck.

offensichtlich
Es ist keineswegs offensichtlich, dass die Mehrheit der Aktionäre eine schnelle Mark machen will.

face (the) facts *phrase*
We have to **face facts,** even if they are unpleasant ones.

den Tatsachen ins Auge sehen
Wir müsen den Tatsachen ins Auge sehen, auch wenn sie nicht sehr agenehm für uns sind.

- **feeling** *n*
The **feeling** I get is that the shareholders are being misled.

Gefühl
Ich habe das Gefühl, dass die Aktionäre irregeführt werden.

- **frankly** *adv*
Frankly, the proposal seems almost impossible to implement.

offen (gesagt), ehrlich (gesagt)
Ehrlich gesagt, der Vorschlag scheint kaum realisierbar zu sein.

go along with *v/i*
I will **go along with** what you have said, on the understanding that staff will be invited and not forced to change pension scheme.

zustimmen, sich anschließen
Ich stimme Ihren Ausführungen zu unter der Voraussetzung, dass die Belegschaft gebeten und nicht gezwungen wird, ihre Rentenversicherung zu wechseln.

gut feeling *n*
My **gut feeling** is that they are interested in asset stripping rather than development.

Instinkt
Mein Instinkt sagt mir, dass sie mehr an der Ausschlachtung von Anlagen als an der Entwicklung interessiert sind.

- **in my opinion** *phrase*

meiner Meinung nach

Besprechungen

Die eigene Meinung ausdrücken

● **issue (take ~ with)** *phrase*
I would **take issue with** your last point though.

widersprechen, uneinig sein
Beim letzten Punkt würde ich Ihnen allerdings widersprechen.

---

jump to conclusions *phrase*
I think we are in danger here of **jumping to conclusions.**

voreilige Schlüsse ziehen
Ich glaube, wir laufen hier Gefahr, voreilige Schlüsse zu ziehen.

---

non sequitur *n*
Your premise may be correct but the conclusion is a complete **non sequitur.**

unlogische (Schluss)Folgerung
Ihre Voraussetzung mag richtig sein, aber Ihre Schlussfolgerung ist total unlogisch.

---

point (there's no ~) *phrase*
There's no point pretending that we have something to gain from a merger when in fact we don't.

keinen Zweck haben
Es hat keinen Zweck so zu tun, als ob wir vom Zusammenschluss etwas zu profitieren hätten, wenn das in Wirklichkeit nicht der Fall ist.

● **point (up to a ~)** *phrase*
I agree **up to a point.**

bis zu einem gewissen Punkt
Bis zu einem gewissen Punkt stimme ich Ihnen zu.

---

reservations (have ~) *phrase*
However, I **have** certain **reservations** when it comes to financing the whole project.

Bedenken, Vorbehalte haben
Bei der Finanzierung des gesamten Projektes habe ich allerdings gewisse Bedenken.

---

sense (make ~) *phrase*
What Mr Burns is proposing **makes sense.**

Sinn ergeben, Sinn machen
Was Herr Burns vorschlägt, macht Sinn.

---

share opinion (about) *phrase*
I **share** your **opinion about** how we in management see the situation.

Meinung teilen, einer Meinung sein (über)
Ich teile Ihre Meinung darüber, wie wir in der Geschäftsleitung die Situation beurteilen.

● **share concern** *phrase*
I **share** Mr Edmonds' **concern** about getting the retail price right.

Sorge, Besorgnis teilen
Ich teile Herrn Edmonds Besorgnis darüber, den Endverbraucherpreis richtig anzusetzen.

Argumente vertiefen

- **support** *v/t*
I would like to **support** Steven's proposal.

unterstützen
Ich möchte Stevens Vorschlag unterstützen.

support (in ~ of) *phrase*

zur Unterstützung von

sympathy (have ~ with) *phrase*
I **have** a great deal of **sympathy with** much of what has been said.

Verständnis haben für
Ich habe eine Menge Verständnis für vieles, was bisher gesagt wurde.

take (no) account of *phrase*
The figures put forward **take no account of** the numbers of staff in each department.

(nicht) berücksichtigen, keine Rechnung tragen
Die vorgeschlagenen Zahlen berücksichtigen in keinster Weise die Anzahl der Mitarbeiter in jeder Abteilung.

- **view (take the ~)** *phrase*
I **take the view** that the company cannot afford any further product diversification.

den Standpunkt einnehmen, vertreten
Ich vertrete den Standpunkt, dass sich die Firma keine weitere Sortimentserweiterung mehr leisten kann.

4.4 Argumente vertiefen

- **bear with** *v/t*
If you would **bear with** me for a moment, I'll try to summarise the main points of my argument.

gedulden, Nachsicht haben
Wenn Sie sich vielleicht noch einen Moment gedulden würden: ich versuche, die Hauptpunkte meiner Aussage zusammenzufassen.

- **clear (make oneself ~)** *phrase*
I'm obviously not **making myself clear,** so I'll try again.

sich klar ausdrücken
Ich habe mich offensichtlich nicht klar ausgedrückt, also, ich versuch's noch mal.

context (in ~) *phrase*

im Zusammenhang, im Kontext

follow on from *v/i*
What I have just said **follows on from** my earlier point.

folgen, sich ergeben aus
Was ich gerade gesagt habe, folgt aus meinem vorigen Punkt.

Argumente vertiefen

go hand in hand *phrase*
These two proposals **go hand in hand.** There is no point considering them separately.

Hand in Hand gehen, zusammengehören
Diese beiden Vorschläge gehören zusammen, es macht keinen Sinn, sie getrennt zu behandeln.

---

implication *n*
The **implications** of the merger will not have escaped anyone.

Implikation, Auswirkung
Die Auswirkungen des Zusammenschlusses werden wohl keinem entgangen sein.

• **imply** *v/t*

andeuten, implizieren

---

in conjunction with *phrase*
The question of staffing levels needs to be considered **in conjunction with** the level of investment in technology.

in Verbindung mit, zusammen mit
Die Frage nach der Personalausstattung muss in Verbindung mit der Höhe der Investition für Technologie betrachtet werden.

---

in isolation *phrase*
These two factors cannot be taken **in isolation.**

isoliert, gesondert, ohne Zusammenhang
Diese beiden Faktoren können nicht isoliert betrachtet werden.

---

infer (from) *v/t*
We can **infer** what is likely to happen to the market from what has happened so far.

schließen, folgern (aus)
Aus der bisherigen Entwicklung können wir auf die wahrscheinliche Marktentwicklung schließen.

---

interrelated *adj*
These questions are surely **interrelated.**

zueinander in Beziehung stehend, zusammenhängend
Diese beiden Fragen hängen doch sicher miteinander zusammen.

• **lead** *v/t*
This **leads** me to my next point.

führen, bringen
Das bringt mich zu meinem nächsten Punkt.

• **leave aside** *v/t*
Can we **leave aside** the question of quantity for a moment and concentrate on quality.

beiseite lassen
Können wir die Frage nach der Quantität im Moment mal beiseite lassen und uns auf die Qualität konzentrieren.

Argumente vertiefen

logic (follow the ~) *phrase*
It is important to **follow the logic** of the argument right the way through.

logisch durchdenken, der Logik folgen
Es ist wichtig, das Argument von Anfang bis Ende logisch zu durchdenken.

---

logic (see the ~) *phrase*
I **see the logic** of what you're saying.

die Logik dahinter sehen
Ich sehe die Logik hinter Ihrer Aussage.

● **point (illustrate a ~)** *phrase*
I have prepared a transparency to **illustrate** this **point.**

einen Punkt, etwas veranschaulichen
Ich habe eine (Overhead)Folie vorbereitet, um diesen Punkt zu veranschaulichen.

● **put forward** *v/t*
I want to **put forward** an alternative strategy for dealing with the alleged overstaffing.

vorschlagen, vorbringen
Ich möchte eine alternative Strategie vorschlagen, wie wir mit der angeblichen Überbesetzung umgehen können.

---

rehearse *v/t*
I would like us to **rehearse** a couple of the arguments we will need to make at next Monday's plenary meeting.

proben, noch einmal durchsprechen
Ich würde gern noch mal ein paar Argumente mit Ihnen durchsprechen, die wir auf der nächsten Plenarsitzung vorbringen müssen.

● **stress** *v/t*
The interrelatedness of these issues needs to be **stressed.**

betonen
Die Zusammengehörigkeit dieser Fragen/Probleme muss betont werden.

---

subtext *n*
The **subtext** of what you're saying is that the market won't bear another supplier.

Implikation
Mit Ihrer Aussage implizieren Sie, dass der Markt keinen weiteren Zulieferer zuläßt.

● **turn to** *v/t*
I would now like to **turn to** the question of brand name.

(Frage, Thema) **zuwenden, kommen zu**
Ich möchte jetzt gern zur Frage des Markennamens kommen.

Besprechungen

underline v/t (→ **stress**)
I want to **underline** what Sally said about the need for creche facilities.

unterstreichen, betonen
Ich möchte unterstreichen, was Sally über den Bedarf an Kinderkrippen gesagt hat.

• **understand** v/t (often ironic)
Are we to **understand** that by downsizing you mean sacking staff?

verstehen
Wollen Sie uns zu verstehen geben, dass Sie unter ‚Zurückfahren' Entlassungen der Mitarbeiter meinen?

4.5 Zum Abschluss kommen

• **add** v/t
It only remains for me to **add** that we cannot afford to get this wrong now.

hinzufügen
Bleibt nur noch hinzuzufügen, dass wir es uns nicht leisten können, wenn jetzt noch was schiefgeht.

agree to disagree phrase
With respect, I think we shall have to **agree to disagree** on this matter.

verschiedene Meinungen zugestehen
Bei allem Respekt glaube ich, dass wir uns in dieser Sache unterschiedliche Meinungen zugestehen müssen.

allay v/t
Some of my concerns have been **allayed** by what I have heard today.

verringern, (weitgehend) zerstreuen
Nachdem, was ich heute gehört habe, sind einige meiner Befürchtungen zerstreut worden.

boil down to v/t
It **boils down to** whether it is sensible to change supplier purely on the basis of price.

darauf hinauslaufen
Es läuft darauf hinaus, ob es sinnvoll ist, allein auf der Basis des Preises den Zulieferer zu wechseln.

• **conclusion (come to a ~)** phrase
The **conclusion** we have **come to,** is that the proposal made by Aston and Jones meets most of our criteria.

zu einer Schlussfolgerung kommen, gelangen
Wir sind zu der Schlussfolgerung gekommen, dass der Vorschlag von Aston and Jones die meisten unserer Kriterien erfüllt.

Zum Abschluss kommen 171

- **conclusion (draw a ~)** *phrase*
  What **conclusion** can we **draw** from this?

  (Schluss)Folgerung ziehen
  Welche Schlussfolgerung können wir daraus ziehen?

- **conclusion (reach a ~)** *phrase*
  I believe we have **reached a conclusion** agreeable to both sides.

  zu einer Schlussfolgerung kommen, gelangen
  Ich glaube, wir sind zu einem für beide Seiten annehmbaren Schluss gelangt.

course of action *n*
The only sensible **course of action** is to suspend him on full pay until the incident has been fully investigated.

Vorgehensweise
Die einzige vernünftige Vorgehensweise ist es, ihn bei vollem Gehalt zu suspendieren, bis der Vorfall eingehend untersucht worden ist.

deadlock (break the ~) *phrase*
I am prepared to compromise if it will allow us to **break this deadlock.**

aus der Sackgasse herauskommen
Ich bin kompromissbereit, wenn es uns dadurch gelingt, aus dieser Sackgasse herauszukommen.

full and frank *adj*
We may not have reached full agreement, but at least we have had a **full and frank** debate.

ausführlich und offen
Wir sind vielleicht nicht zu einer völligen Übereinkunft gekommen, aber zumindest haben wir eine ausführliche und offene Aussprache gehabt.

nutshell (in a ~) *phrase*

kurz gesagt

solution *n*
One **solution** may be to jettison all models which are not central to our core business.

Lösung
Eine Lösung könnte darin bestehen, alle Modelle abzustoßen, die nicht zu unserem Haupttätigkeitsbereich gehören.

sum up in a few words *phrase*
To **sum up** what I have said **in a few words** …

in wenigen Worten zusammenfassen
Um meine Ausführungen in wenigen Worten zusammenzufassen …

5 Korrespondenz

5.1 Äußere Form und Musterbriefe

Die äußere Form von Geschäftsbriefen variiert zuweilen beträchtlich. Dennoch gibt es gewisse Standards, die man beachten sollte. So folgen etwa Anrede und Schlussformeln einem gebräuchlichen Muster. Die folgende Aufstellung gibt einen Überblick über gebräuchliche Anredeformen:

To start a letter you use	*when the recipient*
Dear Sirs	is a company
Dear Sir	is an unnamed man
Dear Madam	is an unnamed woman
Dear Sir/Madam	is unknown and may be male or female
Dear Mr Adams (*or title*)	is a named man
Dear Mrs Adams	is a named woman
Dear Miss Adams	is a named unmarried woman
Dear Ms Adams	is a named woman who is married or unmarried
Dear Anita	is someone with whom you are on first name terms
Dear Anita Adams	is a person whose full name you know but to whom you are writing impersonally

Begrüßungs- und Schlussformeln müssen ebenfalls aufeinander abgestimmt werden:

Salutation	*Complimentary close*
Dear Sir, Sirs, Madam, Sir/Madam,	Yours faithfully (*UK*), Yours Truly (*US*), Sincerely (*US*), Sincerely yours (*US*)
Dear Mr, Mrs, Miss, Ms, Dr, Professor Adams	Yours sincerely (*UK*), Sincerely yours (*US*), Sincerely (*US*)
Dear Anita	Yours, Best wishes, Kind regards (*UK*), Best Regards (*US*), Warm regards (*US*)

Äußere Form und Musterbriefe 173

Geschäftsbrief

ADA COMPUTER SERVICES [1]
Unit 17B, Science Estate, Cambridge CB7 1JF
Tel: 0 12 23 57 65 76   Fax: 0 12 23 5 76 578
e-mail: sales@ada.co.uk
website: www.ada.co.uk

Mr S. Jackson [2]   Your Ref: [3]
24 Steinway Grove   Our Ref: JG/Enq/1
Birmingham B17 7LA   Date: 8 May 2002 [4]

Dear Mr Jackson [5]

Modem ADA Sprint MMM3 [6]

Thank you for purchasing the above equipment and returning the user registration card to us. Your details have been noted in our database and you will receive regular updates on ADA products. I note the problem you have experienced with our product and hope that the advice given by our technical support hotline has solved it. Should you have any queries or require further technical support, please contact us at the above address. [7]

Yours sincerely [8]

John Gilbertson
Head of Customer Sales [9]

Enc. [10] Product Catalogue

---

[1] Briefkopf; [2] Anschrift des Empfängers; Postleitzahl auf der gleichen Zeile oder darunter; keine Leerzeile zwischen Straße und Stadt; [3] Bezug; [4] Datum; [5] Anrede; [6] Betreffzeile (stichwortartige Inhaltsangabe), meist in Fettdruck, oder aber unterstrichen; [7] Brieftext; [8] Schlussformel; [9] Unterschrift mit Namen und Titel/Berufsbezeichnung des Absenders; [10] 'Enc(s)' steht für 'Enclosure(s)' und bedeutet 'Anlage(n)'

Geschäftsbrief: amerikanisch

The InterStay Hotel

1114 Seventh Avenue
New York
NY 10033
tel 212 383 4621
fax 212 383 4678
e-mail: InterStay

April 20, 2002

Mr. S. Jackson
24 Steinway Grove
Birmingham B17 7LA
England

Dear Mr. Jackson:

This letter confirms your reservation for a double room with bath for July 16–20.

We have also reserved our conference facilities in the Manhattan Suite for your exclusive use on July 19 until 11 P.M. The room seats up to 15 people comfortably and will satisfy your needs for a small, but intensive one-day conference.

Please let us know your further requirements, for example, as regards support facilities (video, tape recorders, etc.) as soon as possible. May we ask you to request your conference guests who would like to book their own rooms in the hotel to contact us at an early date.

Sincerely yours,

Samuel B. Long
General Manager

Faxnachricht

ADA COMPUTER SERVICES
Unit 17B, Science Estate, Cambridge CB7 1JF
Tel: 0 12 23 57 65 76   Fax: 0 12 23 5 76 578
e-mail: d.steinway@ada.co.uk
website: www.ada.co.uk

Fax Message

Date:	23 May ...	**Time:**	10.30
To:	Steven Brookes	**Phone:**	0171 342 8631
	Plastech	**Fax:**	0171 342 3342
From:	Dave Steinway	**Phone:**	01223 576 576
	Ada Computer Services	**Fax:**	01223 567 578
		cc:	John Taylor

Number of pages: 1

re: <u>Modem MMM3</u>

Dear Steve

Several users are reporting problems. This fault seems to be affecting modems made up using power jacks supplied by you between 1 February and 12 March. Have you had any other reports of similar problems?

Regards

Dave.

E-mail

Date:	Fri, 29 May…16:36:23
Sender:	sb@plastech.co.uk
To:	d.steinway@ada.co.uk
Subject:	Modem MMM3

Dave

I've made some preliminary enquiries with other purchasers and cannot trace other complaints involving power jacks so far. However we did modify the design of the PJ4 around the time you specify and it's possible there may have been unforeseen interaction with other components. Can you get the defective MMM3's sent back to us for examination.

Regards

Steve

5.2 Typologie und Bestandteile

• **address (recipient's ~)** *n*	**Anschrift, Adresse des Empfängers**
• **address (sender's ~)** *n*	**Absender, Adresse des Absenders**
• **appendix** *n* You'll find a detailed breakdown of the annual accounts in the ***appendix***.	**Anhang** *(eines Dokuments)* Eine detaillierte Aufstellung des Jahresabschlusses finden Sie im Anhang.
• **as follows** *phrase* The list of goods ordered is ***as follows***.	**wie folgt, folgende** Die Liste der bestellten Waren lautet wie folgt.
• **below** *prep* A detailed analysis of the current market situation is given ***below***.	**unten, nachstehend** Eine ausführliche Analyse der derzeitigen Marktsituation ist nachstehend ausgeführt.
body of the letter *n*	**Brieftext**
complimentary close *n* If your salutation is 'Dear Sir' your ***complimentary close*** should normally be 'Yours faithfully'.	**Schlussformel** Wenn Ihre Anrede ‚Dear Sir' ist, sollte Ihre Schlussformel normalerweise ‚Yours faithfully' sein.
• **date** *n*	**Datum**
date as postmark *n*	**Datum des Poststempels**
• **for information** *phrase*	**zur Information**
layout *n* These days companies increasingly regard ***layout*** as a matter of house style.	**Layout, äußere Form, Gestaltung** Heute betrachten Firmen das Layout als eine Sache des hauseigenen Stils.
letter (follow-up) *n*	**Nachfassungsschreiben**

Typologie und Bestandteile

- **letter (business ~)** *n* — **Geschäftsbrief**

- **letter (circular ~)** *n* (*abbrev* **circular**) — **Rundschreiben**

- **letter (covering ~)** *n* — **Begleitschreiben**

- **letter (personal ~)** *n* — **persönliches Schreiben**

letter (standard ~) *n*
You obviously received the ***standard letter*** we issue when payment has not been received.

Standardbrief
Sie haben offensichtlich unseren Standardbrief erhalten, den wir ausstellen, wenn die Zahlung noch nicht eingegangen ist.

- **letter of acknowledgement** *n*
Please send her a ***letter of acknowledgement*** of her application.

  Bestätigungsschreiben
  Bitte bestätigen Sie ihr Bewerbungsschreiben.

letter of appreciation *n*
(→ **letter of thanks**)

Dankschreiben

- **letter of complaint** *n* — **Beschwerdebrief**

letter of condolence *n* — **Beileidsbrief**

letter of recommendation *n* — **Empfehlungsschreiben**

letter of thanks *n*
The Board has asked for a ***letter of thanks*** to be sent to Mr Hunt for his many years of service to the company.

Dankschreiben
Der Vorstand bat darum, Herrn Hunt ein Dankschreiben für seine langjährigen Verdienste um die Firma zu übersenden.

- **letterhead** *n* — **Briefkopf**

margin (justified ~) *n* — **Rand(ausgleich)**

offer *n* — **Angebot**

- **paragraph** *n*
What exactly are they saying in this ***paragraph***?

  Absatz, Abschnitt
  Was steht in diesem Abschnitt eigentlich genau drin?

position *n*
In a business letter the sender's **position** in the company follows the signature and name.

Stellung, Amtsbezeichnung
In einem Geschäftsbrief folgt die Stellung des Absenders im Unternehmen nach Unterschrift und Namen.

- **reminder** *n*

  Mahnung, Mahnschreiben

salutation *n*

Anrede

- **signature** *n*
The **signature** on this letter is indecipherable.

  Unterschrift
  Die Unterschrift unter diesem Brief ist nicht zu entziffern.

subject line *n*
The **subject line** is normally emboldened these days.

Betreffzeile
Heutzutage hebt man normalerweise die Betreffzeile durch Fettdruck hervor.

- **under separate cover** *adv*

  mit getrennter Post

5.3 Einleitung eines Geschäftsbriefes

- **concerning** *prep*
I am writing to you **concerning** order no. 8543 of 22nd March.

  betreffend, wegen
  Ich beziehe mich auf die Bestellung Nr. 8543 vom 2. März.

- **contact** *v/t*

  sich wenden an, Kontakt aufnehmen

- **follow up** *v/t*
I am **following up** this morning's telephone conversation with a letter, as agreed.

  fortsetzen, nachfassen, weiterverfolgen
  Wie vereinbart setze ich unser Telefongespräch von heute morgen brieflich fort.

- **following** *prep*
Following our meeting in London yesterday, I am writing to inform you …

  im Anschluss an, nach(folgend)
  Im Anschluss an unsere gestrige Besprechung in London möchte ich Ihnen mitteilen …

Einleitung eines Geschäftsbriefes

- **further to** *phrase*
  Further to your enquiry of 21 June I am pleased to enclose full details of our range of products.

  im Anschluss an, Bezug nehmend auf
  Bezug nehmend auf Ihre Anfrage vom 21. Juni, lege ich Ihnen nun umfangreiche Informationen über unserer Produktsortiment bei.

  in connection with *phrase*
  (→ **with reference to**)

  in Zusammenhang mit

- **interest** *n*
  I read with great **interest** your advertisement in the national press.

  Interesse
  Mit großem Interesse habe ich Ihre Anzeige in der nationalen Presse gelesen.

- **name** *n*
  Your **name** was given to us by the German Chamber of Commerce in London as a potential distributor for our goods.

  Name
  Die Deutsche Handelskammer in London gab uns Ihren Namen als möglichen Auslieferer für unsere Waren.

- **receipt (acknowledge ~ of)** *phrase*
  I am writing to **acknowledge receipt of** your letter of 17 March.

  Empfang bestätigen
  Hiermit bestätigen wir den Empfang Ihres Schreibens vom 17. März.

- **receipt (in ~ of)** *phrase*
  We are **in receipt of** your letter regarding delays in production.

  vorliegen, empfangen
  Uns liegt Ihr Brief bezüglich der Prokutionsverzögerung vor.

- **receive** *v/t*
  We have now **received** written confirmation of the contract agreed verbally last week.

  erhalten, empfangen
  Wir haben nun die schriftliche Bestätigung für den mündlich vereinbarten Vertrag von letzter Woche erhalten.

  recommendation *n*
  I am writing to you on the **recommendation** of our representative, James Ingram, who visited your stand at the National Exhibition Centre.

  Empfehlung
  Ich schreibe Ihnen auf Empfehlung unseres Repräsentanten, James Ingram, der Sie an Ihrem Stand im National Exhibition Centre besuchte.

- **reply** *v/t*

  beantworten

- **reply (in ~ to)** *phrase*
  In reply to your letter of 16 February I am pleased to confirm that I will be able to visit your headquarters in mid-June as intended.

  in Anwort auf, in Beantwortung
  In Beantwortung Ihres Schreibens vom 16. Februar freue ich mich, meinen Besuch in Ihrer Hauptverwaltung wie beabsichtigt für Mitte Juni bestätigen zu können.

- **request** *v/t*
  We wrote to you on 30 June to *request* a current price-list.

  (er)bitten, ersuchen um
  Wir schrieben Ihnen am 30. Juni mit der Bitte, uns eine gültige Preisliste zu übersenden.

- **study** *v/t*
  We have now had the opportunity to *study* in detail the offer made in your letter of 15 May.

  studieren, durcharbeiten, untersuchen
  Wir hatten jetzt Gelegenheit, Ihr Angebot vom 15. Mai im Detail zu studieren.

- **thank** *v/t*
  We *thank* you for your fax of 3 July.

  (be)danken
  Wir bedanken uns für Ihr Fax vom 3. Juli.

- **Thank you** *phrase*
  Thank you for your letter of 5 December.

  wir danken Ihnen
  Wir danken Ihnen für Ihren Brief vom 5. Dezember.

- **with reference to** *phrase*
  I am writing *with reference to* ...

  mit Bezug auf, Bezug nehmend auf
  Wir schreiben Ihnen mit Bezug auf ...

5.4 Probleme ausdrücken und lösen

- **accept** *v/t*
  We are unable to *accept* the goods because they have been damaged in transit.

  annehmen, akzeptieren
  Wir sehen uns leider außer Stande, die Waren anzunehmen, da sie unterwegs beschädigt wurden.

- **accept liability** *phrase*
  We would *accept liability* if it was clear that the fault lay with us.

  Haftung übernehmen, für Schaden aufkommen
  Wir würden für den Schaden aufkommen, wenn es erwiesen wäre, dass der Fehler bei uns liegt.

Probleme ausdrücken und lösen

- **appreciate** *v/t*
  While we ***appreciate*** the problems you have had with suppliers we feel we cannot wait any longer for the new stock to reach us.

  einsehen, verstehen, Verständnis haben
  Obgleich wir Verständnis für Ihre Probleme mit Zulieferfirmen haben, ist es uns leider nicht möglich, weiter auf die Bestände zu warten.

- **assure** *v/t*
  I ***assure*** you that the matter is being investigated both by ourselves and our distributor.

  versichern
  Ich kann Ihnen versichern, dass die Angelegenheit sowohl von uns selbst als auch von unserer Auslieferfirma untersucht wird.

- **attention** (to draw sth. to s.o.'s ~) *phrase*
  I feel I must draw this matter to your ***attention***.

  jdn auf etwas aufmerksam machen
  Ich glaube, ich muss Sie auf diesen Sachverhalt aufmerksam machen.

  attention (to escape s.o.'s ~) *phrase*
  It has not ***escaped our attention*** that your client has a history of involvement in industrial disputes.

  der Aufmerksamkeit entgehen
  Es ist unserer Aufmerksamkeit nicht entgangen, dass Ihr Klient schon lange Zeit an Tarifauseinandersetzungen beteiligt ist.

- **cancel** *v/t*
  We have little choice but to ***cancel*** the order.

  annullieren, absagen, canceln
  Es bleibt uns keine andere Wahl als den Auftrag zu annullieren.

  concern *n*
  We note with ***concern*** that our invoices of 3rd and 21st June remain unpaid.

  Besorgnis
  Wir stellen mit Besorgnis fest, dass unsere Rechnungen vom 3. und 21. Juni immer noch ausstehen.

- **correspondence** *n*
  I note from previous ***correspondence*** that this is not the first time a consignment has arrived incomplete.

  Korrespondenz
  Aus vorausgegangener Korrespondenz entnehme ich, dass dies nicht das erste Mal ist, dass eine Warensendung nicht komplett angekommen ist.

Probleme ausdrücken und lösen

- **disappointed** *pp*
We are extremely ***disappointed*** with the quality of manufacture.

  enttäuscht
Wir sind äußerst enttäuscht von der Herstellerqualität.

- **error** *n*
We have noticed an ***error*** in the invoice.

  Fehler, Irrtum
Wir haben einen Fehler in der Rechnung entdeckt.

  error (in ~) *adv*
The goods were sent to you ***in error***.

  aus Versehen, versehentlich, irrtümlicherweise,
Die Waren wurden Ihnen aus Versehen zugesandt.

  fail to respond *v/t*
You have ***failed to respond*** to our repeated attempts to contact you.

  nicht reagieren, nicht (be)antworten
Auf unser mehrfaches Bemühen, mit Ihnen in Kontakt zu treten, haben Sie nicht reagiert.

- **grateful** *adj*
We would be ***grateful*** for your views on this matter.

  dankbar
Für Ihre Stellungnahme in dieser Angelegenheit wären wir Ihnen sehr dankbar.

- **hear from** *v/t*
You will be ***hearing from*** our solicitors in due course.

  Nachricht erhalten
Sie werden von unserem Rechtsanwalt zu gegebener Zeit Nachricht erhalten.

  hold responsible *v/t*
We cannot be ***held responsible*** for delays caused by the blockade of ports.

  verantwortlich machen
Wir können nicht für die Verzögerungen verantwortlich gemacht werden, die durch die Blockade der Häfen verursacht wurde.

- **inconvenience** *n*
We apologise for any ***inconvenience*** we may have caused.

  Unannehmlichkeit
Wir bitten Sie, etwaige, durch uns verursachte Unannehmlichkeiten zu entschuldigen.

- **insist** *v/ti*
We must ***insist*** that all new switches comply with EU manufacturing and safety standards.

  bestehen auf
Wir müssen darauf bestehen, dass alle neuen Schalter den EU Herstellungs- und Sicherheitsnormen entsprechen.

Korrespondenz

Probleme ausdrücken und lösen

investigation n
We will contact you as soon as our **investigations** are complete.

Nachforschung, Erkundigung
Wir werden Sie verständigen, sobald unsere Nachforschungen abgeschlossen sind.

---

learn (to be pleased to ~) phrase
I am pleased to learn that an amicable solution has been reached.

wörtlich **erfreut zu erfahren**
Ich freue mich zu erfahren, dass eine einvernehmliche Lösung erreicht worden ist.

---

learn (to be sorry to ~) phrase
I am sorry to learn that in your opinion recourse to legal action seems unavoidable.

leider / zum Bedauern zur Kenntnis nehmen, leider erfahren
Zu meinem Bedauern muss ich zur Kenntnis nehmen, dass Sie das Beschreiten des Rechtsweges für unausweichlich halten.

---

make amends phrase
We are keen to **make amends** for the losses we have inadvertently caused you.

wiedergutmachen
Wir sind bestrebt, den Ihnen auf unachtsame Weise zugefügten Schaden wiedergutzumachen.

---

missing adj
The details of the **missing** order are as follows.

fehlend
Die Details der fehlenden Bestellung sind wie folgt.

---

mutually agreeable adj
We will do all we can to arrive at a **mutually agreeable** solution.

einvernehmlich, für beide Parteien annehmbar
Wir werden alles daransetzen, um zu einer einvernehmlichen Lösung zu gelangen.

---

obliged (be ~ to) phrase
Given your failure to respond to our final reminder we shall **be obliged to** instruct our solicitors to recover the debt.

verpflichtet, gehalten, gezwungen
Nach Ausbleiben einer Antwort auf unsere letzte Mahnung sehen wir uns gezwungen, unsern Rechtsanwalt mit der Einziehung der Schulden zu beauftragen.

Probleme ausdrücken und lösen

obliged (would be ~ to)
phrase
We **would be obliged to** receive a reply at your earliest convenience.

dankbar sein für
Wir wären Ihnen für eine möglichst baldige Antwort dankbar.

place in a difficult situation
phrase
Your failure to keep to the delivery date has **placed us in a difficult situation** with two of our major customers.

in Schwierigkeiten bringen, in schwierige Situation bringen
Ihre Lieferfristüberschreitung hat uns in Schwierigkeiten mit zwei unserer Hauptkunden gebracht.

point out *v/t*
We would like to **point out** that the goods were supplied within the period stipulated by you.

darauf hinweisen
Wir möchten darauf hinweisen, dass die Waren innerhalb der von Ihnen gesetzten Frist geliefert wurden.

position (to reserve one's ~)
phrase
We would like **to reserve our position** on this matter until the full facts are known.

Stellungnahme vorbehalten
Wir möchten unsere Stellungnahme in dieser Angelegenheit vorbehalten bis alle Einzelheiten bekannt sind.

position (to understand s.o.'s ~) *phrase*
I hope you will **understand the position** in which our company finds itself at present.

Lage verstehen, für die Lage Verständnis haben
Ich hoffe, Sie werden Verständnis haben für die Lage, in der sich unsere Firma zur Zeit befindet.

reconsider *v/t*
If you could make us an improved offer, we would be prepared to **reconsider** our position.

überdenken, überprüfen
Wenn Sie uns ein verbessertes Angebot vorlegen könnten, würden wir bereit sein, unsere Position zu überdenken.

refer to *v/t*
I have **referred** your complaint **to** our Despatch Department.

weiterleiten, verweisen, Bezug nehmen auf, sich beziehen auf
Ich habe Ihre Beschwerde an unseren Versand weitergeleitet.

regret *v/t*
We deeply **regret** any trouble we may have caused you.

bedauern
Wir bedauern jegliche Unannehmlichkeiten, die Ihnen unsertwegen entstanden sind.

Korrespondenz

Probleme ausdrücken und lösen

regrettably *adv* — **bedauerlicherweise**

remind *v/t* — **jdn an etwas erinnern**
I must **remind** you that the Act prohibits discrimination on any grounds.
Ich muss Sie daran erinnern, dass das Gesetz Diskriminierung aus jeglichen Gründen untersagt.

reply *n* — **Antwort, Beantwortung, Rückäußerung**
I note that I have not received a **reply** to my letter of the 13th inst.
Ich stelle fest, dass ich noch keine Antwort auf meinen Brief vom 13. dieses Monats erhalten habe.

response *n* — **Antwort, Erwiderung, Reaktion**
We have not had any **response** whatsoever to our latest offer.
Wir haben bisher überhaupt keine Reaktion auf unser letztes Angebot bekommen.

satisfied *adj* — **zufrieden**
If you are not entirely **satisfied** with the replacement part we will provide a full refund.
Sollten Sie mit dem ersetzten Teil nicht völlig zufrieden sein, erstatten wir Ihnen den gesamten Betrag zurück.

sorry (be ~) *v/ti* — **leid tun**
I **am sorry** to have to inform you that your application has been unsuccessful.
Es tut mir leid, Ihnen mitteilen zu müssen, dass Ihre Bewerbung nicht erfolgreich war.

stipulate *v/t* — **(vertraglich) festlegen, vereinbaren**
We supplied the garments in the colours and sizes you **stipulated**.
Wir haben Ihnen die Kleidung in den vereinbarten Farben und Größen geliefert.

take into account *v/t* — **berücksichtigen, in Betracht ziehen**
We are not convinced that all the factors determining liability have been **taken into account.**
Wir sind nicht davon überzeugt, dass alle Faktoren, die für die Haftbarkeit ausschlaggebend sind, berücksichtigt wurden.

understand v/t
I **understand** from our solicitor that you are accepting no liability whatsoever for the damaged goods.

erfahren, hören, verstehen
Ich erfahre von unserem Rechtsanwalt, dass Sie keinerlei Haftung für die beschädigten Waren übernehmen.

unjustified adj
In our view your complaint is **unjustified**.

ungerechtfertigt, unberechtigt, grundlos
Unserer Meinung nach ist Ihre Beschwerde ungerechtfertigt.

utmost (do one's ~) phrase
We will **do our utmost** to ensure that this incident does not repeat itself.

sein Äußerstes tun, sein Möglichstes tun
Wir werden unser Möglichstes tun, um eine Wiederholung dieses Vorfalls zu vermeiden.

viz. adv (abbrev Lat. videlicet)
We would be grateful if you would pay the difference between the price in our old catalogue and the current price, **viz.** £ 17.50.

nämlich
Wir wären Ihnen dankbar, wenn Sie die Differenz zwischen dem alten Katalogpreis und dem jetzt gültigen Preis entrichten würden, nämlich den Betrag von £ 17,50.

5.5 Auskünfte geben und einholen

approval n
We hope the 5% discount we are able to offer on bulk orders will meet with your **approval.**

Zustimmung, Billigung, Einverständnis
Wir hoffen, dass die 5% Mengenrabatt, die wir anbieten können, bei Ihnen auf Zustimmung stoßen wird.

attach v/t
A photocopy of the original is **attached** for information.

beilegen, beifügen, anfügen
Zu Ihrer Information lege ich eine Kopie des Originals bei.

aware adj
As you are probably **aware** the Data Protection Act prevents us from disclosing this kind of information to a third party.

bewußt
Wie Ihnen sicherlich bewußt, verbietet uns das Datenschutzgesetz, derartige Informationen an Dritte weiterzugeben.

consider v/t
The Board of Directors met this morning to **consider** your offer.

in Betracht ziehen, erwägen, prüfen
Der Vorstand ist heute Morgen zusammengekommen, um Ihr Angebot zu prüfen.

• enclose v/t
I am **enclosing** the latest edition of our technical manual as per your request.

beilegen, beifügen, mitschicken
Auf Wunsch lege ich Ihnen die neueste Ausgabe unseres technischen Handbuchs bei.

• enclosed (find ~) phrase
Please find **enclosed** a copy of our most recent catalogue.

anbei, in der Anlage, beiliegend
Anbei finden Sie ein Exemplar unseres neuesten Katalogs.

• details npl
We require further **details** of the machine's technical specifications.

Details, Einzelheiten
We benötigen weitere Details zu den technischen Daten der Maschine.

hereby adv
We **hereby** confirm that the goods were undamaged when they left our warehouse.

hiermit
Hiermit bestätigen wir die Unversehrtheit der Waren bei Verlassen unseres Lagers.

indicate v/t
Could you please **indicate** which models can be delivered from stock.

angeben, anzeigen, hinweisen auf
Können Sie uns bitte angeben, welche Modelle ab Lager lieferbar sind.

• in the circumstances phrase
unter den Umständen

in the event that phrase
für den Fall, dass

• inform v/t
Please **inform** us by return if you are unable to agree to any of the terms in the contract.

informieren
Bitte informieren Sie uns umgehend, wenn Sie irgendwelchen Bedingungen des Vertrages nicht zustimmen können.

Auskünfte geben und einholen

- **information** *n*
Please send us further ***information*** about your range of CAD products.

Information
Bitte schicken Sie uns weitere Informationen über ihre CAD Produktpalette.

- **notify** *v/t*
I am pleased to ***notify*** you that the product you ordered is now in stock.

benachrichtigen, mitteilen, verständigen
Es freut mich, Ihnen mitteilen zu können, dass das von Ihnen bestellte Produkt jetzt vorrätig ist.

particulars *npl*
Our finance department has requested further ***particulars*** of the invoice in question.

Einzelheiten, nähere Angaben, Details
Unsere Finanzabteilung hat um nähere Angaben der infrage stehenden Rechnung gebeten.

- **record** *n*
Our Customer Services Department can find no ***record*** of your having returned your guarantee registration to us.

Nachweis, Beleg, Eintrag
Unsere Kundenabteilung kann keinen Nachweis für die Rücksendung Ihrer Garantiekarte finden.

records (according to our ~) *phrase*
According to our records Arkwright and Jones ceased trading in 1995.

nach unseren Unterlagen
Nach unseren Unterlagen haben Arkwright und Jones 1995 das Geschäft aufgegeben.

- **regarding** *prep* (→ **with reference to**)

bezüglich, mit Bezug auf, betreffend

relations *npl*

(Geschäfts)Beziehungen

- **requirement** *n*
If you send us details of your exact ***requirements*** we will do our best to satisfy them.

Anforderung
Wenn Sie uns eine Liste Ihrer genauen Anforderungen schicken, werden wir unser Bestes tun, um diesen nachzukommen.

return *v/t*

retournieren, zurücksenden

specify v/t
Please **specify** which of the three models you require.

einzeln angeben, spezifizieren, aufführen, präzisieren
Bitte spezifizieren Sie, welche der drei Modelle Sie benötigen.

---

trust v/t
I **trust** that this proposal is agreeable to you.

vertrauen, hoffen, überzeugt sein
Ich hoffe, dieser Vorschlag trifft auf Ihre Zustimmung.

---

view n

Meinung, Ansicht

5.6 Abschluss eines Geschäftsbriefes

● **as soon as possible** adv (abbrev **asap**)
We would be grateful if you could clarify this matter **as soon as possible.**

so bald wie möglich
Wir wären Ihnen dankbar, wenn Sie diese Angelegenheit so bald wie möglich klären könnten.

---

assistance n
I hope I have been of some **assistance**.

Unterstützung, Hilfe(stellung)
Ich hoffe Ihnen mit dieser Auskunft gedient zu haben.

---

attention (to give sth. one's earliest ~) phrase
I should be grateful if you would **give** this matter your **earliest attention.**

sofortige Beachtung, baldmöglichste Aufmerksamkeit schenken
Ich wäre Ihnen dankbar, wenn Sie dieser Angelegenheit Ihre sofortige Beachtung schenken würden.

● **by return of post** phrase
Since time is of the essence we would ask you to sign the contract immediately and send it back **by return of post.**

umgehend, postwendend, sofort
Wegen der äußerst knappen Zeit würden wir Sie bitten, den Vertrag sofort zu unterschreiben und ihn umgehend zurückzusenden.

---

confidential (strictly ~) adj
Please treat this information as **strictly confidential.**

streng vertraulich
Bitte behandeln Sie diese Auskunft als streng vertraulich.

Abschluss eines Geschäftsbriefes

- **early reply** *n*
  An **early reply** would be appreciated.

  baldige Antwort
  Über eine baldige Antwort würde ich mich freuen.

- **hear** *v/t*
  I look forward to **hearing** from you shortly.

  hören
  Ich würde mich freuen, bald von Ihnen zu hören.

- **help** *n*
  Please let me know if I can be of any further **help.**

  Hilfe(stellung)
  Bitte lassen Sie mich wissen, falls ich Ihnen weiterhin behilflich sein kann.

- **hesitate** *v/t*
  Please do not **hesitate** to contact us if you require any further information.

  wörtl. **zögern**
  Bitte wenden Sie sich vertrauenswürdig an uns, wenn Sie weitere Information benötigen.

instructions (await further ~) *phrase*
We **await** your **further instructions.**

weitere Anweisungen erwarten
Wir erwarten weitere Anweisungen von Ihnen.

in advance *adv*
Thanking you **in advance**.

im Voraus
Ich danke Ihnen im Voraus.

- **in anticipation** *adv*
  Thanking you **in anticipation.**

  in Erwartung, im Voraus
  Im Voraus vielen Dank!

- **in due course** *adv*
  We appreciate that you cannot give an immediate response and look forward to hearing from you **in due course**.

  zu gegebener Zeit
  Wir haben Verständnis dafür, dass Sie keine unmittelbare Antwort geben können und freuen uns darauf, zu gegebener Zeit von Ihnen zu hören.

- **in the near future** *adv*

  in nächster Zeit, bald

- **let s.o. know** *v/t*
  Please **let us know** your decision as quickly as possible.

  jdn wissen lassen, mitteilen
  Bitte teilen Sie uns Ihre Entscheidung so bald wie möglich mit.

Korrespondenz

look forward v/t
We **look forward** to receiving further orders from you in the near future.

sich freuen
Wir würden uns freuen, in Zukunft weitere Aufträge von Ihnen zu erhalten.

prompt adj
The matter must be resolved quickly and I would therefore appreciate a **prompt** reply.

unverzüglich, prompt
Die Angelegeneheit muss rasch gelöst werden. Ich erwarte daher eine unverzügliche Antwort.

rest assured v/ti
You may **rest assured** that we will carry out your order to your full satisfaction.

versichert sein, sicher sein
Sie können versichert sein, dass wir Ihren Auftrag zu Ihrer vollsten Zufriedenheit ausführen werden.

5.7 Gebräuchliche Abkürzungen

approx. adj/adv **(approximate, ~ly)**	etwa, ungefähr
b.c.c. n **(blind carbon copies)**	verdeckte Kopie (verschickte Kopie ohne Wissen des Adressaten)
c.c. n **(carbon copies)**	Kopie
cont. pp **(continued)**	fortgesetzt, Fortsetzung (auf/von Seite ...)
cont. o/leaf phrase **(continued overleaf)**	Fortsetzung auf nächster Seite
e.g. phrase (Lat. **exempli gratia**)	zum Beispiel
Enc., Encl. n sing **(Enclosure)**	Anlage
Encs n pl **(Enclosures)**	Anlagen
Esq. n **(Esquire,** rare)	(Brief) entspricht etwa Hr./Hrn. (Herrn)

Gebräuchliche Abkürzungen

• **F.A.O.** *phrase* **(For the attention of)**	**zu Händen**
• **i.e.** *phrase* (*Lat.* **id est – that is)**	**das heißt**
inst. *adj* **(instant)**	**des/dieses Monats**
• **Messrs** *n pl*	***(Anrede in Anschrift an Personengesellschaft)*** etwa **Firma**
• **Miss** *n (not an abbreviation; used to designate an unmarried woman)*	**Frau (*früher* Frl.)**
• **Mr** *n* **(Mister,** *rare*)	**Herr(n)**
• **Mrs** *n (no unabbreviated form; used to designate a married woman)*	**Frau**
• **Ms** *n (not an abbreviation; used to designate both married and unmarried women)*	**Frau *(falls unklar ist, ob Adressatin verheiratet ist)***
• **o/leaf** *n* **(overleaf)**	**umseitig**
• **O/R, Our Ref.** *n* **(Our Reference)**	**unser Zeichen**
p., pp. *n* **(page, pages)**	**Seite(n)**
• **p.p.** *phrase* (*Lat.* **per procurationem, per pro)**	**im Auftrag (i.A.), in Vertretung (i.V.)**
• **P.T.O.** *phrase (GB)* **(Please Turn Over); over** *prep (US)*	**bitte wenden (b.w.)**
Re: *n* (*Lat.* **Res)**	***(Brief)* betrifft (Betr.), bezüglich, Bezug**
• **recd, rec'd** *v* **(received)**	**erhalten**

Korrespondenz

Fertigung und Fertigungsverfahren

- **ref.** *n* **(reference)** — *(Brief)* Betreff (Betr.), Bezug, betreffend

- **RSVP** *phrase* (*Fr.* **Répondez, s'il vous plaît**) — um Antwort wird gebeten (u.A.w.g.)

- **w.e.f.** *phrase* **(with effect from); effective as of** *phrase (US)* — mit Wirkung von, gültig ab

- **Y/R, Your Ref.** *n* **(Your Reference)** — Ihr Zeichen

6. Produktion

6.1 Fertigung und Fertigungsverfahren

accessories *npl* — Zubehör(teile)

- **assemble** *v/t* — montieren, zusammenbauen
TV sets are going to be **assembled** in our Nottingham plant from next year onwards.
Fernsehgeräte werden ab nächstem Jahr in unserem Werk in Nottingham zusammengebaut.

- **assembly-line** *n* — Fließband

batch production *n* — Serienfertigung, Sortenfertigung
Batch production refers to the production of a specified number of standardised items.
Serienfertigung bezieht sich auf die Produktion einer begrenzten Anzahl von standardisierten Einheiten.

built-in *adj* — eingebaut, Einbau-

charge *n* — Charge *(Füllmenge für einen Produktionsvorgang)*

chase production *n* — nachfrageorientierte Produktion

Fertigung und Fertigungsverfahren

- **component** *n*
  All **components** are thoroughly checked before they leave the factory.

  Bestandteil, Bauteil
  Alle Bestandteile werden vor Verlassen der Fabrik sorgfältig geprüft.

- **consumer durables** *npl*
  Consumer durables are often bought on hire purchase.

  langlebige Gebrauchsgüter, dauerhafte Produkte
  Langlebige Gebrauchsgüter werden oft auf Kredit gekauft.

- **conveyor-belt** *n*

  Fließband

  custom-built *adj*
  Most of our injection-mould machinery is sold with **custom-built** moulds.

  auf (Kunden)Wunsch (an)gefertigt
  Die meisten unserer Spritzgussmaschinen werden mit auf Wunsch gefertigten Gussformen verkauft.

- **designer** *n*

  Konstrukteur, Designer, Zeichner

  durable *adj*
  Consumers sometimes complain that white goods are not as **durable** as they used to be.

  beständig, haltbar, langlebig
  Manchmal beklagen sich Verbraucher darüber, dass Haushaltwaren nicht mehr so langlebig sind wie früher.

- **fault (mechanical ~)** *n*

  mechanischer Fehler

- **fault (technical ~)** *n*

  technischer Fehler

- **faulty** *adj*
  We are trying to establish whether the products were **faulty** when they left the factory or damaged in transit.

  fehlerhaft
  Wir versuchen gerade festzustellen, ob die Produkte bei Verlassen der Fabrik fehlerhaft waren oder auf dem Transport beschädigt wurden.

  flow diagram *n*

  Flussdiagramm

Produktion

Fertigung und Fertigungsverfahren

forecasting (production ~) n
The method adopted for **forecasting** depends on the availability of resources and the required degree of accuracy.

Voraussage, Prognose
Die gewählte Methode für die Prognose ist abhängig von den verfügbaren Geldmitteln und dem erforderlichen Genauigkeitsgrad.

- **install** v/t

  aufstellen, installieren, montieren

- **installation** n
  The **installation** of the network system is included in the purchase price.

  Anlage, Einrichtung, Installation, Montage
  Die Installation des Netzwerksystems ist im Kaufpreis einbegriffen.

- **item** n
  Please indicate the catalogue number for each **item** on the order form.

  Artikel, Einheit, Posten
  Bitte geben Sie auf dem Bestellformular die Katalognummer für jeden Artikel an.

just-in-time manufacturing (*abbrev* **JIT**)

Just-in-time-Produktion

large-scale production n

Massen-, Großserienfertigung

lead time n

Fertigungszeit

level production n
(→ **chase production**)

kontinuierliche Produktion

lot n
A **lot** is the number of items which can be produced without changing the machine set-up.

Los, Auflage, Serie
Ein Los ist die Mengeneinheit, die ohne Umrüsten der Maschinen produziert werden kann.

- **mass production** n
  In **mass-production** plants almost all machines are controlled by computer.

  Massenfertigung
  In Massenfertigungsbetrieben werden fast alle Maschinen durch Computer gesteuert.

method study n
We have used the **method study** to improve our productivity at the work-place.

Arbeitsablaufstudie
Wir haben Arbeitsablaufstudien benutzt, um die Produktivität am Arbeitsplatz zu verbessern.

Fertigung und Fertigungsverfahren

one-off production *n*
(→ **jobbing production**)

Einzelfertigung

operational *adj*

betriebsbereit, betriebsfähig, in Betrieb

outstrip *v/t*
Demand has by far **outstripped** our production capacity.

übertreffen, überflügeln
Die Nachfrage hat unsere Produktionskapazitäten bei weitem übertroffen.

patent *n*

Patent

patent *v/t*
The first step in getting an idea or a product **patented** is the patent search.

patentieren
Der erste Schritt zur Patentierung einer Idee oder eines Produktes ist die Patentsuche.

prefab *n, adj* **(prefabricated)**
They started building **prefab** houses in the sixties in this area.

vorgefertigt, in Fertigbauweise erstellt
Man hat in dieser Gegend in den sechziger Jahren begonnen, Fertighäuser zu bauen.

processing *adj*
Our new **processing** plant in Northumberland will be up and running by 1 November.

Verarbeitungs-, Herstellungs-
Unser neues Verarbeitungswerk wird ab 1. November den Betrieb aufnehmen.

produce *v/t*

herstellen, produzieren, fertigen

producer *n*
We are the leading **producer** of machine tools in the Midlands.

Hersteller(firma), Produzent, Fabrikant
Wir sind der führende Hersteller von Werkzeugmaschinen in den Midlands.

product *n*

Produkt, Ware, Erzeugnis, Fabrikat

product (by-~) *n*
The pocket calculator was a **by-product** of the space industry.

Neben-, Abfallprodukt
Der Taschenrechner war ein Abfallprodukt der Raumfahrtindustrie.

Produktion

Fertigung und Fertigungsverfahren

product (commercial~) n	gewerbliches Produkt, fabrikmäßig hergestelltes Produkt
product (first-class/first-rate ~) n	Spitzenprodukt, Spitzenerzeugnis
product (high-quality ~) n	Qualitätsartikel, Qualitätserzeugnis
product (high-volume ~) n After the merger the new company concentrated only on **high-volume products**.	gängiger Artikel, Produkt mit hohem Absatz, ‚Renner' Nach dem Zusammenschluss konzentrierte sich das neue Unternehmen nur auf Produkte mit hohem Absatz.
product (seasonal ~) n	Saisonartikel
product (tailor-made ~) n	Sonder-, Spezialanfertigung
product (~ design) n	Produktgestaltung, Produktentwurf
product (life-) cycle n In our line of industry a typical **product life-cycle** would be no longer than 2–3 years.	Produkt(lebens)zyklus In unserer Industriebranche dürfte ein typischer Lebenszyklus eines Produktes nicht länger als 2–3 Jahre betragen.
product line n	Artikel-, Produkt-, Warengruppe, Produktsortiment
product planning n	Produktplanung
product-mix n	Produkt-Mix
• **product range** n	Sortiment, Produktpalette
• **production** n	Produktion, Herstellung

Fertigung und Fertigungsverfahren

- **production engineer** *n*
  Production engineers, system engineers and designers are working in close co-operation on this project.

  Betriebs-, Fertigungs-, Planungsingenieur
  Fertigungsingenieure, Systemberater und Konstrukteure arbeiten in enger Zusammenarbeit an diesem Projekt.

- **production facilities** *npl*
  Our **production facilities** are not geared to this kind of large-scale production.

  Fertigungs-, Produktionsanlagen
  Unsere Fertigungsanlagen sind nicht für derartige Massenproduktion eingerichtet.

- **production flow (chart)** *n*
  The **production flow chart** shows all quality control points and departments responsible for them.

  Produktionsfluss(diagramm), Produktionsablauf(diagramm)
  Das Produktionsablaufdiagramm weist alle Qualitätskontrollpunkte und die dafür verantwortlichen Abteilungen auf.

- **production line** *n*

  Fließ-, Förder-, Montageband

- **production planning** *n*

  Produktionsplanung

- **production plant** *n*

  Fertigungs-, Produktionsanlage, Produktionsstätte

- **production run** *n*
  Our first **production run** of 15,000 was sold out within 3 months.

  (Fertigungs/Produktions)Serie, Stückzahl, Auflage
  Unsere erste Produktionsserie von 15000 Stück war innerhalb von 3 Monaten ausverkauft.

- **prototype** *n*

  Prototyp, Erstausführung

- **series** *n*

  (Bau)Reihe, Serie

- **set up** *v/t*
  The skilled labour required to **set up** the machines is highly paid.

  (Maschinen) aufstellen, einrichten
  Die zur Einrichtung der Maschinen benötigten Fachkenntnisse werden gut bezahlt.

- **spare (part)** *n*

  Ersatzteil

Produktion

specifications
(*colloq* **specs**) *npl*
Could you supply us with a copy of the **specs** for the SL32.

technische Daten, genaue Angaben
Könnten Sie uns eine Kopie der technischen Daten für die SL32 zugehen lassen.

---

system engineer *n*

Systemberater

• tailor-made *adj*
We can offer you CAD/CAM software **tailor-made** to your needs.

maßgeschneidert, zugeschnitten
Wir können Ihnen auf Ihre Bedürfnisse zugeschnittene CAD/CAM Software anbieten.

---

trial run *n*
Unfortunately your prototype didn't do very well in our **trial run**.

Probelauf
Leider hat Ihr Prototyp in unserem Probelauf nicht gut abgeschnitten.

---

work measurement *n*

Arbeitszeitstudie

---

work study *n*
Method study and work measurement form the basis of the **work study.**

Arbeitsstudie
Die Arbeitsablaufstudie und die Arbeitszeitstudie bilden die Grundlage für die Arbeitsstudie.

• workmanship *n*

Ausführung, Verarbeitung

6.2 Kosten

average costs *npl*
(→ **unit costs**)

Durchschnitts-, Stückkosten

---

break-even point *n*
We reached **break-even point** within 6 months.

Rentabilitätsgrenze, Ertrags-, Gewinnschwelle
Wir haben innerhalb von 6 Monaten die Rentabilitätsgrenze erreicht.

---

consequential costs *n*
Regular and systematic maintenance will reduce **consequential costs.**

Folgekosten
Regelmäßige und systematische Wartung führt zur Senkung der Folgekosten.

Kosten

cost (at a ~) *phrase*	**unter erheblichen Kosten**
cost(s) of production *n*	**Herstellungs-, Produktionskosten**

● **direct costs** *npl*
Direct costs are those which are exclusively attributable to the production of particular goods and services.

direkte, leistungsunabhängige Kosten
Direkte Kosten sind diejenigen, die ausschließlich auf die Produktion bestimmter Waren und Dienstleistungen zurückführbar sind.

● **economies of scale** *npl*
We may be able to realise *economies of scale* by increasing production without increasing costs to the same extent.

Kostendegression, Einsparung durch Massenproduktion
Wir wären vielleicht in der Lage, eine Kostendegression zu realisieren, indem wir die Produktion steigern, ohne die Kosten im gleichen Maße zu steigern.

● **fixed costs** *npl* — **fixe, feste, laufende Kosten**

incurred *adj*
The costs *incurred* through production losses make further redundancies unavoidable.

entstanden, verursacht
Die durch Produktionsausfälle verursachten Kosten machen weitere Entlassungen unvermeidlich.

● **labour cost(s)** *npl* — **Arbeits-, Lohn-, Personalkosten**

maintenance cost(s) *npl* — **Wartungskosten**

manufacturing costs *npl* — **Herstellungs-, Produktionskosten**

marginal cost(s) *npl* — **Grenzkosten, Mindest-, Marginalkosten**

● **overheads** *npl* — **Fest-, Fixkosten, laufende Kosten, allgemeine Betrieb(un)kosten**

Produktion

overtime rate *n*
In practice, most labour costs are fixed unless workers are being paid piece or **overtime rates.**

Überstunden(satz), ~betrag, ~tarif
In der Praxis sind die meisten Lohnkosten fixe Kosten, es sei denn, dass Arbeitnehmer Stücklohn oder Überstundentarife erhalten.

---

piece rate *n*

Akkord-, Stücklohn

---

product costing *n*

Stückkostenrechnung, ~kalkulation

---

production cost(s) *n*
Our **production cost** depends to a large extent on the prices of raw materials.

Produktionspreis, Herstellungspreis
Unser Herstellungspreis hängt zum großen Teil von den Rohstoffpreisen ab.

---

production cost accounting *n*

Fertigungskostenrechnung

---

profit *n*

Gewinn, Ertrag, Profit

---

profit margin *n*
We already operate with the narrowest of **profit margins**.

Gewinnspanne, Ertragsspanne
Wir operieren schon mit einer äußerst knappen Gewinnspanne.

---

re-cost *v/t*
All packs changed to hanging packs will have to be **re-costed**.

neu kalkulieren
Alle Packungen, die zu Hängepackungen umgewandelt wurden, müssen neu kalkuliert werden.

---

revenue *n*

Einkünfte, Einnnahmen

---

scrap *v/t*
The whole of the first production run had to be **scrapped** because of shoddy workmanship.

verschrotten, einstampfen, abschaffen
Die gesamte erste Produktionsserie musste wegen schlampiger Verarbeitung eingestampft werden.

setting-up costs, set-up costs *npl*
The production of a large range of different products involves high **setting-up costs**.

(Maschinen, Anlagen) **Aufstellungs-, Einrichtungskosten**
Die Herstellung eines großen Produktsortiments ist mit hohen Einrichtungskosten verbunden.

shelve *v/t*
Since the price of the new machinery proved to be prohibitive, we have **shelved** plans to increase the production level for the moment.

zurückstellen, auf Eis legen *(colloq)*
Da sich der Preis für die neuen Maschinen als unerschwinglich erwies, haben wir die Pläne für die Anhebung des Produktionsniveaus zunächst auf Eis gelegt.

• total cost(s) *n*
Total costs are the sum of fixed and variable costs.

Gesamtkosten
Die Gesamtkosten sind die Summe aus fixen und variablen Kosten.

• unit (production) cost(s) *n*
(→ **average costs**)

Stückkosten

• unit price *n*

Stückpreis, Preis pro Einheit

variable costs *npl*
Since most of our raw materials come from the States, the **variable costs** very much depend on exchange rates.

variable, veränderliche, leistungsabhängige Kosten
Da die meisten unserer Rohmaterialien aus den Staaten kommen, hängen die variablen Kosten stark von den Wechselkursen ab.

6.3 Fertigungsnormen und -kontrolle

British Standards Institute (BSI) *n*

britisches Normeninstitut

• check *v/t*
The product is **checked** at all critical stages.

(über)prüfen, kontrollieren, testen
Das Produkt wird in allen kritischen Phasen überprüft.

Fertigungsnormen und -kontrolle

● **comply with** v/t
All our toys **comply** with British safety standards.

entsprechen, erfüllen, einhalten
All unsere Spielzeuge entsprechen den britischen Sicherheitsnormen.

● **defective** adj
We have identified and replaced the **defective** component.

fehlerhaft, defekt
Wir haben das fehlerhafte Element identifiziert und ausgetauscht.

flawed adj
Almost 50 % of the consignment of textiles was **flawed** and had to be returned.

fehlerhaft, defekt, mangelhaft
Fast 50 % der gelieferten Textilien war fehlerhaft und musste zurückgeschickt werden.

● **inspect** v/t

begutachten, (über)prüfen

● **inspection** n
For certain products like drugs there are legal requirements which stipulate **inspection** at certain stages.

(Fertigungs)Kontrolle
Für gewisse Produkte wie Medikamente gibt es gesetzliche Vorschriften, die eine Kontrolle zu bestimmten Zeitpunkten festlegen.

● **kitemark** n (GB)

Qualitätszeichen, Gütesiegel

● **meet the requirements** phrase
The system **meets** EU **requirements** regarding safety standards and environmental protection.

Anforderungen entsprechen
Das System entspricht den europäischen Anforderungen der Sicherheitsnormen und des Umweltschutzes.

meticulous adj
Meticulous checks on our machine tools help us to anticipate when a product may go out of tolerance.

genauestens, übergenau, penibel
Genaueste Kontrollen unserer Werkzeugmaschinen helfen uns vorauszusehen, wann ein Produkt die (zulässige) Toleranz überschreitet.

● **monitor** v/t

(laufend) beobachten, überwachen

Fertigungsnormen und -kontrolle

● **monitoring** n
The **monitoring** of performance is a vital part of quality control.

(ständige) Überwachung, Kontrolle
Die ständige Leistungsüberwachung ist ein entscheidender Teil der Qualitätskontrolle.

product standard n

Warennorm

production control n

Produktionskontrolle, ~überwachung

production standard n

Produktionsnorm

prone to adj
Regularly serviced machines are less **prone to** break down.

anfällig (für)
Regelmäßig gewartete Maschinen sind weniger störanfällig.

quality n
(compare **product reliability**)
Quality usually refers to the attributes of a product at a given time.

Qualität, Güte
Qualität bezieht sich normalerweise auf die Eigenschaften eines Produktes zu einem gegebenen Zeitpunkt.

quality (poor ~) n

minderwertige, schlechte Qualität

quality (standard ~) n

durchschnittliche Qualität, Standardqualität

quality (third-class ~) n

dritte Wahl

quality (top ~, first-class ~, first-rate ~) n

Spitzenqualität, erste Wahl, erstklassige Qualität

● **quality assurance** n
Quality assurance involves the whole organisation in their/its attempt to produce first-class products.

Güte-, Qualitäts(zu)sicherung
Qualitätssicherung betrifft die gesamte Organisation in ihrem Bemühen, Produkte von erstklassiger Qualität herzustellen.

quality certificate n

Güte-, Qualitätssiegel

quality check n

Qualitätstest

Produktion

Fertigungsnormen und -kontrolle

quality circle n
Quality circles involve management, supervisors and employees aiming to identify and solve problems in the work place.

Qualitätszirkel
An Qualitätszirkeln beteiligen sich Geschäftsführung, Vorarbeiter und Arbeitnehmer mit dem Ziel, Probleme am Arbeitsplatz zu identifizieren und zu lösen.

---

quality conscious adj

qualitätsbewusst

• **quality control** n
Some buyers insist on independent *quality control.*

Qualitäts-, Abnahmekontrolle, Qualitätsüberwachung
Einige Einkäufer bestehen auf einer unabhängigen Qualitätskontrolle.

---

quality management n

Qualitätssicherung, ~überwachung

---

quality management (total ~) n (abbrev **TQM**)

totale Qualitätssicherung, ~überwachung

---

quality product n

Qualitätsprodukt

---

random adj

zufällig, stichprobenweise, Zufalls-

• **product reliability** n
Product reliability refers to the ability of a product to perform its function over a specified period of time.

Zuverlässigkeit, Verlässlichkeit eines Produktes
Zuverlässigkeit eines Produktes bezieht sich auf seine Fähigkeit, seine Funktion über einen festgelegten Zeitraum zu erfüllen.

• **sampling** n
All our meat products are regularly controlled by *sampling* during and after the production process.

Stichprobenentnahme, ~erhebung,
All unsere Fleischprodukte werden durch regelmäßige Stichprobenentnahme während und nach dem Produktionsprozess kontrolliert.

• **reject** v/t

zurückweisen, nicht annehmen

• **rejects** npl

(Fabrik) Ausschuss, defekte Waren

• **sample (check)** *n*	**Stichprobe**
• **service** *v/t*	**warten, in Stand halten, Inspektion durchführen**
• **standard** *n*	**Standard, Norm, Richtwert, Vorgabe**
standard (be up to ~) *phrase* The workmanship was simply not **up to standard**.	**den Anforderungen entsprechen** Die Verarbeitung entsprach einfach nicht den Anforderungen.
standardisation *n* Standardisation processes can assist in minimising production costs.	**Standardisierung** Standardisierungsprozesse können dabei helfen, die Produktionskosten zu minimieren.
standardised *adj*	**genormt, vereinheitlicht**
• **teething troubles** *npl colloq (GB)*; **bugs** *npl (US)*	**Kinderkrankheiten, Anfangs-, Anlaufschwierigkeiten**
• **wear and tear** *n* Your warranty expressly excludes items which are subject to normal **wear and tear**.	**(natürliche) Abnutzung, (normaler) Verschleiß** Ihre Garantie schließt ausdrücklich normale Verschleißteile aus.
• **warranty** *n*	**Garantie(schein), Garantievertrag**

6.4 Leistung und Produktivität

bottleneck *n*	fig **(Kapazitäts)Engpass, Stau**
• **bring to a halt** *phrase* A 24-hour stoppage by the workforce **brought** production **to a halt**.	**anhalten, zum Stillstand bringen** Eine 24 stündige Arbeitsniederlegung der Belegschaft brachte die Produktion zum Stillstand.

Leistung und Produktivität

capacity n
At full **capacity** our plant can produce 120 vehicles a day.

Kapazität, Auslastung
Bei voller Auslastung kann unser Werk täglich 120 Fahrzeuge herstellen.

---

diversification n

Diversifikation

---

division of labour n
The **division of labour** is the basis of a modern industrialised society.

Arbeitsteilung
Die Arbeitsteilung ist die Grundlage einer modernen Industriegesellschaft.

● **downtime** n
Downtime due to machine failure has been substantially reduced over the last year.

Ausfallzeit
Ausfallzeiten auf Grund von Maschinenstörungen sind im letzten Jahr erheblich reduziert worden.

● **efficiency** n
Efficiency ratios of less than 1.0 indicate that performance is below target.

Effizienz, Leistungsfähigkeit
Effizienzquoten von weniger als 1.0 weisen darauf hin, dass die Leistung unter dem Soll liegt.

● **efficient** adj

effizient, leistungsfähig

---

ergonomics npl
Ergonomics analyses employees' efficiency in their working environment.

Ergonomie, Arbeitswissenschaft
Die Ergonomie analysiert die Effizienz der Arbeitnehmer am Arbeitsplatz.

---

feasibility n
One of the main elements of a **feasibility** study is to find out whether there is a market potential for the product.

Durchführbarkeit, Realisierbarkeit
Eines der Hauptelemente einer Durchführbarkeitsstudie ist es, herauszufinden, ob es ein Marktpotential für das Produkt gibt.

● **feasible** adj

durchführbar, realisierbar, machbar

● **hold-up** n
The production *hold-up* was caused by a technical fault.

Betriebsstörung, Verzögerung
Die Betriebsstörung wurde durch einen technischen Fehler verursacht.

Leistung und Produktivität

- **idle** *adj*
  We cannot afford to allow our machines to be **idle** for any length of time.

  außer Betrieb, ungenutzt, untätig
  Wir können es uns nicht leisten, unsere Maschinen für längere Zeit ungenutzt zu lassen.

- **inefficient** *adj*

  leistungsschwach, ineffizient

- **innovative** *adj*

  innovativ

  job enrichment *n*
  Greater involvement in planning and quality control can be part of a **job enrichment** programme.

  Arbeitsanreicherung
  Eine größere Beteiligung an Planung und Qualitätskontrolle können Bestandteile eines Programms zur Arbeitsanreicherung sein.

  job rotation *n*

  Arbeitsplatzwechsel

- **on-site maintenance** *n*

  vor Ort Wartung, Instandhaltung

- **outsourcing** *n*
  Outsourcing is common in countries with high labour costs.

  Produktionsverlagerung (ins Ausland, an Subunternehmer)
  Produktionsverlagerung ist üblich in Ländern mit hohen Lohnkosten.

  overcapacity *n*

  Überkapazität

  overproduction *n*

  Überproduktion

  production (bring ~ to a standstill) *phrase*
  Production was **brought to a standstill** by a power cut.

  zum Stillstand bringen
  Die Produktion wurde durch Stromausfall zum Stillstand gebracht.

- **production (halt ~)** *phrase*

  (zeitweilig) stoppen, stilllegen

- **production (keep ~ going)** *phrase*

  Produktion aufrechterhalten

Produktion

Leistung und Produktivität

production (resume ~)
phrase
The coal mine was able to **resume production** only five days after the successful management buyout.

Produktion wiederaufnehmen
Nach dem erfolgreichen Management-Buyout konnte das Bergwerk bereits nach fünf Tagen die Produktion wiederaufnehmen.

- **production (~ management)** *n*

Produktionsleitung, Betriebsleitung

- **production (~ manager)** *n*

Produktionsleiter, Betriebsleiter

production resources *npl*
An order of this magnitude far exceeds our **production resources**.

Produktionsmöglichkeiten
Ein Auftrag dieser Größenordnung übertrifft bei weitem unsere Produktionsmöglichkeiten.

- **production shortfall** *n*

Produktionsausfall, Minderleistung

- **production target** *n*

Produktions-, Leistungsziel

production time *n*

Fertigungs-, Herstellungs-, Produktionszeit

- **productivity** *n*
All wage rises and salary increases are linked to increased **productivity** this year.

Produktivität
In diesem Jahr sind alle Lohn- und Gehaltserhöhungen an Produktivitätssteigerungen gebunden.

productivity bonus *n*

Produktivitäts-, Leistungsprämie

- **rationalisation** *n*

Rationalisierung

- **rationalise** *v/t*

rationalisieren

- **shelf-life** *n*
We have increased the **shelf-life** of our products by using state-of-the-art vacuum packs.

Haltbarkeit, Produktlebensdauer
Wir haben die Haltbarkeit unserer Produkte erhöht, indem wir Vakuum-Verpackungen benutzen, die auf dem neuesten Stand der Technik sind.

Leistung und Produktivität 211

- **state-of-the-art** *adj* — **auf dem neuesten Stand der Technik**

streamline *v/t* — **(durch)rationalisieren, modernisieren, straffen**
We had to **streamline** our production range after taking over JLK which had a similar line of products.
Nach der Übernahme von JLK mit einer ähnlichen Produktpalette mussten wir eine Straffung unseres Sortiments vornehmen.

- **suggestion scheme** *n* — **(betriebliches) Vorschlagswesen**
Our **suggestion scheme** significantly encouraged innovation in our company.
Unser betriebliches Vorschlagswesen hat die Innovation in unserem Unternehmen entscheidend gefördert.

supersede *v/t* — **ablösen, ersetzen, an die Stelle treten**

- **surplus** *adj* — **überschüssig, Überschuss-**
Surplus production had to be sold at a loss.
Die Überschussproduktion musste mit Verlust verkauft werden.

surplus *n* — **Überschuss**

switch *v/t* — ***(Produktion)* umstellen**
Following the bad publicity about alcopops we have **switched** production back to soft drinks.
Nach der schlechten Presse über Alcopops haben wir die Produktion wieder auf alkoholfreie Getränke umgestellt.

uneconomic *adj* — **unwirtschaftlich, unökonomisch**

volume of production *n* — **Fertigungsvolumen, Ausbringungsmenge**

- **working conditions** *npl* — **Arbeitsbedingungen**
We believe that by providing the best possible **working conditions** for our staff we are able to improve productivity.
Wir glauben, dass wir durch Schaffung der bestmöglichen Arbeitsbedingungen die Produktivität unserer Mitarbeiter steigern können.

- **working environment** *n* — **Arbeitsplatz, Arbeitsklima**

Produktion

6.5 Ökologische Faktoren

CFC free (chlorofluorocarbons) adj
We can assure you that all our products are **CFC free.**

ohne FCKW *(Fluorchlorkohlenwasserstoff)*
Wir können Ihnen versichern, dass all unsere Produkte ohne FCKW hergestellt werden.

---

biodegradable adj

biologisch abbaubar

---

contaminated adj
BSE **contaminated** food is thought to cause Kreuzfeld-Jacobs disease in humans.

verschmutzt, verseucht, infiziert
BSE verseuchte Nahrung soll beim Menschen die Kreuzfeld-Jakob Krankheit auslösen.

---

contamination n

Verschmutzung, Verseuchung

---

dumping n

(Schutt)Abladen, Verklappen *(See)*

---

emission n

Emission, Schadstoffausstoß

• **environmentally-friendly** adj
80% of the respondents stated that they were willing to pay up to 10% more for **environmentally-friendly** products.

umweltfreundlich
80% der Befragten gaben an, dass sie bis zu 10% mehr für umweltfreundliche Produkte zahlen würden.

---

environmental standards npl
Environmental standards are followed to the letter in our company.

Umweltschutzvorschriften, ~standard
Umweltschutzvorschriften werden in unserer Firma ganz genau befolgt.

'green' products n

‚grüne' Produkte, Produkte mit dem grünen Punkt

• **harmful** adj
None of our packaging materials is **harmful** to the environment.

(gesundheits)schädlich, (umwelt)belastend
Keine unserer Verpackungsmaterialien sind umweltbelastend.

Ökologische Faktoren

- **hazardous** *adj*
There are strict regulations on how to dispose of **hazardous** waste.

gefährlich, risikoreich
Über die Entsorgung von gefährlichen Abfallstoffen gibt es strenge Vorschriften.

modification *n*

Modifizierung, Abänderung

non-degradable *adj*

(biologisch) nicht abbaubar

ozone-friendly

ozonfreundlich

modify *v/t*

modifizieren, abändern

phase in/out *v/t*
Products which could be harmful to the environment have been **phased out**.

(schrittweise) einführen / abbauen, auslaufen lassen, absetzen
Produkte, die umweltschädlich sein könnten, haben wir abgesetzt.

Produktion

pollutant *n*

Schad-, Schmutzstoff

'polluter pays principle' *n*
The new government has indicated its support for the '**polluter pays principle**'.

Verursacherprinzip
Die neue Regierung hat ihre Unterstützung für das Verursacherprinzip angedeutet.

- **pollution** *n*

Umweltverschmutzung

pollution-conscious *adj*

umweltbewußt

purified *adj*

gereinigt, destilliert

purification *n*

Reinigung, Klärung

rechargeable *adj*
All remote controls are fitted with **rechargeable** batteries.

wiederaufladbar
Alle Fernbedienungen sind mit wiederaufladbaren Batterien ausgerüstet.

- **recyclable** *adj*
Almost 80 % of of the materials we use in our vehicles are **recyclable**.

recycelbar, wiederverwendbar, wiederaufbereitbar
Fast 80 % der in unseren Fahrzeugen verwendeten Materialien sind recycelbar.

214 Märkte und Marketing

- **recycle** v/t

  recyceln, wiederverwenden, wiederaufbereiten,

- **recycling** n
  A number of major packaging companies have invested in their own **recycling** plants.

  Recycling, Wiederverwendung Wiederaufbereitung
  Eine Reihe größerer Verpackungsunternehmen haben in eigene Wiederaufbereitungsanlagen investiert.

sewage n — **Abwasser**

sewage treatment n — **Abwasseraufbereitung**

- **toxic** adj
  The removal of **toxic** waste cannot be solved by incineration.

  giftig, Gift-
  Die Beseitigung von giftigen Abfallstoffen kann nicht durch Verbrennung gelöst werden.

waste management n
The CBI has published a set of new guidelines on **waste management.**

Entsorgung, Abfallbeseitigung
Der britsche Industrieverband hat neue Richtlinien zur Entsorgung veröffentlicht.

- **waste (industrial ~)** n — **Industrieabfall, Industriemüll**

7 Absatz und Marketing

7.1 Märkte und Marketing

attributes (customer ~) npl
What are the **attributes** of our **customers**?

(Kunden)Charakteristika, (Kunden)Kenndaten
Welche typischen Kenndaten haben unsere Kunden?

- **brand** v/t
  Branding goods may result in a higher purchase price but it also helps customers discriminate between products.

  Marke
  Die Markenkennzeichnung von Waren kann zu einem höheren Verkaufspreis führen, allerdings hilft sie dem Kunden auch dabei, Produkte zu unterscheiden.

Märkte und Marketing

• brand name *n*
The customer associates our **brand name** with high-quality, durable children's toys.

Markenname
Der Kunde assoziiert unseren Markennamen mit Kinderspielzeug von hoher Qualität und Haltbarkeit.

• buyer *n*
Käufer

cash cow *n*
We have a couple of **cash cows** which support loss-making parts of the company.

ertragsstarkes Produkt, Produkt mit hohem Marktanteil
Wir haben ein paar ertragsstarke Produkte, welche die mit Verlust arbeitenden Abteilungen des Unternehmens unterstützen.

• consumer *n*
Konsument, Verbraucher

consumer goods *npl*
Verbrauchsgüter, Konsumgüter

consumer-orientated *adj*
Marketing is **consumer-orientated** in that it seeks to identify what the consumer really wants.

verbraucherorientiert
Marketing ist insofern verbraucherorientiert, als es versucht, die tatsächlichen Verbraucherwünsche zu identifizieren.

consumption *n*
Konsum, Verbrauch

consumption pattern *n*
Consumption patterns often depend on gender.

Verbrauchergewohnheiten
Verbrauchergewohnheiten sind oft geschlechtsabhängig.

consumption (per-capita ~) *n*
Pro-Kopf-Verbrauch

contract *v*
The market for electronic typewriters has been **contracting** considerably over the last 3 years.

kontrahieren, schrumpfen
Der Markt für elektronische Schreibmaschinen ist in den letzten drei Jahren erheblich geschrumpft.

• customer *n*
Kunde, Kundin, Abnehmer

Absatz und Marketing

Märkte und Marketing

customer (alienate ~s) *phrase* There is evidence that our TV adverts are **alienating** potential **customers**.	**Kunden abstoßen, ~ vergraulen (umgs.)** Wir haben Beweismaterial dafür, dass unsere TV Spots potentielle Kunden abstoßen.
• **customer (attract ~s)** *phrase*	**Kunden anziehen, ~ gewinnen, ~ anwerben**
• **customer (potential ~, prospective ~)** *n* We must first identify who our **potential customers** are.	**potentieller Kunde, ~ Abnehmer, möglicher Interessent** Wir müssen zunächst unsere potentiellen Abnehmer identifizieren.
• **customer (regular ~)** *n*	**Stammkunde**
customer behaviour *n* **Customer behaviour** is influenced by a range of cultural, social, personal and psychological factors.	**Kundenverhalten** Das Kundenverhalten wird von einer Reihe von kulturellen, sozialen, persönlichen und psychologischen Faktoren beeinflusst.
customer list *n*	**Kundenkartei**
customer profile *n*	**Kundenprofil**
database marketing *n*	**Marketing mit Hilfe von Datenbanken**
• **diversify** *v/t* One option would be to **diversify** our range of products in order to increase sales.	**diversifizieren** Eine Option wäre es, unser Sortiment zu diversifizieren, um den Absatz zu steigern.
dog *n pej (US)* Our publishing Division used to make enormous profits but it has become something of a **dog** in recent years.	**Abteilung, Produkt mit niedrigem Marktanteil** Unsere Verlagsabteilung hat früher enorme Gewinne gemacht, aber sie hat sich in den letzten Jahren zu einer Abteilung mit niedrigem Marktanteil entwickelt.

Märkte und Marketing

generic product *n* Our supermarket sells ***generic products*** at very low prices.	**Waren ohne Markennamen, No-name Produkt** Unser Supermarkt verkauft No-name Produkte zu Niedrigpreisen.
• **launch a product** *v/t*	**ein Produkt auf den Markt bringen**
• **market** *n*	**Markt, Absatzbereich, Absatzgebiet**
• **market a product** *phrase* The ***product*** was ***marketed*** under a different name in Germany.	**Produkt vermarkten** Das Produkt wurde in Deutschland unter einem anderen Namen vermarktet.
market acceptance *n*	**Marktakzeptanz, Absatzfähigkeit**
market (consumer ~) *n* Consumer magazines such as *Which* influence the ***consumer market*** a great deal.	**Verbrauchs-, Konsumgütermarkt** Der Konsumgütermarkt wird stark von Verbrauchermagazinen wie z. B. *Which* beeinflusst.
market (highly competitive ~) *n*	**heiß umkämpfter Markt, wettbewerbsintensiver Markt**
market (industrial ~) *n*	**gewerblicher Markt, Investitionsgütermarkt**
market growth rate *n* Last year's ***market growth rate*** was very high, at 17.3%.	**Wachstumsrate des Marktes** Die Wachstumsrate des Marktes war letztes Jahr mit 17,3% sehr hoch.
• **market leader** *n*	**Marktführer**
market niche *n*	**Marktlücke**
market penetration *n* Our direct mail advertising will seek to achieve greater ***market penetration***.	**Durchdringung des Marktes** Mit unserer Postversandwerbung versuchen wir, eine größere Durchdringung des Marktes zu erreichen.

market positioning *n*
We are entering a well supplied market and we must get our **market positioning** right if we are to compete effectively within it.

Positionierung am Markt
Wir begeben uns auf einen gut beschickten Markt, und wir dürfen bei unserer Positionierung am Markt keine Fehler machen, wenn wir effektiv konkurrieren wollen.

market (price oneself out of the ~) *phrase*
Surprisingly, by raising their prices they managed to establish their product as a top brand rather than **pricing themselves out of the market**.

sich vom Markt ausschließen
Überraschenderweise haben sie es durch Preiserhöhung geschafft, ihr Produkt als eine Spitzenmarke zu etablieren, anstatt sich vom Markt auszuschließen.

• market share *n*
The company's profitability will undoubtedly rise if we can increase our **market share**.

Marktanteil
Die Rentabilität unseres Unternehmens wird zweifellos wachsen, wenn wir unseren Marktanteil steigern können.

• marketing *n*
Marketing

marketing concept *n*
Our **marketing concept** is to continue selling through agents while establishing our own subsidiary in Germany.

Marketingkonzept, Vertriebskonzept
Unser Vertriebskonzept besteht darin, dass wir weiterhin den Verkauf durch Handelsvertreter abwickeln, während wir gleichzeitig unsere eigene Tochterfirma in Deutschland gründen.

marketing mix *n*
Our **marketing mix** needs a promotional strategy which will convince the customers that they are getting the right product at the right price in the right place.

Marketing-Mix, Marketinginstrumentarium
Unser Marketing-Mix braucht eine Werbestrategie, die den Kunden davon überzeugt, dass er das richtige Produkt zum richtigen Preis am richtigen Ort bekommt.

Märkte und Marketing

marketing policy *n*
We need to decide whether or not to include 'green' concepts in our **marketing policy**.

Vertriebs-, Verkaufs-, Absatzpolitik
Wir müssen uns entscheiden, ob wir ökologische Konzepte in unsere Vertriebspolitik miteinbeziehen oder nicht.

marketing outlet *n*
Verkaufsstelle, Verkaufsstätte

mass marketing *n*
My view is that we should launch straight into **mass marketing** and produce our products at a price everyone can afford.

Vertrieb von Massenprodukten
Meiner Ansicht nach sollten wir gleich den Vertrieb von Massenprodukten in Angriff nehmen und unsere Produkte zu einem Preis herstellen, den sich jeder leisten kann.

niche market *n*
wörtl. **Nischenmarkt, hochspezialisierter Markt**

• price (cost ~) *n*
Einkaufspreis

• price (retail ~) *n*
Verkaufspreis

pricing strategy *n*
The company is attempting to wipe out competitors by means of a very aggressive **pricing strategy**.

Preisgestaltung, Preisstrategie
Das Unternehmen versucht durch aggressive Preisgestaltung seine Konkurrenten aus dem Feld zu räumen.

• sector (market ~) *n*
Marktsektor

segment *n*
The market for this particular product can be divided into 4 **segments**.

Absatzsegment, Marktsegment
Der Markt für dieses spezielle Produkt lässt sich in 4 Absatzsegmente unterteilen.

segmentation (demographic ~) *n*
Our **demographic segmentation** of the market distinguishes consumer groups on the basis of attributes such as age, gender, income, family status etc.

demographische Segmentierung
Unsere demographische Segmentierung des Marktes unterscheidet Verbrauchergruppen auf der Basis von Eigenschaften wie Alter, Geschlecht, Einkommen, Familienstand usw.

Märkte und Marketing

• **seller (big ~)** *n*	**Kassen-, Verkaufsschlager**

social class *n*
If we target a single ***social class*** we may unnecessarily restrict the size of the market.

soziale Schicht
Wenn wir auf eine bestimmte soziale Schicht abzielen, kann es sein, dass wir den Umfang des Marktes unnötigerweise beschränken.

---

socio-economic *adj*
Socio-economic groups can be defined according to their income.

sozioökonomisch
Sozioökonomische Gruppen lassen sich gemäß ihres Einkommens definieren.

• **spending power** *n*
With a luxury product such as this we need to target socio-economic groups with high ***spending power***.

Kaufkraft
Mit einem Luxusartikel wie diesem müssen wir auf sozio-ökonomische Gruppen mit hoher Kaufkraft abzielen.

---

target *v/t*
I believe we should ***target*** our marketing on the 25–44 year old professional and portray the product as a status symbol.

abzielen auf, abstellen auf, anvisieren, anpeilen
Ich denke, wir sollten unser Marketing auf die Gruppe der 25–44 jährigen Berufstätigen abstellen und das Produkt als Statussymbol darstellen.

• **target group** *n*	**Zielgruppe**

• **trademark** *n*
We have a legally protected ***trademark*** which we use on all our products.

(Handels)Marke, Warenzeichen, Herstellermarke
Wir haben ein rechtlich geschütztes Warenzeichen, mit dem wir all unsere Produkte kennzeichnen.

• **up-market** *adj, adv*
The company's latest acquisition clearly demonstrates its desire to move ***up-market***.

exklusiv, anspruchsvoll, gehoben
Mit ihrer jüngsten Akquisition demonstriert das Unternehmen deutlich seinen Wunsch, in den gehobenen Markt aufzusteigen.

7.2. Marktforschung

BARB *phrase* **(Broadcasters' Audience Research Board)**
BARB produces a weekly listing of the most popular TV programmes in the UK.

Britisches Medieninstitut, das Einschaltquoten der Zuschauer/Zuhörer erfasst
BARB erstellt wöchentlich eine Liste der beliebtesten Fernsehprogramme in Großbritannien.

---

business trends *npl*
Our **business trends** analysis monitors changes in the economic environment.

Geschäftstrends, -tendenzen
Bei unserer Analyse der Geschäftstrends überwachen wir laufend die Veränderungen in der Wirtschaftswelt.

● **competition** *n*
Can you find out what the **competition** is up to?

Konkurrenz(kampf), Wettbewerb
Können Sie herausfinden, was die Konkurrenz vorhat?

---

competitor *n*
Two of our main **competitors** have now pulled out of the East European market.

Konkurrent(in), Mitbewerber(in)
Zwei unserer Hauptkonkurrenten haben sich aus dem Osteuropa-Geschäft zurückgezogen.

● **competitive** *adj*
The telecom market has become a great deal more **competitive** since deregulation.

konkurrenzfähig, wettbewerbsfähig, umkämpft
Seit der Liberalisierung ist der Markt für Telekommunikation sehr viel härter umkämpft.

---

competing products *n*
We analyse **competing products** and competitors' strategies carefully in order to better position ourselves in the market.

Konkurrenzprodukte
Um unsere Position auf dem Markt zu verbessern, untersuchen wir Konkurrenzprodukte und die Strategien unserer Konkurrenten gründlich.

---

data (primary ~) *n*
We use specialist market research companies for **primary data** collection.

Primärdaten
Für die Zusammenstellung von Primärdaten beauftragen wir spezielle Marktforschungsinstitute.

Marktforschung

data (secondary ~) n
Secondary data consists of information compiled for other purposes which is already in the public domain.

Sekundärdaten
Sekundärdaten bestehen aus Informationen, die für andere Zwecke erstellt wurden und bereits der Öffentlichkeit zugänglich sind.

---

focus group n
The most interesting results came from a series of *focus groups* we videoed.

Diskussionsgruppe, Arbeitsgruppe
Die interessantesten Ergebnisse bekamen wir von einer Reihe von Diskussionsgruppen, die wir auf Video aufzeichneten.

---

forecasting n
Our market research includes elements of economic, industry and company sales *forecasting*.

Prognose, Voraussage
Unsere Marktforschung beinhaltet Wirtschafts-, Industrie- und Firmenprognosen.

● **interview** n

Befragung, Interview

---

interview (panel ~) n

Panelbefragung, Längsschnittbefragung

---

interviewing (computer-assisted telephone ~) n
(*abbrev* **CATI**)
The advantage of *CATI* is that data capture takes place at the same time as the interview.

etwa **computerunterstütztes Telefoninterview**
Der Vorteil von CATI besteht darin, dass die Datenerfassung zur gleichen Zeit wie das Interview stattfindet.

● **mailing list** n

Mailingliste, Anschriftenliste, Adressenliste

---

market characteristics npl

Marktstrukturen, Markteigenschaften

---

market share analysis n
Market share analysis tells us how well we are performing compared with our competitors.

Marktanteilanalysen
Analysen über Marktanteile zeigen, wie wir im Vergleich zu unseren Konkurrenten stehen.

Marktforschung

market testing n
All our new products are subjected to **market testing** to ascertain consumer response both to the product and to the way we plan to market it.

Verbrauchertest
Alle unsere neuen Produkte werden Verbrauchertests unterzogen, um die Reaktion der Konsumenten sowohl auf das Produkt, als auch auf unsere Vermarktungsstrategie zu testen.

---

occupation category n
Social grades based on **occupation category** are commonly used in marketing research.

Berufsgruppe, Erwerbsklasse
Soziale Einstufungen aufgrund der Berufsgruppe sind in der Marktforschung durchaus üblich.

---

question (closed ~) n
Closed questions only allow respondents to choose between pre-established answers.

geschlossene Frage
Bei geschlossenen Fragen können die Befragten nur zwischen vorgegebenen Antworten entscheiden.

---

question (multiple-choice ~) n

Multiple-Choice Frage

---

question (open-ended ~) n
Open-ended questions let the respondent answer freely, but they can be difficult to process.

offene Frage
Offene Fragen können zwar vom Befragten frei beantwortet werden, sind aber schwierig auszuwerten.

---

observation (participant ~) n
We often use **participant observation** to test customer services.

teilnehmende Beobachtung
Wir benutzen oft die teilnehmende Beobachtung, um Kundenbetreuung zu testen.

---

questionnaire n
Our researchers will complete the **questionnaire** as they interview people face-to-face.

Fragebogen, Questionnaire
Unsere Interviewer werden den Fragebogen ausfüllen, während sie die Interviews persönlich durchführen.

---

questionnaire (mail ~, postal ~) n
A drawback of **mail questionnaires** is that respondents often take a long time to complete them.

Briefumfragen, schriftliche Befragungen
Ein Nachteil von Briefumfragen ist, dass die Befragten sich oft mit dem Ausfüllen Zeit lassen.

Absatz und Marketing

Marktforschung

- **representative** *adj*
  The sample is **representative** of the target age groups.

  repräsentativ, stellvertretend
  Die Stichprobe ist repräsentativ für die anvisierte Altersgruppe.

research (advertising ~) *n*
We conduct **research** periodically into the effectiveness of our **advertising**.

Werbeforschung
Wir führen in bestimmten Zeitabständen Untersuchungen über die Effektivität unserer Werbung durch.

research (audience ~) *n*
Part of our **audience research** is carried out by asking representative sections of the population to fit a metering device to their television or radio.

Zuhörer-, Zuschauer-, Lesererhebung, ~forschung
Ein Teil unserer Zuschauer-/Zuhörererhebung wird durchgeführt, indem wir repräsentative Teile der Bevölkerung bitten, ihren Fernseher oder ihr Radio mit einem Messgerät zu versehen.

- **research (market ~)** *n*
  Market research aims to determine the nature and extent of demand for an existing or planned product.

  Marktforschung
  Die Marktforschung versucht, die Art und das Ausmaß der Nachfrage nach einem existierenden oder geplanten Produkt zu bestimmen.

research (motivation ~) *n*

Motivforschung

research (sales ~) *n*
Sales research should tell us where and why customers buy our products.

Absatz-, Verkaufsforschung
Verkaufsforschung soll uns Aufschluss darüber geben, wo und weshalb der Kunde unsere Produkte kauft.

research (desk ~) *n*
The compiling and analysis of secondary data can be achieved by **desk research** rather than going out into the field.

Sekundärforschung
Die Zusammenstellung und Analyse von Sekundärdaten kann eher durch Sekundärforschung als durch Feldforschung erreicht werden.

Marktforschung 225

research (panel ~) *n*
(→ **panel interview**)
Panel research is used to monitor the reactions of the same respondents over time.

Panelerhebung, Panelforschung
Die Panelerhebung wird benutzt, um die Reaktionen der gleichen Probanden über einen gewissen Zeitraum zu überprüfen.

---

research (primary ~) *n*
Primary research allows us to question consumers directly about specific products.

Primärforschung
Die Primärforschung ermöglicht es uns, Verbraucher direkt über bestimmte Produkte zu befragen.

---

research (product ~) *n*

Produktforschung

---

research (secondary ~) *n*
In the early stages of our ***research*** programme we normally search ***secondary*** sources such as government statistics or consumer group reports.

Sekundärforschung
Im Anfangsstadium unserer Forschung suchen wir normalerweise Quellen für Sekundärdaten, wie zum Beispiel Bundesstatistiken oder Verbraucheruntersuchungen.

---

research instruments *n*
The questionnaire is one of our favoured ***research instruments***.

Forschungsmethoden
Der Fragebogen ist eine unserer bevorzugten Forschungsmethoden.

---

respondent *n*
Respondents were chosen by random sample.

Proband(in), Befragte(r), Interviewte(r)
Die Probanden wurden durch Zufallsstichprobe ausgewählt.

● **response rate** *n*

Antwort-, Rücklaufquote, Rücklaufrate

---

sales performance *n*

Verkaufsleistung

---

sample *n*

Stichprobe, Erhebung

● **sample** *v/t*
We ***sampled*** the views of the general public about our company logo.

(Repräsentativ)Umfrage durchführen, Stichprobe (ent)nehmen
Wir haben eine Repräsentativumfrage in der Öffentlichkeit über unser neues Firmenlogo durchgeführt.

Absatz und Marketing

sample (quota ~) *n*
The **sample** needs to be divided into **quotas** which reflect the number of drinkers and non-drinkers in the population as a whole.

Quotenauswahl
Dieses Stichprobe muss in Quoten aufgeteilt werden, die die Anzahl der Trinker und Nicht-Trinker in der Gesamtbevölkerung repräsentieren.

sample (random ~) *n*

(Zufalls)Stichprobe

sample size *n*
The **sample size** has been set at 500 respondents.

Stichprobengröße
Die Stichprobengröße wurde auf 500 festgelegt.

semantic differential *n*
We use **semantic differential** to let respondents decide which of the paired opposites best describes the product.

Polaritätsprofil, Bedeutungsunterschied
Wir benutzen Polaritätsprofile, um Befragte durch Auswahl von Gegensatzpaaren entscheiden zu lassen, welche dieser Paare das Produkt am Besten beschreiben.

survey (postal ~) *n*

postalische Umfrage, briefliche Umfrage

7.3. Werbung

• account executive *n*

Kundenbetreuer(in), Kundenberater(in), Sachbearbeiter(in)

advertisement
(*abbrev, colloq* **ad**) *n*

Werbung, Anzeige

advertisement manager *n*
The ad agency will book media space directly from the **advertisement managers** of the newspapers and magazines in which the ad appears.

Werbeleiter, Leiter der Werbeabteilung
Die Werbeagentur bucht Platz für Anzeigen direkt vom Werbeleiter der Zeitungen und Magazine, in denen die Werbung erscheint.

• advertiser *n*

Inserent, Werbender

Werbung 227

• **advertising** *n* Cigarette ***advertising*** has been banned from television.	**Werbung, Reklame, Werbewesen** Zigarettenwerbung im Fernsehen ist verboten worden.
advertising (direct mail ~) *n*	**(Post)Wurfsendung, Direktwerbung**
advertising (exhibition ~) *n*	**Ausstellungswerbung**
advertising (internet ~) *n*	**Werbung im Internet, Internetwerbung**
advertising (media ~) *n* ***Media advertising*** costs depend on circulation or viewing figures.	**Werbung in Medien** Die Werbekosten in den Medien sind abhängig von der Auflage und den Einschaltquoten.
advertising (national ~, nationwide ~) *n*	**überregionale Werbung**
• **advertising (outdoor ~)** *n*	**Aussenwerbung**
• **advertising agency** *n* (*abbrev colloq* **ad agency**) Most advertisers are not big enough to employ an ***advertising agency.***	**Werbeagentur, Werbeberatung, Werbunternehmen** Viele werbende Firmen sind nicht groß genug, um eine Werbeagentur zu beauftragen.
advertising budget *n*	**(Werbe-)Etat**
advertising campaign *n*	**Werbekampagne**
advertising charges *npl*	**Anzeigengebühren**
advertising expenditure *n*	**Werbeaufwand, Werbe(un)kosten**
advertising gimmick *n* ***Advertising gimmicks*** don't seem to go down too well with our consumer.	**Werbegag** Werbegags scheinen bei unseren Verbrauchern nicht allzu gut anzukommen.

Absatz und Marketing

228 Werbung

- **advertising manager** *n*
The company's **advertising manager** has ultimate responsibility for picking the right agency for a given campaign.

Werbeleiter, Leiter der Werbeabteilung
Letztendlich ist es der Werbeleiter der Firma, der die Verantwortung hat, die richtige Werbeagentur für die gegebene Kampagne auszuwählen.

---

advertising rate *n*

Anzeigenpreis, ~tarif

---

advertising revenue *n*
The financial viability of large parts of the media is reliant on **advertising revenue**.

Werbeeinkünfte
Das finanzielle Überleben zahlreicher Medien ist von Einkünften aus der Werbung abhängig.

---

artwork *n*
The **artwork** is the most eye-catching part of the advertisement.

Werbegrafik, Illustration
Der auffälligste Teil der Werbung sind die Grafiken.

- **client** *n*
The advertising agency needs to liaise closely with the **client**.

Kunde, Auftraggeber
Die Werbeagentur muss eng mit dem Kunden zusammenarbeiten.

- **clientele** *n*

Kundenkreis, Klientel

- **copy** *n*
The **copy** complements the artwork by providing textual information.

Text
Der Text ergänzt die Grafiken mit textueller Information.

---

copywriter *n*
Our **copywriter** has come up with some interesting copy for this illustration.

Texter
Unserem Texter sind einige interessante Texte für diese Illustration eingefallen.

---

creative director *n*
Our **creative director** will deal with the artwork and copy for the posters as well as the scripting and filming of the TV advertisement.

Creative Director (CD)
Unser Creative Director wird sowohl die Illustrationen und Texte für die Poster, als auch das Script und die Verfilmung der Fernsehspots übernehmen.

mail shot n (GB); **direct mail** n (US)	(Post)Wurfsendung, Briefwerbung
media buyer n I think we can now authorise the **media buyer** to purchase the required air-time.	Streuplaner Ich denke, wir können nun den Streuplaner beauftragen, die benötigte Sendezeit zu buchen.
● **presentation** n The company will be seeing **presentations** from the 3 advertising agencies it has shortlisted for the campaign.	Präsentation Die Firma wird sich die Präsentationen der drei Werbeagenturen ansehen, die sie für die Kampagne in die engere Auswahl gezogen hat.
principal n Advertising agencies refer to the advertiser as the client or **principal**.	Auftraggeber Werbeagenturen nennen den Werber ‚Klient' oder ‚Auftraggeber'.
● **promote a product** phrase We will be **promoting** five new products at the London Trade Fair.	Produkt fördern, für Produkt werben Wir werden auf der Londoner Messe für fünf neue Produkte werben.
● **promotion** n	Werbung, Reklame, Verkaufsförderung, Promotion
● **promotion (sales ~)** n	Absatz-, Verkaufsförderung, Aktion, Promotion

7.4. Verbraucherschutz

advertising control n **Advertising control** is achieved through legislation, statutory regulation and self-regulation.	Werbeaufsicht, Werbeerfolgskontrolle Werbeaufsicht wird durch Gesetze, Satzungen und Selbstkontrolle geleistet.
advertising (competitive ~) n	vergleichende, konkurrierende Werbung
advertising (deceptive ~) n	irreführende, täuschende Werbung

230 Verbraucherschutz

advertising time *n*
The proportion of **advertising time** is restricted to 10% of all television broadcasting time.

Werbezeit, Sendezeit für Werbung
Der Anteil der Werbezeit ist auf 10% der gesamten Fernsehsendezeit beschränkt.

• Advertising Standards Authority *n* (*abbrev* **ASA**), *(GB)*
The **ASA** was established as an independent body by the advertising industry in 1962 as a step towards self-regulation.

britische Behörde zur Überwachung der Werbeethik
Als ein Schritt zur Selbstkontrolle wurde 1962 die ASA als unabhängige Körperschaft der Werbeindustrie gegründet.

Citizens Advice Bureau *n* (*abbrev* **CAB**), *(GB)*
You can obtain free legal advice from a **CAB**.

Verbraucherberatung(sstelle)
Sie können kostenlose Rechtshilfe der Verbraucherberatungsstelle einholen.

• code of practice *n*
The association's **code of practice** includes procedures for handling complaints from the public.

Richtlinien, Verhaltensnorm, Verhaltensregeln
Die Richtlinien des Verbandes beinhalten Verfahren zur Handhabung von Beschwerden aus der Öffentlichkeit.

---

consumer group *n*
CAMRA (Campaign for Real Ale) is an extremely popular **consumer group** in the UK.

Konsumenten-, Verbrauchergruppe
Die CAMRA (Kampagne für ‚Real Ale') ist eine äußerst beliebte Konsumentengruppe in Großbritannien.

• consumer protection *n*
Verbraucherschutz

---

consumerism *n*
Verbraucher(schutz)bewegung

Consumers' Association *n* (↪ **Which?**)
Verbraucherverband

• customer complaint *n*
We have not received a single **customer complaint** for three months.

Kundenbeschwerde
Wir haben seit drei Monaten keine einzige Kundenbeschwerde erhalten.

---

deceptive practice *n*
irreführende Praktiken

entitle v/t
If you have bought your software within the last 3 months you are **entitled** to a free upgrade of your operating system.

berechtigen, Recht haben auf
Wenn Sie Ihre Software innerhalb der letzten drei Monate erworben haben, haben Sie das Recht auf ein kostenloses Upgrade Ihres Betriebsssystems.

Fair Trading Act n
Gesetz gegen unlauteren Wettbewerb

fit for purpose phrase
The law requires that goods must be **fit for the purpose** for which they are intended.

tauglich, passend, geeignet (für den vorgesehen Verwendungszweck)
Es ist gesetzlich erforderlich, dass Waren für den vorgesehenen Verwendungszweck tauglich sein müssen.

forfeit the right to claim phrase
The company took the view that the customer had f**orfeited his right to claim** a refund.

(Garantie)Anspruch verlieren
Die Firma war der Ansicht, dass der Kunde seinen Anspruch auf Kostenerstattung verloren hatte.

guarantee n
Garantie

label n
Etikett, Aufkleber, Beschriftung

label v/t
We **label** all our foodstuffs in accordance with EU regulations.

beschriften, kennzeichnen
All unsere Lebensmittel werden gemäß EU Vorschriften gekennzeichnet.

legal restriction n
gesetzliche Beschränkung

merchantable adj
(→ **Sale of Goods Act**)

zum Verkauf geeignet, marktgängig

misleading adj
It is illegal to make **misleading** claims about a product.

irreführend
Es verstößt gegen das Gesetz, irreführende Behauptungen über ein Produkt zu machen.

Absatz und Marketing

Verbraucherschutz

Verbraucherschutz

Office of Fair Trading (*abbrev* **OFT**) *n*
The **OFT** is a government department whose brief is to protect buyers and sellers against unfair competition.

Wettbewerbsaufsichtsbehörde, Kartellamt
OFT ist eine Regierungsbehörde, deren Auftrag es ist, Käufer und Verkäufer gegen unlauteren Wettbewerb zu schützen.

- **refund** *v/t*

   (zurück)erstatten, zurückzahlen

- **refund** *n*

   (Rück)Erstattung, Rückzahlung

- **refundable** *adj*
   I am sorry, but goods on special offer are non-**refundable**.

   (rück)erstattungsfähig, rückzahlbar
   Es tut mir leid, aber Waren aus dem Sonderangebot können nicht rückerstattet werden.

- **replace** *v/t*

   ersetzen

Sale of Goods Act *n (GB)*
The **Sale of Goods Act** requires goods sold to be 'of merchantable quality'.

Warenverkaufsgesetz
Das Warenverkaufsgesetz verlangt, dass Waren zu einer ‚handelsüblichen Qualität' verkauft werden.

- **sell-by date** *n*
   The price of the foodstuffs had been reduced because they were approaching their **sell-by date**.

   (Mindest)Haltbarkeitsdatum, Ablaufdatum
   Der Preis der Lebensmittel war reduziert worden, weil das Haltbarkeitsdatum fast abgelaufen war.

trade association *n*
A number of **trade associations** such as ABTA, the Association of British Travel Agents, have been established to protect consumers' rights.

(Arbeitgeber-/Gewerbe-)Verband, Fachverband
Eine Reihe von Fachverbänden wie etwa der ABTA, der Reiseverband der britischen Reisebüros, sind zum Schutz der Verbraucherrechte gegründet worden.

unfair *adj*
The company was accused of **unfair** competition.

unfair, unlauter
Dem Unternehmen wurde unlauterer Wettbewerb vorgeworfen.

● **watchdog** *n*
Consumer, industry and government **watchdogs** investigate complaints about advertisements.

Kontroll-, Aufsichtsbehörde
Aufsichtsbehörden der Verbraucher, der Industrie und der Regierung prüfen Beschwerden über Werbung.

Which?
The Consumers' Association tests thousands of products and publishes its findings in **'Which?'** magazine.

Name eines britischen Verbauchermagazins
Der Verbraucherverband testet Tausende von Produkten und veröffentlicht seine Ergebnisse im Verbrauchermagazin ‚Which'.

7.5 Kredit und Ratenkauf

APR *n* **(Annual Percentage Rate)**
The bank's interest rate on credit card purchases is 1.13% (variable) equivalent to a 14.4% **APR**.

Jahreszins(satz), jährliche Belastung
Der Zinssatz der Bank beim Kauf mit Kreditkarte beträgt 1,13% (variabel), was einem Jahrezins von 14,4% entspricht.

budget account *n*
Major retailers offer customers **budget accounts** as a form of continuing credit.

Kunden(kredit)konto
Größere Einzelhandelsgeschäfte bieten ihren Kunden ein Kreditkonto als eine Form fortlaufenden Kredits an.

buy on the never never
phrase, colloq. (→ **on credit**)

abstottern, auf Raten kaufen

charge card *n*
(→ **store card**)
The account of a **charge card** must be settled at the end of a month.

(Einkaufs-/, Kaufhaus-/ Kunden)Kreditkarte
Das Konto einer Kundenkreditkarte muss am Ende eines Monats beglichen werden.

● **credit** *n*

Kredit, Kreditwürdigkeit

Kredit und Ratenkauf

- **credit (interest free ~)** *n*
  The company is intending to offer **interest free credit** on all its furniture in an effort to bolster demand.

  zinsfreier Kredit
  In seinem Bemühen, die Nachfrage zu stärken, beabsichtigt das Unternehmen, einen zinsfreien Kredit bei allen Möbelkäufen anzubieten.

  credit insurance *n*
  We strongly advise you to take out **credit insurance** in case you are unable to continue with your repayments due to unforeseen circumstances.

  Kredit-, Darlehensversicherung
  Wir raten Ihnen dringend zum Abschluss einer Darlehensversicherung, falls Sie aus unvorhersehbaren Gründen Ihre Rückzahlungen nicht fortsetzen können.

- **credit rating** *n*
  We will first need to check Mr Thomson's **credit rating** before agreeing the loan.

  Kreditrahmen, Kredit(ober)grenze
  Wir müssen zuerst Herrn Thomsons Kreditrahmen überprüfen, bevor wir ein Darlehen vereinbaren.

- **credit sale** *n*
  Car dealers frequently offer **credit sales** based on their own finance schemes.

  Kreditkauf, Ratenkauf
  Autohändler bieten häufig Kreditkäufe an, die auf ihrer Eigenfinanzierung basieren.

- **credit scheme** *n*
  We offer customers various **credit schemes** which enable them to purchase our vehicles without paying a deposit.

  Finanzierungsplan, ~möglichkeit
  Wir bieten unseren Kunden verschiedene Finanzierungsmöglichkeiten an, die es ihnen erlauben, unsere Fahrzeuge ohne Anzahlung zu erwerben.

- **debt** *n*

  Schuld, Verschuldung

  debt (accumulate ~s) *phrase*
  It is easy to **accumulate debts** when you use a number of different credit cards.

  Schulden auflaufen lassen
  Es ist leicht, Schulden auflaufen zu lassen, wenn man eine Reihe verschiedener Kreditkarten benutzt.

debt (clear ~s) *phrase*
I'm afraid you're not eligible for a further loan unless you have **cleared** your outstanding **debts**.

Schulden begleichen
Sie sind leider nicht berechtigt, ein weiteres Darlehen aufzunehmen, bevor Sie Ihre ausstehenden Schulden beglichen haben.

debt (oustanding ~s) *n*
If you are applying for credit you will need to inform the company of any **outstanding debts**.

ausstehende Schulden, ~ Forderungen, Außenstände
Wenn Sie einen Kredit beantragen, müssen Sie die Firma über jegliche Außenstände informieren.

debt (service a ~) *phrase*
When he lost his job he was unable to **service his debt**.

Schulden begleichen, Zins- und Tilgungszahlungen nachkommen
Als er arbeitslos wurde, konnte er seine Schulden für sein Darlehen nicht mehr begleichen.

● deposit *n*
The car will be supplied once your **deposit** has been received and will become yours once the final payment has been made.

Anzahlung(ssumme), erste Rate, Sicherheit
Das Fahrzeug wird geliefert, sobald Ihre Anzahlung eingegangen ist und geht in Ihren Besitz über, wenn die letzte Zahlung erfolgt ist.

● finance (on ~) *adv*
(→ **on credit**)

auf Kredit

● HP *n* (Hire Purchase)
HP schemes are generally operated by specialist finance houses rather than by retailers.

Kredit-, Raten-, Teilzahlungskauf
Die Abwicklung von Kreditzahlungskäufen wird im Allgemeinen von speziellen Finanzinstituten durchgeführt und nicht vom Einzelhandel.

● in arrears *adv*
I am sorry to inform you that your payments are two months **in arrears**.

rückständig, überfällig
Es tut mir leid, Ihnen mitteilen zu müssen, dass Sie mit Ihren Zahlungen zwei Monate im Rückstand sind.

Kredit und Ratenkauf

- **instalment** *n*   **Raten-, Teil-, Abschlagszahlung**

- **instalments (by ~)** *advb*   **auf Raten, ratenweise**
  You may pay your electricity bill quarterly or by monthly **instalments**.
  Sie können Ihre Stromrechnung vierteljährlich oder in monatlichen Raten bezahlen.

- **interest charge** *n*   **Zinskosten, Zinsbelastung**
  Interest charges vary considerably from one lender to another.
  Die Zinskosten variieren beträchtlich von Kreditinstitut zu Kreditinstitut.

- **loan** *n*   **Darlehen, Kredit, Anleihe**

  loan (secured ~) *n*   **gedeckter, (ab)gesicherter Kredit**
  The **loan** was **secured** against the client's house, which is his principal asset.
  Der Kredit wurde gegen das Haus des Klienten, seinen Hauptvermögenswert, gesichert.

- **loan (personal ~)** *n*   **Personal-, Privatkredit**
  Our client purchased the car using a **personal loan** from his bank.
  Unser Klient erwarb das Fahrzeug mit einem Privatkredit seiner Bank.

- **loan (take out a ~)** *phrase*   **Darlehen aufnehmen**
  The customer **took out a loan** of £ 9.000 to buy a one year old car.
  Der Kunde nahm ein Darlehen über £ 9000 auf, um einen Jahreswagen zu kaufen.

  loan agreement *n*   **Kredit-, Darlehensvertrag**
  Please take some time to read the small print on the back of the **loan agreement** form before you sign.
  Bevor Sie unterschreiben, nehmen Sie sich bitte Zeit, um das Kleingedruckte auf der Rückseite des Darlehensvertrags zu lesen.

  loan period *n*   **Laufzeit eines Kredits**
  The **loan period** would be from 1 to 5 years depending on the size of the repayments.
  Die Laufzeit des Kredits beträgt zwischen 1 bis 5 Jahren, je nach Höhe der Rückzahlungen.

  on credit (buy ~) *phrase*   **auf Kredit kaufen**
  All goods were bought **on credit**.
  Alle Waren wurden auf Kredit gekauft.

- **purchasing power** *n*
  We need to look more closely at those market segments which have gained in **purchasing power** since the tax reform.

  Kaufkraft
  Wir müssen uns diejenigen Marktsegmente näher anschauen, die seit der Steuerreform an Kaufkraft gewonnen haben.

- **rate of interest** *n*
  The **rate of interest** on a 36 month loan is 15.9% p.a.

  Zinssatz, Zinsrate
  Der Jahreszinssatz bei einem Darlehen über 36 Monate beträgt 15,9%.

- **repayment** *n*
  Repayments can be made monthly by standing order or direct debit.

  Ablösung, Tilgung, Rückzahlung
  Die Ablösung kann monatlich entweder durch Dauerauftrag oder im Einzugsverfahren geleistet werden.

repossession *n*
The rate of **repossession** on cars bought on H.P. is relatively high.

Wiederinbesitznahme
Die Quote/Rate der Wiederinbesitznahmen bei Autos, die auf Kredit gekauft wurden, ist relativ hoch.

spread *v/t*
Repayments can be **spread** over a fixed term ranging from one to ten years.

verteilen
Die Rückzahlungen können auf einen festgelegten Zeitraum zwischen ein bis zehn Jahren verteilt werden.

- **store card** *n*
  (→ **charge card**)

  (Kunden)Kreditkarte

7.6 Messen und Ausstellungen

area (open ~) *n*	**Freifläche, nicht überdachte Fläche**
area (covered ~) *n*	**bedeckte Fläche, überdachte Fläche**
● **attend a fair** *phrase*	**Messe besuchen**

Messen und Ausstellungen

available for rent *phrase*
Basic stands are **available for rent** at £ 850 per day.

zu vermieten
Reihenstände sind ab £ 850 pro Tag zu vermieten.

booking arrangements *n*

Buchungsmodalitäten

• **display** *n*
The standard **display** can be assembled or dismantled in minutes.

Auslage, Ausstellung, Display
Die Standardausstellung kann in Minuten auf- und abgebaut werden.

display material *n*
The **display material** consists of posters, photographs and texts.

Ausstellungsmaterial
Das Ausstellungsmaterial besteht aus Postern, Fotografien und Texten.

• **exhibit** *v/t*
Exhibition space is both limited and expensive; so we need to decide which products we want to **exhibit** at the Fair.

ausstellen
Die Ausstellungsfläche ist begrenzt und teuer; daher müssen wir uns überlegen, welche Produkte wir auf der Messe ausstellen wollen.

• **exhibition** *n (UK)*,
exposition *n (US)*
Our new product range will be presented at all major trade **exhibitions**.

Ausstellung
Unser neues Produktsortiment wird auf allen größeren Fachausstellungen präsentiert werden.

exhibition grounds *n*

Ausstellungs-, Messegelände

exhibition space *n*

Messefläche

• **exhibitor** *n*

Aussteller, Messeteilnehmer

fair (specialist trade ~) *n*
We regularly organise **specialist trade fairs** for a single industry or special consumer group.

Fachmesse, Fachausstellung
Wir veranstalten regelmäßig Fachmessen für eine einzelne Industriebranche oder eine spezielle Verbrauchergruppe.

Messen und Ausstellungen

fair participation n The expenditure of the UK economy on **fair participations** was around £ 850 million last year.	**Messeteilnahme** Die Ausgaben der britischen Wirtschaft für Messeteilnahmen beliefen sich im vergangenen Jahr auf ca. £ 850 Millionen.
• **hall (exhibition ~)** n	**Messehalle**
hall capacity n	**Hallenkapazität**
• **press room** n	**Presseraum**
• **promotional literature** n **Promotional literature** is available at our stand.	**Werbematerial, Werbebroschüre** Werbematerial ist an unserem Stand erhältlich.
• **promotional video** n	**Werbefilm, Promotion Video**
rental cost n	**Standmiete**
• **show** n I shall be attending the Motor **Show** as usual this year.	**Ausstellung, Messe** Ich besuche wie gewöhnlich die diesjährige Automobilausstellung.
• **stand** n	**(Messe)Stand**
• **trade fair** n London's lack of expandable exhibition space has impeded its development as a major **trade fair** centre.	**Messe** Der Mangel an expandierbarem Messegelände hat London daran gehindert, sich zu einem wichtigen Messezentrum zu entwickeln.
• **visitor** n	**Besucher(in)**

Absatz und Marketing

8 Vertrieb und Verkauf

8.1 Lagerhaltung und -kontrolle

• **dispatch** n also **despatch**	Versand(abwicklung)
• **dispatch** v/t	abschicken, absenden, versenden
• **dispatch (ready for ~)** phrase The goods are now **ready for dispatch** and should be with you within 3–4 days.	versandtbereit Die Waren sind jetzt versandbereit und dürften in 3–4 Tagen bei Ihnen ankommen.
• **dispatch documents** npl	Versandpapiere
forklift truck n	Gabelstapler
• **handling** n	Beförderung, Umladen, Ladetätigkeit
• **incoming** adj All **incoming** goods need to be checked against the accompanying delivery notes.	eingehend Alle eingehenden Waren müssen anhand der beigefügten Lieferscheine überprüft werden.
• **item number** n	Artikelnummer
itemise v/t	(einzeln) aufführen, auflisten
• **inventory** n	Inventar(liste), Lagerbestand, (Waren)Bestandsaufnahme
• **inventory (draw up an ~)** phrase Could you **draw up an inventory** to ascertain stock levels, please.	Inventarliste erstellen, Inventur machen Können Sie bitte eine Inventarliste erstellen, um den Lagerbestand zu ermitteln.
lead time n	Lieferzeit
• **merchandise** n	Waren(vorräte), Handelsgüter, Bestände

Lagerhaltung und -kontrolle

merchandise *v/t*
Before Christmas many stores will boldly **merchandise**, i.e. rather overstock than understock.

Warenvorräte anlegen, Waren einkaufen
Vor Weihnachten legen viele Geschäfte kräftig Warenvorräte an, d. h. sie halten eher zuviel als zu wenig auf Lager.

- **order processing** *n* — **Auftragsbearbeitung**

- **outgoing** *adj* — **abgehend, versandt(bereit)**

- **re-order** *v/t*
Given a lead time of 2 weeks we shall have to **re-order** 200 units by the end of this week.

nachbestellen, neu bestellen
Bei einer Lieferzeit von 2 Wochen werden wir bis Ende der Woche 200 Stück nachbestellen müssen.

replenish *v/t* — **(wieder)auffüllen, ersetzen**

run low *v/t*
Our stocks of frozen goods are **running low** and will need to be replenished from our depot as soon as possible.

(allmählich) ausgehen, zu Ende gehen
Unsere Gefriergüterbestände gehen allmählich zu Ende und werden so bald wie möglich aus unserem Depot aufgefüllt werden müssen.

- **run out** *v/t*
I'm sorry, but this was our last consignment; we've **run out** of spare parts for this model.

ausgehen, knapp werden
Tut mir leid, aber das war unsere letzte Lieferung, uns sind die Ersatzteile für dieses Modell ausgegangen.

- **stock** *n*
Our computers take **stock** permanently now, so we no longer have to fret over the end-of-year inventory.

(Waren)Bestand, Lagerbestand, Vorrat
Unsere Computer führen eine laufende Bestandsaufnahme durch, so dass wir uns keine Sorgen mehr über die Inventur zum Jahresende zu machen brauchen.

- **stock (in ~)** *adv*
If our main warehouse has the item **in stock**, we can garantee delivery within 48 hours.

auf Lager, vorrätig
Wenn unser Hauptlager den Artikel vorrätig hat, können wir Ihnen die Lieferung innerhalb der nächsten zwei Tage garantieren.

Vertrieb und Verkauf

Lagerhaltung und -kontrolle

● **stock (out of ~)** *adv*	**nicht auf Lager, nicht vorrätig, vergriffen**
stock-out *adj*	**Fehlbestand**
● **stock control** *n*	**Lager(bestands)kontrolle**
● **stock level** *n* With such low **stock levels** we run the risk of not being able to supply our customers at short notice.	**Lagerbestand, Lagerumfang** Bei so geringen Lagerbeständen gehen wir das Risiko ein, dass wir unsere Kunden nicht kurzfristig beliefern können.
stock reduction *n* **Stock reduction** is an essential feature of JIT management.	**Lagerabbau** Lagerabbau ist ein wesentliches Merkmal des ‚Just-in-time'-Managements.
● **stock turnover** *n*	**Lagerhausumsatz, Umschlagsgeschwindigkeit**
stock-in-trade *n*	**(Waren)Bestand, Warenvorrat**
stockpile *v/t* There is no need for **stockpiling** large amounts of goods as long as suppliers are able to guarantee fixed lead times.	**Vorräte anlegen, ~ halten, ~ aufstocken** Es ist nicht nötig, große Warenvorräte anzulegen, solange die Zulieferer feste Beschaffungszeiten garantieren können.
● **stocktaking** *n*	**Inventar-, (Waren)Bestandsaufnahme**
stocktaking (continuous ~) *n*	**permanente Inventur-, laufende Bestandsaufnahme**
● **storage** *n*	**Lagerung, Lagerhaltung**
storage area *n*	**Lagerfläche**
storage capacity *n*	**Lagerkapazität**

Groß- und Einzelhandel

storage charges *n*
The **storage charges** of London warehouses have tripled in the last five years.

Lagergebühren, Lagerspesen
Die Lagergebühren der Londoner Warendepots haben sich in den letzten fünf Jahren verdreifacht.

● **warehouse** *n*
Although this **warehouse** was only built two years ago it has already reached its storage capacity.

(Waren)Lager, Lagerhalle, Warendepot
Obwohl dieses Warenlager erst vor zwei Jahren gebaut wurde, hat es bereits seine Lagerkapazität erreicht.

warehousing costs *npl*

Lagerkosten

8.2 Groß- und Einzelhandel

● **cash and carry** *n*

Großverbrauchermarkt
(für den Einzelhandel)

● **central buying** *n*
Central buying helps multiples to keep their costs down.

zentraler Einkauf
Zentraler Einkauf hilft den Kettenunternehmen, ihre Kosten möglichst gering zu halten.

● **chain** *n* (➤ **multiple chain store**)

Kette(nunternehmen), Filialgeschäft

commodity *n*
Many **commodities** are only supplied via specialist wholesalers and commodity markets.

Ware, Erzeugnis, Produkt
Viele Waren sind nur über den Spezialgroßhandel und Rohstoffmärkte lieferbar.

● **counter (service)** *n*

(Bedienung an der) Theke

● **dealer** *n*

Händler, Makler, Effektenhändler

● **department store** *n*
Many **department stores** were built before the age of mass motoring and so do not carry sufficient parking facilities.

Kaufhaus
Viele Kaufhäuser wurden vor dem Zeitalter der Massenmotorisierung gebaut und bieten daher keine ausreichenden Parkmöglichkeiten.

244 Groß- und Einzelhandel

discount store *n*	**Discountladen**
hypermarket *n*	**Verbraucher(groß)markt, Einkaufsmarkt**
in bulk *adj*	**in großen Mengen, en gros**
late-night shopping *n* *Late-night shopping* on selected evenings of the week has been introduced in most major shopping centres.	*wörtl.* **Einkauf am (späten) Abend** Längere Öffnungszeiten an bestimmten Wochentagen sind fast in allen größeren Einkaufszentren eingeführt worden.
multiple (chain) store *n* → **chain**	**Kette(nunternehmen), Filialgeschäft**
opening hours *npl*	**Öffnungszeiten**
retail *adj*	**Einzelhandels-**
retail outlet *n* In some sectors manufacturers run their own *retail outlets*.	**Einzelhandelsgeschäft, Einzelhandelsladen** In manchen Branchen unterhalten Hersteller ihre eigenen Einzelhandelsgeschäfte.
retail price (recommended ~) *n* (*abbrev* **RRP**) The abolition of the *RRP* for the book trade led to the closure of many bookshops.	**empfohlener Einzelhandelspreis, Einzelhandelsrichtpreis, Preisbindung** Die Aufhebung der Preisbindung im Buchhandel führte zur Schließung von vielen Buchgeschäften.
retail sales *npl* *Retail sales* rose in the last quarter, indicating growing consumer confidence.	**Einzelhandelsumsätze** Die Einzelhandelsumsätze stiegen im letzten Quartal, was auf eine Zunahme des Verbrauchervertrauens hinweist.
retail trade *n* Opening hours in the German *retail trade* used to be a lot more restricted.	**Einzelhandel** Die Öffnungszeiten im deutschen Einzelhandel waren früher sehr viel restriktiver.

Groß- und Einzelhandel

retailing n	**Einzelhandel(sgewerbe)**
retailer n	**Einzelhändler**
shopping precinct n	**Einkaufs-, Geschäftspassage**

specialist adj
You'll find all the **specialist** stores listed in the yellow pages.

Fach-
Sie finden alle Fachgeschäfte in den Gelben Seiten aufgeführt.

Sunday opening n
Parish priests organised petitions against the **Sunday opening** of shops.

Sonntagsöffnungszeit
Gemeindepfarrer organisierten Petitionen gegen die Sonntagsöffnungszeiten der Geschäfte.

supermarket n — **Supermarkt**

stall n
Most traders set up their market **stalls** by 8 a.m.

(kleiner) **Stand** *(meist im Freien)*
Die meisten Händler bauen ihre Marktstände vor 8 Uhr morgens auf.

stockist n
For a list of **stockists** of all goods advertised in this magazine please refer to page 102.

Fachgeschäft, Fachhandel
Eine Liste der Fachgeschäfte für alle in unserem Magazin geworbenen Artikel finden Sie auf Seite 102.

superstore n — **Verbrauchermarkt**

wholesale adj
Many **wholesale** businesses have collapsed due to the increasing purchasing power of major multiples who now buy their goods direct from the manufacturer.

im Großhandel, Großhandels-
Viele Großhandelsunternehmen sind gescheitert, da größere Handelsketten aufgrund ihrer zunehmenden Kaufkraft ihre Waren jetzt direkt vom Hersteller beziehen.

wholesale n — **Großhandel(sverkauf)**

wholesale association, ~ cooperative n
Smaller retailers often have no other choice than to join **wholesale associations** in order to stay competitive.

Einkaufsgemeinschaft, Großhandelsvereinigung
Kleinere Einzelhandelsgeschäfte sehen sich oft gezwungen, Einkaufsgemeinschaften beizutreten, um wettbewerbsfähig zu bleiben.

Vertrieb und Verkauf

Liefer- und Zahlungsbedingungen

wholesale buying *n*	**Engroseinkauf, Bezug durch Großhandel**
wholesale distributor *n*	**Großverteiler**
wholesale price *n* The large difference between the **wholesale price** and the retail price is hardly justifiable for these products.	**Großhandelspreis** Die große Differenz zwischen Großhandelspreis und Wiederverkaufspreis ist bei diesen Produkten kaum zu rechtfertigen.
• **wholesale trade (specialised ~)** *n*	**Fachgroßhandel**
• **wholesaler** *n*	**Großhandelsunternehmen, Großhändler**

8.3 Liefer- und Zahlungsbedingungen

adjust *v/t* We have **adjusted** the invoice to include the credit note issued on 21 February.	**anpassen, ausgleichen** Wir haben die Rechnung angepasst, so dass sie die Gutschrift vom 21. Februar einschließt.
• **amount due** *n* The **amount** now **due** is £63.40.	**ausstehender Betrag, zu zahlender Betrag** Der ausstehende Betrag beläuft sich auf £63,40.
• **payment by bank transfer** *phrase* For an order of this size we would require payment by **bank transfer**.	**Zahlung durch Banküberweisung** Für eine Bestellung dieser Größenordnung würden wir Zahlung per Banküberweisung verlangen.
C.O.D. *phrase* **(Cash On Delivery)** Our terms of payment are **C.O.D.**	**Barzahlung bei Lieferung** Unsere Zahlungsbedingungen sind ‚Barzahlung bei Lieferung'.
C.W.O. *phrase* **(Cash with Order)**	**Barzahlung bei Bestellung**

Liefer- und Zahlungsbedingungen

● **cash price** *n*
(➤ *also* **for cash**)
The ***cash price*** is £ 672.60.

Barpreis, Preis bei Barzahlung
Der Preis bei Barzahlung beträgt
£ 672,60.

● **credit note** *n*
We are issuing a ***credit note*** for
the sum overcharged which will
be deducted from your next bill.

Gutschrift
Wir stellen eine Gutschrift für
den zuviel bezahlten Betrag aus,
der dann von Ihrer nächsten
Rechnung abgezogen wird.

debit note *n*
Since the amount underpaid is not
substantial we are issuing a ***debit
note*** which will be added to your
next invoice

**Lastschrift, Belastungs-,
Lastschriftanzeige**
Da der zuwenig gezahlte Betrag
nicht wesentlich ist, stellen wir
eine Lastschrift aus, die bei ihrer
nächsten Rechnung aufaddiert
wird.

● **deduct** *v/t*
The agreed discount has been
deducted from your bill.

abziehen, kürzen
Der vereinbarte Rabatt wurde
von Ihrer Rechung abgezogen.

● **discount** *n*
We can offer a further ***discount***
of 3% for bulk orders.

**Rabatt, Preisnachlass, Abzug,
Diskount**
Wir können einen weiteren Rabatt
von 3% bei Großbestellungen
anbieten.

● **discount (special ~)** *n*
We are able to offer you a ***special
discount*** of 10% for first-time
customers.

Sonderrabatt
Wir können Ihnen einen Sonderrabatt für Erstkunden anbieten.

discount (trade ~) *n*
The figure we quoted included a
trade discount of 10% for cash.

**Handelsrabatt, Wieder-
verkäuferrabatt**
Der erwähnte Betrag schloss
einen Handelsrabatt von 10%
bei Barzahlung ein.

discount (seasonal ~) *n*
We offer a ***seasonal discount***
on bookings between 15 January
and 1 March.

**Saisonrabatt, Saisontarif, Vor-,
Nachsaisonrabatt**
Für Buchungen zwischen dem
15. Januar und 1. März bieten wir
einen Vorsaisonrabatt an.

Liefer- und Zahlungsbedingungen

- **for cash** *adv* (→ **cash price**)
  The price **for cash** is £672.60.

  bei Barbezahlung
  Der Preis bei Barbezahlung beträgt £675,60.

  in settlement of *phrase*
  We are enclosing a cheque for £507.67 **in settlement of** our account.

  zur Begleichung, zur Abgeltung
  Wir legen einen Scheck über £507,67 zur Begleichung unseres Kontos bei.

- **o.n.o. (or nearest offer)** *phrase*

  Verhandlungsbasis (VHB)

  on account *adv*
  Regular customers usually purchase goods **on account** and pay in instalments every quarter.

  auf Rechnung, gegen Kredit
  Stammkunden kaufen normalerweise die Ware auf Rechnung und zahlen dann in vierteljährlichen Raten.

- **outstanding** *adj*
  May we remind you that the interest charges resulting from your delay in payment are still **outstanding**.

  ausstehend, offen
  Wir möchten Sie daran erinnern, dass die Zinsschulden aus Ihrer verspäteten Zahlung immer noch ausstehen.

- **overcharge** *v/t*

  zuviel berechnen

- **overdue** *adj*
  Your settlement of this account is now long **overdue** and we must insist on immediate payment.

  überfällig, rückständig, fällig
  Die Begleichung Ihres Kontos ist nun lange überfällig und wir müssen auf eine sofortige Zahlung bestehen.

  overpayment *n*

  Überbezahlung, Überbetrag

  part payment *n*

  Teilzahlung

- **payable** *adj*
  Our payment terms are 30 days, payable net cash.

  (Zahlung) **fällig, zahlbar**
  Unsere Zahlungskonditionen lauten: zahlbar netto bei 30 Tagen Ziel.

- **payment** (*abbrev* **pymt**) *n*

  Zahlung

Liefer- und Zahlungsbedingungen

- **payment (in ~ of)** *n*
  (→ **in settlement of**)

  zur Begleichung

- **payment (make ~)** *n*
  According to our records **payment** was made by credit transfer on 15 July.

  Zahlung leisten, Zahlung erfolgen, bezahlen
  Unseren Unterlagen nach erfolgte die Zahlung am 15. Juli durch Überweisung.

- **payment in advance** *phrase*

  Vorauszahlung

  payment in due course *phrase*
  We look forward to receiving your **payment in due course**.

  ordnungsgemäße Zahlung
  Wir hoffen, Ihre Zahlung fristgemäß zu erhalten.

- **period** *n*
  Payment must be made within a **period** of 3 months.

  Zeitraum, Frist
  Die Zahlung muss innerhalb einer Frist von 3 Monaten erfolgen.

  period of grace *n*
  Given your company's difficult financial situation we are prepared to allow you a 30-day **period of grace**.

  Zahlungsaufschub, (Zahlungs)Frist
  Wegen der schwierigen Finanzlage Ihrer Firma sind wir bereit, Ihnen einen 30 tägigen Zahlungsaufschub zu gewähren.

- **purchase order** *n*
  The enclosed invoice covers the materials delivered against your **purchase order** no. 54391.

  Bestellung, Lieferauftrag
  Die beigefügte Rechnung beinhaltet die Materialien, die wir auf Ihre Bestellung Nr. 54391 geliefert haben.

- **quarterly** *adv*
  Customers are requested to settle their accounts **quarterly**.

  vierteljährlich, Quartals-
  Kunden werden gebeten, Ihre Konten vierteljährlich auszugleichen.

- **receipt** *n*
  Please indicate on your order form whether a **receipt** is required.

  Quittung, Empfangsbestätigung
  Bitte merken Sie auf Ihrem Bestellformular an, ob Sie eine Quittung benötigen.

- **recover** *n*

  (Schulden) **einziehen, eintreiben**

Liefer- und Zahlungsbedingungen

● **reduction** *n*
We can offer a ***reduction*** of 10% per person for groups of 10 or more.

Ermässigung, Rabatt
Bei Gruppen über 10 Personen können wir eine Ermässigung von 10% pro Person anbieten.

● **refund** *n*
We accept that the error was partly our responsibility and are prepared to offer a ***refund***.

(Rück)Erstattung, Rückvergütung
Wir sehen ein, dass der Fehler teilweise bei uns liegt und sind bereit, Ihnen eine Rückerstattung anzubieten.

● **refund** *v/t*

(zu)rückerstatten

● **remittance** *n*

(Geld)Überweisung, (Geld)Anweisung

settlement *n*
Early ***settlement*** of your account would be appreciated.

Begleichung, Bezahlung Ausgleich
Wir bitten um frühzeitige Begleichung Ihres Kontos.

● **terms of delivery** *npl*
Our ***terms of delivery*** are: next-day delivery, free of charge.

Lieferbedingungen, Lieferkonditionen
Unsere Lieferkonditionen sind: Lieferung am folgenden Tag, kostenfrei.

● **terms of payment** *npl*
Our ***terms of payment*** allow for a discount of 2% for payment within 14 days.

Zahlungsbedingungen, Zahlungskonditionen
Unsere Zahlungskonditionen räumen 2% Skonto bei Zahlung innerhalb von 14 Tagen ein.

underpayment *n*

Unterbezahlung

variance *n*
There is some ***variance*** between the value of the purchase order and the total shown on your invoice.

Abweichung, Nichtübereinstimmung
Der Wert Ihrer Bestellung und der Gesamtbetrag Ihrer Rechnung stimmen nicht überein.

8.4 Direkter und indirekter Vertrieb

- **agency** *n* | **Vertretung(sverhältnis), Agentur**

- **agency (sole ~)** *n* | **Alleinvertretungsanspruch**
Your contract will specify **sole agency**. | Der Alleinvertretungsanspruch wird in Ihrem Vertrag im Einzelnen geregelt.

- **agent** *n* | **(Handels)Vertreter, Kommissionär, Agent**
While negotiating contracts of sale the **agent** shall respect the prices and the conditions of delivery and payment stipulated by the principal. | Bei der Verhandlung von Kaufverträgen wird der Vertreter sowohl die Preise als auch die Liefer- und Zahlungsbedingungen des Auftraggebers beachten.

agent (sole distributing ~) *n* | **Alleinvertrieb**

allocate (~ customers) *v/t* | **Kunden zuweisen**
Please contact the M.D. of our London subsidiary who is responsible for **allocating customers** to all agents operating in the U.K. | Bitte nehmen Sie mit dem Geschäftsführer unserer Londoner Tochterfirma auf, der für die Kundenzuweisung für alle im V.K. tätigen Handelsvertreter zuständig ist.

- **commission** *n* | **Provision, Vermittlungsgebühr**
A **commission** of 5 % is usual in our line of business. | Eine Provision von 5 % ist in unserer Branche handelsüblich.

- **distribution** *n* | **Vertrieb**

distribution (direct ~) *n* | **direkter Vertrieb**

distribution channel *n* | **Vertriebs-, Absatzweg**

distribution system *n* | **Vertriebs-, Absatzsystem**
The introduction of a centralised **distribution system** has led to much more efficient stock control. | Die Einführung eines zentralisierten Vertriebssystems hat zu einer wesentlich effizienteren Lagerbestandskontrolle geführt.

Vertrieb und Verkauf

Direkter und indirekter Vertrieb

- **distributor** *n*
The agent shall refrain from acting directly or indirectly as a **distributor** for the goods specified.

Auslieferer, Auslieferfirma, Verteiler
Der Vertreter wird es unterlassen, direkt oder indirekt als Auslieferer für die aufgeführten Waren zu agieren.

door-to-door *adj*
Door-to-door salesmen are not popular in this country.

von Haus zu Haus
Hausierer sind in unserem Land nicht beliebt.

exclusivity of sale *n*

Alleinverkauf(srecht)

- **homeshopping** *n*
(➞ **teleshopping**)

Homeshopping

- **mail order** *n*
You will receive a £ 10.00 voucher with your first order from our **mail-order** catalogue.

Versandhandel, Postversand
Mit Ihrer ersten Bestellung aus unserem Versandhauskatalog erhalten Sie einen Gutschein über £ 10.–.

middleman *n*

Mittler, Zwischenhändler, Mittelsmann

- **principal** *n*
The agent must inform the **principal** if he enters into a contract of agency with another firm.

Geschäftsinhaber(in), Auftrag-, Vollmachtgeber(in)
Der Handelsvertreter muß den Geschäftsinhaber informieren, falls er einen Agenturvertrag mit einer anderen Firma abschließt.

internet shopping *n*
The lack of data security/protection is the main reason why many customers still do not make full use of **internet shopping** facilities.

Internet(ein)kauf
Der Mangel an Datenschutz ist der Hauptgrund, warum viele Kunden immer noch nicht vollen Gebrauch von Einkaufsmöglichkeiten durch das Internet machen.

vending machine *n*

Automat

8.5 Verpackung

adhesive *n*
Our tear-resistant film holds without tape or **adhesive**.

Klebstoff
Unsere reißfeste Folie hält ohne Klebeband oder Klebstoff.

airtight *adj*

luftdicht

as per instruction *phrase*
The goods were packed in waterproof boxes **as per** your **instructions**.

wie angewiesen, wie gewünscht
Die Waren wurden wie angewiesen in wasserdichten Kisten verpackt.

bar code *n*

Strichkode

barrel *n*

Fass, Hohlmaß für Öl *(ca. 156 l)*

blister pack *n*,
bubble pack *n*

Luftpolster-Versandttasche

bubble wrap *v/t*,
blister wrap *v/t*
We **bubble-wrap** all china before packing it into specially designed cartons.

in Luftpolsterfolie einwickeln
Wir wickeln alles Porzellan in Luftpolsterfolie ein, bevor wir es in speziell angefertigte Kartons verpacken.

canvas *n*

Segeltuch

cardboard *n*

Pappe

carton *n*
Can we also discuss the size and labelling of the **cartons**?

Karton
Können wir auch noch über Größe und Etikettierung der Kartons sprechen?

case *n*
I' like to order sixty **cases** of white wine for delivery in week 26 into our Hemel Hempstead depot.

Kiste
Ich möchte 60 Kisten Weißwein bestellen und bitte um Lieferung an unser Hemel Hempstead Depot für Woche 26.

container *n*

Container

corrugated paper *n*

Wellpappe

254 Verpackung

● **crate** n
These machine tools are first secured with safety bolts and then wrapped and shipped in wooden **crates**.

(Latten)Kiste, (Holz)Verschlag, (Flaschen)Kasten
Diese Werkzeugmaschinen werden zuerst mit Sperrriegeln gesichert und dann verpackt und in Lattenkisten verschickt.

---

do not bend phrase
Please mark the package 'PHOTOGRAPHS – **DO NOT BEND**'

Bitte nicht knicken!
Bitte versehen Sie das Päckchen mit der Aufschrift: ‚Fotos – bitte nicht knicken!'

● **dozen** n (abbrev **doz.**)
These items are only sold by the **dozen**.

Dutzend
Diese Artikel werden nur im Dutzend verkauft.

---

envelope v/t

einkuvertieren

---

envelope (board-backed ~) n

(mit Karton) verstärkter Briefumschlag

● **envelope (window ~)** n
We use **window envelopes** for invoices, receipts and mailshots.

Fensterumschlag, Briefumschlag mit Fenster
Wir benutzen Fensterumschläge für Rechnungen, Empfangsbestätigungen und Postwurfsendungen/Mailshots.

● **Jiffy bag** n (➤ **padded bag**)

Jiffy Versandttasche, Jiffy Umschlag

---

labelling n
All our food **labelling** conforms to EU standards.

Etikettierung, Warenauszeichnung
Unsere gesamte Lebensmittelauszeichnung entspricht den EU-Normen.

● **label** n
Attach a **label** to each film showing your name and address.

Etikett
Versehen Sie jeden Film mit einem Etikett, auf dem Ihr Name und Ihre Addresse steht.

---

labelling gun n

Etikettierungsmaschine

---

no. (number) n

(An)Zahl

Verpackung

- **p&p (postage and packing)** *phrase* — **Porto und Verpackung**

- **pack** *n* — **Packung**
  The rectangular shape of the **packs** facilitates stacking on pallets.
  Die rechteckige Form der Packungen erleichtert das Stapeln (*der Ware*) auf den Paletten.

- **package** *n* — **Paket**
  We secure smaller **packages** with twine to ensure that they will not open in transit.
  Wir verschließen kleinere Pakete mit Kordel, um sicherzustellen, dass sie unterwegs nicht aufgehen.

- **packaged** *adj* — **abgepackt**

- **packaging material** *n* — **Verpackungsmaterial**
  All our **packaging material** is recyclable and does not harm the environment.
  Unser gesamtes Verpackungsmaterial ist wiederverwendbar und belastet die Umwelt nicht.

- **packaging twine** *n* — **(Pack)Schnur, Kordel**

- **packet** *n* — **Paket, Schachtel, Verpackung**

- **packing** *n* — **(Ver)Packung, (Ver)Packen**

- **packing tape** *n* — **(Verpackungs)Klebeband**
  This **packing tape** is suitable for use with a tape dispenser.
  Dieses Klebeband eignet sich für den Gebrauch im Klebebandspender.

- **packing tape dispenser** *n* — **Klebebandspender**

- **padding** *n* — **Füllmaterial, Polsterung**

- **padded bag** *n* — **gefütterter Umschlag, wattierter Umschlag**
  Padded bags are ideal for mailing books, video cassettes and promotional gifts.
  Gefütterte Umschläge sind ideal zum Verschicken von Büchern, Videokassetten und Werbegeschenken.

Vertrieb und Verkauf

Verpackung

- **palett** *n*
  When purchasing more than 20 **pallets** the price per pallet will be £ 380.

  Palette
  Bei einer Abnahme von über 20 Paletten beträgt der Preis pro Palette £ 380.

- **parcel** *n*

  (Post)Paket, Paketsendung, Päckchen

- **seal** *v/t*

  versiegeln, (fest) verschließen

shrink-wrap *v/t*
Shrink-wrapping your cartons will stabilise your pallet and prevent damage in transit.

(in Klarsichtfolie) einschweißen
Das Einschweißen der Kartons stabilisiert die Palette und verhindert Beschädigung beim Transport.

splitproof *adj*

reißfest, reißsicher, splittert nicht

stackable *adj*

stapelbar

staple gun *n*
Staple guns have become indispensable in the packaging industry.

Heftmaschine
Heftmaschinen sind in der Verpackungsindustrie unentbehrlich geworden.

tear resistant *adj*

reißfest

- **this side up** *phrase*

  hier oben

vacuum pack *n*
I'm afraid all **vacuum packs** have been incorrectly labelled and need to have their sell-by date changed.

Vakuumpackung
Leider sind alle Vakuumpackungen falsch ausgezeichnet und bedürfen einer Änderung ihres Mindesthaltbarkeitsdatums.

- **waterproof** *adj*
  This packaging material is absolutely **waterproof**.

  wasserdicht, wasserundurchlässig
  Diese Verpackungsmaterial ist absolut wasserundurchlässig.

8.6 Transport

- **airline** *n*
All **airlines** charge for excess baggage.

Flug-, Luftverkehrsgesellschaft, Fluglinie
Alle Fluggesellschaften berechnen Übergepäck.

- **air freight** *n*
The **air freight** charges for these machines would be prohibitive; we'll need to send the consignment by ship.

Luft(verkehrs)fracht
Die Luftfrachtkosten für diese Maschinen wären untragbar; wir müssen die Lieferung per Schiff versenden.

air consignment note *n*

Luftfrachtbrief

articulated lorry *n*
Articulated lorries must not exceed a maximum weight of 44 tonnes.

Sattelschlepper
Sattelschlepper dürfen ein zulässiges Gesamtgewicht von 44 Tonnen nicht überschreiten.

- **cargo** *n*

(See)Fracht, Ladung, Kargo

- **carrier** *n*

Spediteur, Transportunternehmer

- **charter** *v/t*

chartern, mieten

- **collect** *v/t*
The goods must be **collected** from our Glasgow depot no later than 3 p.m. on Thursday 23 April.

(Ladung) **abholen**
Die Waren müssen bis spätestens 15.00 Uhr am Donnerstag, den 23. April von unserem Depot in Glasgow abgeholt werden

consignee *n*

Adressat, Fracht-, Warenempfänger(in)

- **consignment** *n*
The second **consignment** is expected to reach you within 48 hours.

Lieferung, Fracht-, Warensendung
Wir erwarten, dass Sie die zweite Lieferung innerhalb von 48 Stunden erreicht.

Transport

- **consignment note** *n*
The consignment note gives details about the consignor, consignment and consignee.

Frachtbrief, Warenbegleitschein
Der Frachtbrief enthält Details über den Absender, die Fracht und den Empfänger.

consignor *n*
The cargo is loaded onto the vessel at **consignor's** risk.

Fracht-, Warenabsender, Versender
Die Fracht wird auf Gefahr des Versenders auf's Schiff verladen.

- **damage** *n*

Schaden, Beschädigung

- **damaged** *adj*

beschädigt

- **delivery** *n*
Can I have your orders for **delivery** next week, please.

Lieferung, Auslieferung
Kann ich bitte Ihre Bestellung zur Auslieferung für nächste Woche haben.

- **delivery date** *n*
They insist on an exact **delivery date** which we must meet at all costs.

Liefertermin
Sie bestehen auf einem exakten Liefertermin, den wir unbedingt einhalten müssen.

delivery deadline *n*

Lieferfrist

delivery point *n*
We need to make another stop at a **delivery point** near Bracknell on the M4.

Lieferstelle, Entladestelle
Wir müssen eine weitere Lieferstelle bei Bracknell auf der M4 anfahren.

- **destination** *n*
The haulage company is disputing the agreed **destination**.

Bestimmungsort, Versand-, Flugziel
Die Transportfirma bestreitet den vereinbarten Bestimmungsort.

dimension *n*
We have standardised the **dimensions** of our containers in order to facilitate shipment.

(Aus)Maß, Dimension, Größe, Umfang
Um den Transport zu erleichtern, haben wir die Größen unserer Container standardisiert.

Transport

discharge v/t
The tanker **discharged** its cargo in Rotterdam.

(Ladung) **löschen**
Der Tanker löschte seine Ladung in Rotterdam.

FCR abbrev **(forwarding agent's certificate of receipt)**

(internationale) **Spediteurübernahmebescheinigung**

- **ferry** n — **Fähre**

- **flight (charter ~)** n — **Charterflug**

- **flight (connecting ~)** n — **Anschlussflug**

- **flight (scheduled ~)** n — **Linienflug, planmäßiger Flug**

- **forward** v/t
Could you please **forward** the consignment to our Manchester depot.

nach-, über- weitersenden, weiterleiten
Könnten Sie bitte die Sendung an unser Depot in Manchester weiterleiten.

- **forwarder** n — **Spediteur, Speditionsunternehmen**

forwarding agent n
Can you recommend an experienced and reliable **forwarding agent** who could handle our distribution in the U.K.?

Spediteur
Können Sie einen erfahrenen und verlässlichen Spediteur empfehlen, der unsere Distribution in Großbritannien abwickeln könnte?

- **freight** n — **Fracht(gut), Frachtaufkommen, Ladung**

- **freight charges** npl
I'm afraid you will have to pay the **freight charges** since the consignment was sent 'freight forward'.

Frachtgebühren
Leider müssen Sie die Frachtgebühren bezahlen, da die Lieferung unfrei verschickt wurde.

- **freight note** n — **Frachtbrief, Frachtrechnung**

- **goods train** n *(GB);*
freight train n *(US)* — **Güterzug**

Vertrieb und Verkauf

Transport

- **goods wagon** n (GB); **freight car** n (US) — Güterwaggon

- **handle** v/t — abwickeln, bearbeiten, erledigen, bewältigen

- **handling** n — (Transport) Auf- und Abladen, Umschlag

- **harbour** n — Hafen

- **haulage** n — Beförderung, Transport(geschäft), Transportkosten

- **haulage company** n — Transportfirma, Fracht-, Fuhrunternehmen

haulier n — Spediteur, Frachtführer, Fuhr-, Transportunternehmer

- **hold** n — Lade-, Fracht-, Stauraum

- **load** n — Ladung, Fracht
  The maximum permitted **load** for this long-haul vehicle is 27 tons. — Die maximale Nutzlast für dieses Fernverkehrfahrzeug beträgt 27 Tonnen.

- **load** v/t — (be)laden

loading n — Verladung
The temperature at **loading** must not exceed 4 degree Celsius. — Die Temperatur bei der Verladung darf 4 Grad Celsius nicht übersteigen.

next-day delivery phrase — Lieferung am nächsten Tag

- **origin** n (**certificate of ~**) — Herkunfts-, Ursprungszeugnis, Herkunftsbescheinigung

- **perishable** adj — verderblich
  Perishable goods must be transported in refrigerated vehicles. — Verderbliche Waren müssen in Kühlfahrzeugen transportiert werden.

pick-up point n — Abholstelle

Transport

- **port** *n* — Hafen

- **port of call** *n* — Anlaufhafen

- **schedule (arrive on ~)** *phrase* — **(fahr)planmäßig ankommen**
  According to the information received from our shipping agent the vessel is due to **arrive on schedule**.
  Nach Auskunft unseres Schiffsmaklers soll das Schiff planmäßig ankommen.

- **scheduled** *adj* — regulär, (fahr)planmäßig

- **ship** *v/t* — **befördern, (über)senden**
  We are sorry to inform you that we are unable to **ship** the goods to you by 14 February as promised due to problems with our supplier.
  Leider sind wir wegen Problemen mit unserer Zulieferfirma nicht in der Lage, Ihnen die Waren wie versprochen bis zum 14. Februar zu übersenden.

- **shipment** *n* — **Beförderung, Transport, Versand, Warensendung, (Schiffs)Ladung**
  Please arrange for **shipment** as soon as possible.
  Bitte veranlassen Sie den Versand so bald wie möglich.

- **shipping documents** *npl* — **Verschiffungs-, Verlade-, Versand-, Frachtpapiere**
  Shipping documents include a bill of lading and an insurance certificate, and, if required, an export licence and a certificate of origin.
  Verladepapiere beinhalten einen Frachtbrief, eine Versicherungsbescheinigung und, falls erforderlich, eine Ausfuhrgenehmigung und eine Herkunftsbescheinigung.

shipping instructions *n* — **Versandanweisungen**
The shipping instructions explicitly required the chemicals to be shipped in waterproof containers.
Die Versandanweisungen erforderten ausdrücklich, dass die Chemikalien in wasserdichten Containern verschifft werden müssen.

tachograph *n* — **Tachometerscheiben, Fahrtenschreiber**
Tachographs are supposed to ensure that drivers take regular breaks.
Fahrtenschreiber sollen dafür sorgen, dass Fahrer regelmäßig Pausen einlegen.

Vertrieb und Verkauf

Handelsbeziehungen

- **transit (in ~)** *n*   **auf dem Transportweg, unterwegs**

- **transport costs** *npl*   **Transportkosten**
  These are **transport costs** only and do not include any insurance premium.
  Das sind reine Transportkosten, die keinerlei Versicherungsprämie miteinschließen.

vessel *n*   **(Fracht)Schiff**

wharf *n*   **Kaianlagen, Löschplatz, Dock**

9 Internationaler Handel

9.1 Handelsbeziehungen

- **access** *n*   **Zugang, Zutritt**
  We have experienced major problems in gaining **access** to the Japanese market.
  Wir haben die Erfahrung gemacht, dass es sehr schwierig ist, Zugang zum japanischen Markt zu bekommen.

- **ban** *v/t*   **verbannen, verbieten**

barter *v/ti*   **in Tausch geben/nehmen, (ein)tauschen**
In view of its currency difficulties, the country was willing to **barter** its surplus wine for the equipment it needed.
In Hinsicht auf die Devisenschwierigkeiten war das Land bereit, seinen Weinüberschuss gegen die benötigten Geräte einzutauschen.

barter business *n*   **Gegenseitigkeits-, Kompensationsgeschäft**

- **boycott** *v/t*   **boykottieren**
  The general public was asked to **boycott** goods from countries where child labour was the norm.
  Die Öffentlichkeit wurde aufgerufen, Güter aus Ländern, in denen Kinderarbeit noch die Regel ist, zu boykottieren.

Handelsbeziehungen

- **Common Agricultural Policy** *phrase* (*abbrev* **CAP**)

Gemeinsame Agrarpolitik

Common Budget *n*
The **Common Budget** administers income from import duties to the EU and subsidies to the Common Agricultural Policy.

Gemeinsamer Haushalt
Der Gemeinsame Haushalt verwaltet die Einkommen aus den Importsteuern der EU sowie die Subventionen für die Gemeinsame Agrarpolitik.

Common External Tariff *phrase* (*abbrev* **CET**)
The **CET** determines the duty payable on goods imported from non-member states of the EU.

gemeinsamer Außenzolltarif
Der gemeinsame Außenzolltarif setzt den zu zahlenden Zoll auf Güter aus Nicht-EU-Ländern fest.

- **Common Market** *n*

Gemeinsamer Markt

countertrade *v/t*
(→ **barter**)

tauschen, Kompensationsgeschäfte abschließen

customs union *n*
The EEC was established as a **customs union** promoting free trade between the six founding members.

Zollunion
Die EEC wurde als eine Zollunion gegründet, die freien Handel zwischen den sechs Gründungsmitgliedern fördern sollte.

- **domestic trade** *n*

Binnenhandel

- **dumping** *n*
Dumping involves the selling of surplus goods abroad at a loss to the producer and is forbidden within the European Union.

Dumping, Preisunterbietung
Dumping beinhaltet den Absatz von Überschussgütern an das Ausland zu einem Verlustpreis für den Produzenten und ist innerhalb der Europäischen Gemeinschaft verboten.

- **embargo** *n*
The country in question is currently subject to an international **embargo** on trade in military hardware.

Embargo, Handelssperre
Das betreffende Land ist momentan Gegenstand eines internationalen Handelsembargos für Militärgüter.

Internationaler Handel

Handelsbeziehungen

Export Credit Guarantee Scheme *phrase (GB)* (*abbrev* **ECGS**)
The **ECGS** is a government scheme which provides export credit insurance for UK exporters.

britsches **Exportkreditgarantieprogramm**
Das ECGS ist ein staatliches Programm zur Exportkreditversicherung für britische Exporteure.

---

export credit insurance *n*

Exportkreditversicherung

---

exchange control *n*
Exchange controls aimed at restricting imports were abolished by the British government in 1979.

Währungs-, Devisen-, Paritätskontrolle
1979 wurden Devisenkontrollen, die zur Einschränkung der Importe gedacht waren, von der britischen Regierung abgeschafft.

---

fledgling industry *n*
(→ **protectionism**)

neue/junge Industrie

● **free movement of goods** *phrase*

Freier Warenverkehr, Freizügigkeit im Warenverkehr

● **free movement of labour** *phrase*
Until professional qualifications are harmonised and recognised throughout the EU **free movement of labour** will remain a pipe dream.

Freie Wahl des Arbeitsplatzes
Solange Berufsabschlüsse in der gesamten EU nicht standardisiert und anerkannt werden, wird die freie Wahl des Arbeitsplatzes reine Theorie bleiben.

● **free trade** *n*

Freihandel, Handels-, Zollfreiheit

● **harmonisation** *n*
The **harmonisation** of standards serves to promote trade between countries.

Harmonisierung, Angleichung, Vereinheitlichung
Die Vereinheitlichung von Normen dient der Förderung des Handels zwischen den Ländern.

● **impose** *v/t*
(→ **trade barrier**)

auferlegen, verhängen

Handelsbeziehungen

- **international trade** *n*
  International trade allows a country to obtain goods it is unable to produce for itself.

  Welthandel
  Der Welthandel ermöglicht es einem Land, Güter zu erwerben, die es selbst nicht produzieren kann.

- **member state** *n*
  The number of **member states** of the European Union is expected to grow over the next decade.

  Mitgliedstaat
  Man erwartet, dass die Anzahl der Mitgliedstaaten der EU im nächsten Jahrzehnt ansteigt.

  non-aligned *adj*

  blockfrei, bündnisfrei, neutral

- **obstacle** *n*
  The Japanese government has agreed to remove a number of **obstacles** preventing American companies from selling in the Japanese market.

  Hindernis, Hürde
  Die japanische Regierung hat zugestimmt, einige der Hindernisse, die den Absatz amerikanischer Firmen auf dem japanischen Markt behinderten, aufzuheben.

  Pacific Rim *n, adj*
  The newly industrialised countries of the **Pacific Rim** account for an increasing proportion of our trade.

  pazifische Anrainerstaaten
  Die Schwellenländer der pazifischen Anrainerstaaten machen einen zunehmenden Anteil unseres Handels aus.

  price (intervention ~) *n*
  The Common Agricultural Policy establishes **intervention prices** for farming produce.

  Interventionspreis
  In der Gemeinsamen Agrarpolitik werden Interventionspreise für Agrargüter festgelegt.

  price (threshold ~) *n*
  Grain cannot be imported into the European Union below a **threshold price** determined by the European Commission.

  Schwellenpreis
  Getreide kann unter einem Schwellenpreis, den die Europäische Union festlegt, nicht in die EG eingeführt werden.

- **protectionism** *n*

  Protektionismus

- **protectionist** *adj*

  protektionistisch

  quarantine *n*
  Quarantine was imposed on all imported livestock thought to be infected by BSE.

  Quarantäne
  Über das gesamte importierte Vieh, das unter BSE-Infektionsverdacht stand, wurde Quarantäne verhängt.

Internationaler Handel

Handelsbeziehungen

- **quota (export ~)** *n*
  Ausfuhrkontingent, Ausfuhrquote

- **quota (import ~)** *n*
  Some countries attempt to remedy an adverse balance of payments by imposing **import quotas**.
  Einfuhrkontingent, Einfuhrquote
  Einige Länder versuchen, durch Erhebung von Einfuhrkontingenten ihre negative Handelsbilanz auszugleichen.

retaliate *v/t*
The government announced that it will **retaliate** against any country attempting to impose restrictions on free trade.
Maßnahmen ergreifen, Vergeltung üben
Die Regierung verkündete, dass sie Maßnahmen gegen all diejenigen Länder ergreifen werde, die den freien Handel zu unterbinden versuchten.

- **sanction** *n*
  Sanktion, Maßnahme

- **subsidy** *n*
  The EU has been accused by the US of promoting unfair competition in agriculture through the Common Agricultural Policy's **subsidies**.
  Zuschuss, Subvention
  Die EU wurde von den USA beschuldigt, durch Subventionen der Gemeinsamen Agrarpolitik den unlauteren Wettbewerb in der Landwirtschaft zu fördern.

surcharge *n*
The country has imposed a **surcharge** on imported luxury goods.
Sonderzoll, Gebührenerhebung, Aufschlag
Das Land hat einen Sonderzoll auf importierte Luxusgüter eingeführt.

- **tariff** *n*
  Free Trade areas prohibit the imposition of **tariffs** in the form of taxes on imported goods.
  Zolltarif(satz), Zollgebühr
  In Freihandelszonen darf kein Zolltarif in Form von Steuern auf Importwaren erhoben werden.

terms of trade *n*
The falling value of the Mark led to worsening **terms of trade** as the value of exports fell and the cost of imports rose.
(reale) Austauschbedingungen, Handelsbedingungen, Wechselkursrelationen
Der Wertverlust der Mark führte zu verschlechterten Wechselkursrelationen, da der Wert der Exporte fiel und die Kosten der Importe stiegen.

Handelsbeziehungen

• **trade** *n*	**Handel, Gewerbe**
• **trade (free ~)** *n* We intend removing all trade barriers in order to encourage **free trade**.	**Freihandel, Handels-, Zollfreiheit, freier Warenverkehr** Wir beabsichtigen, alle Handelsschranken abzubauen, um den freien Warenverkehr zu unterstützen.
• **trade** *v/t* Since when have you been **trading** with Eastern Europe?	**handeln, tätig sein** Seit wann handeln Sie mit Osteuropa?
trade agreement (bilateral ~, multilateral ~) *n* We have a variety of **bilateral** and **multilateral trade agreements** with other countries.	**Handelsabkommen (bilaterales ~, multilaterales ~)** Wir haben eine Reihe von bi- und multilateralen Handelsabkommen mit anderen Ländern.
• **trade barrier** *n* (➔ **trade restrictions**) The government decided to impose **trade barriers** on non-EU goods.	**Handelsschranke** Die Regierung beschloss, Handelsschranken gegen Nicht-EU-Waren zu verhängen.
trade bloc *n* The EU is one of the world's major **trade blocs**.	**Handelsblock** Die EU ist einer der grössten Handelsblöcke der Welt.
trade delegation *n*	**Handelsdelegation**
• **embargo** **(~on trade, trade ~)** *n* There is currently an **embargo on trade** in arms with certain Middle Eastern countries.	**Handelsembargo ‚Handelsboykott'** Zur Zeit gibt es ein Waffenembargo für bestimmte Länder des Nahen Ostens.
• **trade mission** *n* The Foreign Secretary accompanied a **trade mission** to China.	**Handelsdelegation** Der Außenminister begleitete eine Handelsdelegation nach China.
• **trade (foreign ~)** *n* (➔ **International Trade**)	**auswärtiger Handel, Außenhandel**

Internationaler Handel

268 Import und Export

trade (overseas ~) *n* (→ **International Trade**)	**Außen-, Überseehandel**
• **trade relations** *npl*	**Handels-, Wirtschaftsbeziehungen**
trade restriction *n* (→ **trade barrier**) *Trade restrictions* are not permitted within the European Community.	**Handelsbeschränkungen, Handelshemnisse** Handelsbeschränkungen innerhalb der Europäischen Gemeinschaft sind nicht erlaubt.
• **trade sanction** *n*	**Handelssanktion**
• **trade war** *n*	**Handels-, Wirtschaftskrieg**
trading links *npl*	**Handelsverbindungen**
• **trading relations** *npl*	**Handelsbeziehungen**
• **world market** *n* Trade in goods and services has now become a *world market*.	**Weltmarkt** Der Waren- und Dienstleistungshandel ist mittlerweile zu einem Weltmarkt geworden.

9.2. Import und Export

Baltic Exchange *n*	*Londoner Schiffs-, Luftfracht-, Getreide- und Ölsaatenbörse*
• **bill of entry** *n* The *bill of entry* provides the customs authorities with a full description of the consignment of goods being imported.	**Deklarationsschein, Zoll-, Einfuhrdeklaration** Die Zolldeklaration bietet den Zollbehörden eine komplette Beschreibung der Fracht der importierten Güter.
bill of lading (clean ~) *n* A *clean bill of lading* is issued when the goods are received by the shipping agent in good condition.	**reines Konnossement** Ein reines Konnossement wird ausgestellt, wenn die Waren vom Schiffsmakler in gutem Zustand erhalten worden sind.

Import und Export

bill of lading (dirty ~) *n*
A ***dirty bill of lading*** indicates that the goods were damaged prior to reaching the ship.

unreines Konnossement
Ein unreines Konnossement besagt, dass die Güter vor Erreichen des Schiffes beschädigt wurden.

● **Board of Customs and Excise** *n*

Amt für Zölle- und Verbrauchssteuern

bond (hold in ~) *phrase*
(→ **bonded warehouse**)

unter Zollverschluss

bonded *adj*
(→ **bonded warehouse**)

unter Zollverschluss liegend, verzollt

bonded warehouse *n*
The goods are being held in a ***bonded warehouse*** and will not be released until customs duties have been paid.

Zolllager
Die Waren sind unter Zollverschluss und werden nicht freigegeben, bis die Zollgebühren bezahlt worden sind.

● **bound for** *adj*
The drugs were found in a consignment of foodstuffs ***bound for*** Rotterdam.

(auf dem Weg) nach, (unterwegs) nach
Die Drogen wurden in einer Lebensmittelfracht, die nach Rotterdam ging, gefunden.

British Overseas Trade Board *phrase* (*abbrev* **BOTB**)

Britischer Wirtschaftsausschuss für das Exportwesen

circulation (free ~) *n*
The EU provides for the duty-free cross-border ***circulation*** of goods and services.

freier Verkehr
Die EU sorgt für den zollfreien Waren- und Dienstleistungsverkehr über die Grenzen hinweg.

● **clear** *v/t*
The consignment has been ***cleared*** for import by H.M. Customs.

freigeben, für einwandfrei befinden
Die Fracht wurde von der britischen Zollbehörde für den Import freigegeben.

● **cross-border** *adj*

grenzüberschreitend

● **customs authorities** *n pl*
(→ **H.M. Customs**)

Zollbehörde, Zollverwaltung

Import und Export

customs clearance n
Has customs clearance been effected yet?

Grenz-, Zollabfertigung, Verzollung
Ist die Zollabfertigung schon vorgenommen worden?

- **customs declaration** n

Zoll(inhalts)erklärung, Zollanmeldung

- **customs duty** n
Customs duty is payable on most goods purchased from non-EU countries.

Zoll(gebühr), Zollabgabe, Warenzoll
Auf die meisten Güter, die in Nicht-EU-Ländern gekauft wurden, muss Zoll entrichtet werden.

- **customs formalities** npl
The importer will normally take care of the customs formalities.

Zollformalitäten
Normalerweise übernimmt der Importeur die Zollformalitäten.

customs inspection n

Zollinspektion, -kontrolle

customs receipt n

Zollquittung, Zollschein

customs tariff n
The **customs tariff** lists all goods subject to customs duty and specifies the rate of duty payable.

Zolltarif
Im Zolltarif sind alle zollpflichtigen Waren aufgelistet und die zu entrichtenden Gebührenraten festgesetzt.

- **direct export** n

Direktausfuhr, -export

dutiable adj

zollpflichtig, verzollbar, steuerpflichtig

- **duty-free** adj, adv

zollfrei, gebührenfrei

excise duty n
Excise duty is a government tax payable on specified goods such as alcohol and tobacco.

Waren-, Verbrauchssteuer
Die Verbrauchssteuer ist eine staatliche Abgabe, die auf bestimmte Güter wie zum Beispiel Alkohol und Tabak erhoben wird.

- **export** n

Ausfuhr, Export

- **export** v/t

ausführen, exportieren

Import und Export

• **export documents** *npl*	**Ausfuhrdokumente**
export drive *n*	**Exportoffensive, Export(förderungs)kampagne**
• **export duty** *n*	**Ausfuhrzoll, Exportabgabe**
export licence *n (UK)* **export license** *n (US)*	**Exportlizenz**
• **exporter** *n*	**Exporteur**
free list *n* The **free list** details imported goods which are not subject to customs duty.	**Freiliste** Die Freiliste führt importierte Güter auf, die nicht zollpflichtig sind.
free port *n* **Free ports** such as Singapore, Rotterdam and Bremerhaven are free of customs duties.	**Freihafen** Freihäfen, wie zum Beispiel Singapur, Rotterdam und Bremerhaven erheben keinen Zoll.
H.M. Customs *npl (GB)* **(Her Majesty's Customs)** → **customs; US Customs** *n (US)* **Customs** officials intercepted an illegal consignment of cannabis near Dover today.	***britische Zollbehörde,*** ***amerikanische Zollbehörde*** Die Zollbehörde hat heute in der Nähe von Dover eine illegale Fracht mit Cannabis abgefangen.
• **import** *n*	**Einfuhr, Import**
• **import** *v/t*	**einführen, importieren**
• **import duty** *n*	**Einfuhr-, Importzoll**
import licence *n (UK)* **import license** *n (US)* Some categories of goods require an **import licence** before they can be imported.	**Importlizenz** Für manche Güter benötigt man eine Importlizenz, bevor man sie einführen darf.
• **importer** *n*	**Importeur**

Internationaler Handel

manifest *n*
H.M. Customs are currently investigating differences between the ship's **manifest**, signed by the captain, and its actual cargo.

(Schiffs-/Ladungs)Manifest, Frachtliste
Die britische Zollbehörde überprüft momentan Abweichungen zwischen dem vom Kapitän unterschriebenen Manifest und der tatsächlichen Ladung.

mate's receipt *n*
There seems to be some variance between the **mate's receipt** and the bill of lading.

Verlade-, Bord(empfangs)-bescheinung
Es gibt anscheinend Abweichungen zwischen der Bordbescheinigung und dem Frachbrief.

• origin (country of ~) *n*
Herkunfts-, Ursprungsland

red tape *n*
The introduction of excessive **red tape** requirements has made it extremely difficult for importers to sell their goods.

Papierkrieg, Bürokratismus, Bürokratie
Die Einführung von übertriebenen bürokratischen Vorschriften hat es Importeuren extrem schwer gemacht, ihre Waren abzusetzen.

re-export *v/t*
wieder ausführen, reexportieren

re-export *n*
Wiederausfuhr, Reexport

re-import *v/t*
Reimport, reimportieren

re-import *n*
Wiedereinfuhr, Reimport

9.3. Incoterms

Incoterms (International Commercial Terms) *npl*
Incoterms, international anerkannte Lieferklauseln

B/E (bill of exchange) *n*
Wechsel, Tratte

• B/L (bill of lading) *n*
Konnossement, Seefrachtbrief

• C&F (cost and freight) *phrase*
Kosten u. Fracht

Incoterms

• **CIF (cost, insurance, freight)** *phrase*	Kosten, Versicherung, Fracht
• **CIP (freight carriage and insurance paid)** *phrase*	frachtfrei versichert
C/P (carriage paid) *phrase*	frachtrei, Fracht bezahlt
CPF (carriage paid to frontier) *phrase*	frachtfrei Grenze
• **franco domicile** *phrase (GB)*; **buyer's warehouse** *phrase (US)*	frei Haus
franco quay *phrase*	frei Kai
free harbour *phrase*	frei Hafen
• **C/F (carriage forward)** *phrase (GB)* **freight forward** *phrase (US)*	unfrei, Fracht bezahlt Empfänger
• **EXW (ex-works)** *phrase*	ab Werk
EXS (ex-ship) *phrase*	ab Schiff
EXQ (ex quay) *phrase*	ab Kai (Bestimmungshafen)
FAS (free alongside ship) *phrase*	frei Längsseite Schiff
• **FOB (free on board)** *phrase*	frei an Bord
FOR (free on rail) *phrase*	frei Waggon
FOT (free on truck) *phrase*	frei Waggon, LKW
• **FRC (free carrier)** *phrase*	frei Frachtführer

Internationaler Handel

9.4. Zahlungsbilanz

• **balance of payments** *n*	Zahlungsbilanz, Außenhandelsbilanz
balance of payments deficit *n*	Zahlungsbilanzdefizit, Passivsaldo
balance of payments surplus *n*	Bilanzüberschuß, positive Zahlungsbilanz
• **balance of trade** *n* Britain's **balance of trade** is currently in the red.	Handelsbilanz, Handels- und Dienstleistungsbilanz Die britische Handelsbilanz steckt zur Zeit in den roten Zahlen.
• **deficit (in ~)** *adj* Britain's balance of payments was still **in deficit** last year.	im Defizit Die britische Außenhandelsbilanz war letztes Jahr immer noch im Defizit.
invisible *adj*	unsichtbar
invisibles *npl* (→ invisible)	unsichtbare Einkünfte, unsichtbarer Handel, unsichtbare Dienstleistungen
• **quarterly** *adj*	vierteljährlich, Quartals-,
surplus (in ~) *adj* Trade figures released today showed again invisibles **in surplus** for the third quarter.	Überschuss an Die heute veröffentlichten Handelsziffern verzeichnen erneut einen Überschuss an unsichtbaren Einkünften für das dritte Quartal.
• **trade figures** *npl* America's **trade figures** with Europe remained more or less unchanged last year.	Außenhandelsdaten, Handelsziffern Amerikas Außenhandelsdaten mit Europa blieben letztes Jahr mehr oder weniger konstant.

Internationale Organisationen 275

- **trade gap** *n*
Britain's **trade gap** with Germany decreased last year.

Handelsbilanzdefizit, Außenhandelsdefizit
Großbritanniens Handelsbilanzdefizit mit Deutschland verringerte sich letztes Jahr.

trade imbalance *n*

(Außen)Handelsungleichgewicht, Handelsdefizit

trade surplus *n*

(Außen)Handelbilanzüberschuss

trading conditions *npl*

Geschäfts-, Handelsbedingungen

- **trading partner** *n*
We have **trading partners** in Greece, Portugal and Italy.

Handelspartner
Wir haben Handelspartner in Griechenland, Portugal und Italien.

visible *adj*
Visible earnings and payments relate to the import and export of goods rather than services.

sichtbar
Sichtbare Einnahmen und Ausgaben beziehen sich auf den Import und Export von Gütern, nicht auf Dienstleistungen.

visibles *npl* (→ visible)

sichtbare Ein- und Ausfuhren, sichtbarer Handel, Warenverkehr

9.5. Internationale Organisationen

Association of South East Asian Nations *phrase* (*abbrev* **ASEAN**)
ASEAN is a loose economic and political association of non-aligned countries.

ASEAN
ASEAN ist ein loser wirtschaftlicher und politischer Interessenverband blockfreier Länder.

Internationale Organisationen

Caribbean Community and Common Market *phrase* (*abbrev* **CARICOM**)
CARICOM was established in 1973 to promote trade between the Caribbean islands.

Karibische Gemeinschaft
Die CARICOM wurde 1973 gegründet, um den Handel zwischen den karibischen Inseln zu fördern.

---

commercial attaché *n*
The ***commercial attaché*** organised a reception at the British Embassy for prominent members of the business community.

Handelsattaché
Der Handelsattaché veranstaltete einen Empfang in der britischen Botschaft für prominente Vertreter der Wirtschaft.

- **embassy** *n*

  Botschaft

- **European Free Trade Association** *phrase* (*abbrev* **EFTA**)
  Tariffs between ***EFTA*** and the EU were removed in 1984.

  Europäische Freihandelzone (EFTA)
  Die Zollschranken zwischen der EFTA und der EU wurden 1984 abgeschafft.

European Regional Development Fund *phrase* (*abbrev* **ERDF**)

Europäischer Regionalentwicklungsfonds

- **General Agreement on Tariffs and Trade** *phrase* (*abbrev* **GATT**)
  GATT was established in 1947 in an effort to promote world trade by reducing tariffs and other trade barriers.

  Allgemeines Zoll- und Handelsabkommen (GATT)
  GATT wurde 1947 abgeschlossen, um den Welthandel zu fördern, indem man Zölle und andere Handelshindernisse abbaute.

- **International Chamber of Commerce** *phrase* (*abbrev* **ICC**)

  Internationale Handelskammer

Internationale Organisationen

- **International Monetary Fund** *phrase* (*abbrev* **IMF**)
The **IMF** agreed the loan in order to help the country reduce its balance of payments deficit and stabilise its exchange rate.

Internationaler Währungsfonds (IWF), Weltwährungsfonds
Der IWF bewilligte den Kredit, um dem Land aus seinem Zahlungsbilanzdefizit zu helfen und seinen Wechselkurs zu stabilisieren.

Latin American Free Trade Association *phrase* (*abbrev* **LAFTA**)

Lateinamerikanische Freihandelszone

North American Free Trade Area *phrase* (*abbrev* **NAFTA**)
The **NAFTA** agreement between the US, Mexico and Canada was established in 1994.

Nordamerikanische Freihandelszone
Das NAFTA-Abkommen zwischen den USA, Mexiko und Kanada wurde 1994 geschlossen.

- **Organisation for Economic Cooperation and Development** *phrase* (*abbrev* **OECD**)
The **OECD** aims to promote trade and social co-operation between industrialised countries and co-ordinates aid to developing countries.

Organisation für wirtschaftliche Zusammenarbeit und Entwicklung (OECD)
Es ist Ziel der OECD, Handel und Zusammenarbeit im Sozialwesen zwischen Industriestaaten zu fördern und Hilfe für Entwicklungsländer zu koordinieren.

- **Organization of Petroleum Exporting Countries** (*abbrev* **OPEC**)
OPEC has taken action in the past to limit oil exports in an effort to maintain its price.

Organisation erdölexportierender Länder (OPEC)
Die OPEC hat in der Vergangenheit Maßnahmen zur Beschränkung der Erdölexporte ergriffen, um die Preise stabil zu halten.

- **Single (European) Market** *n*
The **Single Market** is a free trade association between member states of the EU and was established in 1992.

Europäischer Binnenmarkt
Der europäische Binnenmarkt ist eine Freihandelszone der Mitgliedstaaten der EU, die 1992 etabliert wurde.

278 Wirtschaftshilfe

● **United Nations** *npl* (*abbrev* **UN**)

Vereinte Nationen

United Nations Conference on Trade and Development *phrase* (*abbrev* **UNCTAD**)
The role of **UNCTAD** is to assist developing countries in financing exports.

Welthandels- und Entwicklungskonferenz der Vereinten Nationen (UNCTAD)
Die Aufgabe der UNCTAD ist es, Entwicklungsländern bei der Finanzierung von Exporten zu helfen.

United Nations Industrial Development Organisation *phrase* (*abbrev* **UNIDO**)
UNIDO was established to help developing countries industrialise.

Organisation der Vereinten Nationen für industrielle Entwicklung (UNIDO)
UNIDO wurde gegründet, um Entwicklungsländer bei der Industrialisierung zu unterstützen.

9.6 Wirtschaftshilfe

● **development aid** *n*

Entwicklungshilfe

● **developing country** *n*

Entwicklungsland

● **economic aid** *n*

Wirtschaftshilfe

---

industrialise *v/t* (↪ **United Nations Industrial Development Organisation**)

industrialisieren

● **industrialised** *adj*

Industrie-, Entwicklungs-

---

most-favoured-nation clause *phrase*

Meistbegünstigungsklausel

● **low-wage** *adj*
Multinationals often choose to transfer production to **low-wage** countries or to countries offering some form of subsidy.

Niedriglohn-
Multinationale Konzerne ziehen es oft vor, ihre Produktion in Niedriglohnländer oder in Länder, die irgendwelche Subventionen anbieten, zu verlagern.

Banken 279

poverty n
A number of organisations have been established to fight **poverty** in the third world.

Armut
Eine Reihe von Organisationen wurde gegründet, um die Armut in der Dritten Welt zu bekämpfen.

relief agency n

Hilfsagentur

secure v/t
Our company is prepared to export to developing countries providing the Export Credits Guarantee Scheme will **secure** payment of unpaid debts.

sichern, sicherstellen, gewährleisten
Unser Unternehmen ist bereit, an Enwicklungsländer zu exportieren unter der Voraussetzung, dass das Exportkreditgarantieprogramm die Begleichung ausstehender Forderungen gewährleistet.

Third World (country) n

Dritte Welt (Land)

underdeveloped adj
The country is largely **underdeveloped**, apart from its wood and mining industries.

unterentwickelt
Abgesehen von seiner Holz- und Bergbaudustrie ist das Land weitgehend unterentwickelt.

10 Geld und Bankwesen

10.1 Banken

bank (high street ~) n
Many building societies are now competing with **high street banks** by providing banking services for the general public.

namhaftes, zentral gelegenes Kreditinstitut
Viele Bausparkassen stehen heute im Wettbewerb mit namhaften Kreditinstituten und bieten der Öffentlichkeit die Dienstleistungen einer Bank an.

Bank of England n

Britische Nationalbank, Bank von England
entspricht etwa der Bundesbank

bank note n *(abbrev* **note)**

Banknote, Schein

280 Banken

- **base rate** n (GB)
A number of increases in the **base rate** by the Bank of England has seen mortgages rise to their late eighties level.

Eckzins
Durch eine Reihe von Eckzinserhöhungen der Bank von England sind die Hypotheken auf das Niveau der späten achtziger Jahre gestiegen.

bill rate n

Wechseldiskontsatz

- **building society** n
Following another rise in the base rate the **building society** increased their mortgage interest rate to 8.7%.

Bausparkasse
Nach einem erneuten Anstieg des Eckzinses erhöhen die Bausparkassen ihren Hypothekenzins auf 8,7%.

CAR (Compounded Annual Rate) phrase

jährliche Gesamtverzinsung

- **central bank** n

Zentralbank, zentrale Notenbank, Landeszentralbank

clearing bank n (GB);
clearing house n (US)

Clearing Bank, Girozentrale, Clearingstelle

commercial bank n

Geschäftsbank

discount bank n

Diskontbank

- **discount rate** n

Diskontsatz

Federal Reserve Bank n

Zentralbank der USA,
entspricht etwa der Bundesbank

fiduciary n

Treuhänder, (Vermögens)Verwalter

fiduciary issue n
A **fiduciary issue** is one that is not backed up by gold reserves.

Ungesicherte *Notenausgabe*
Eine ungesicherte Notenausgabe ist eine nicht durch Goldreserven abgesicherte Emission.

Banken 281

finance house n (GB); **finance company** n (US) A **finance house** lends money for a variety of purposes, especially to finance hire purchase transactions.	**Finanzierungsgesellschaft, Teilzahlungsbank** Eine Finanzierungsgesellschaft verleiht Geld für eine Vielzahl von verschiedenen Zwecken, besonders zur Finanzierung von Teilzahlungskäufen.
• **investment bank** n	**Investment-Bank, Effekten- und Emissionsbank**
issue of bank notes n	**Emission/Ausgabe von Banknoten**
issue of securities n	**Effektenemission, Wertpapieremission**
issuing bank n	**Emissionsbank**
• **liquidity** n	**Liquidität, flüssige Mittel, Zahlungsbereitschaft**
merchant bank n	**Merchant Bank**
minimum lending rate n (GB); (abbrev **M.L.R.**) Economists feel that the **minimum lending rate** should be determined by the level of interest rates in the money market and not be prescribed by the Government.	**Mindestzins(satz)** (der Bank von England), Wirtschaftswissenschaftler glauben, dass der Mindestzinssatz vom Zinsniveau des Geldmarktes gesteuert und nicht von der Regierung vorgeschrieben werden sollte.
• **savings bank** n	**Sparkasse**
vault n	**Tresor, Stahlkammer**

Geld und Bankwesen

10.2 Konten und Kontenführung

- **advance** *n*
  The **advance** on my royalties has not been credited to my account yet.

  Vorschuss, Vorab-, Vorauszahlung
  Die Vorabzahlung auf mein Autorenhonorar ist noch nicht auf meinem Konto eingegangen.

- **advance** *v/ti*

  (Geld) **vorschießen, vorstrecken, anweisen**

- **automated teller machine** (*abbrev* **ATM**) *n*

  (Mehrfunktions-)Bankautomat, Selbstbedienungs-Bankterminal

- **BACS** *phrase* **(Bank Automated Clearing Services)**
  BACS is an easy, paperless payment system which eliminates cheques because payments are made directly from bank to bank.

  elektronisches Überweisungsverkehrssystem
  BACS ist ein vereinfachter, belegloser Zahlungsverkehr, der Schecks überflüssig macht, da Zahlungen direkt von Bank zu Bank erfolgen.

- **bank draft** *n*
  We would need to insist on payment by **bank draft** to ensure the client's credit-worthiness.

  Bankscheck, Wechsel
  Wir müssten, um uns der Kreditwürdigkeit des Kunden zu versichern, auf Zahlung per Bankscheck bestehen.

- **banker's draft** *n*
  (→ **bank draft**)

  Bankscheck, Wechsel

- **bank giro credit form/slip** *n*
  Please detach and return the slip below with your payment, or use it as a **bank giro credit form**.

  Einzahlungs-, (Bank)Überweisungsformular
  Bitte unteren Abschnitt abtrennen und Ihrer Zahlung beilegen oder als Überweisungsformular benutzen.

- **banking service** *n*
  Our **banking services** have now been extended to offer free home banking to all our customers.

  Bankdienstleistungen
  Wir haben unsere Bankdienstleistungen erweitert und bieten nun all unseren Kunden kostenloses HomeBanking an.

Konten und Kontenführung

bearer *n*	**Inhaber, Träger, Überbringer**
bearer cheque *n* A **bearer cheque** is unsafe since anyone who presents it to the bank is entitled to payment on it.	**Inhaber-, Überbringerscheck** Ein Überbringerscheck ist nicht sicher, da jeder, der den Scheck der Bank zur Zahlung vorlegt, empfangsberechtigt ist.
● **bill of exchange** *n* We generally prefer credit transfers to **bills of exchange** such as cheques since less paperwork is involved.	**Wechsel** Im Allgemeinen bevorzugen wir Überweisungen gegenüber Wechseln, wie zum Beispiel Schecks, da weniger Schreibarbeit erforderlich ist.
carried forward *phrase* (*abbrev* **c/fwd**)	**(Saldo) übertragen, vorgetragen**
● **charge** *n* There are no bank **charges** while you are in credit.	**Gebühr, Kosten** Solange Sie mit Ihrem Konto im Haben sind, fallen keine Kontoführungsgebühren an.
● **charge** *v/t*	**(Konto) belasten, abbuchen, in Rechnung stellen**
cheque (honour a ~) *phrase*	**einen Scheck einlösen**
cheque (present a~) *phrase* The cheque hasn't been presented yet.	**einen Scheck vorlegen** Der Scheck wurde noch nicht vorgelegt.
● **cheque (stop a ~)** *phrase*	**einen Scheck sperren**
credit advice *n* We will send you a **credit advice** as soon as the foreign payment has been credited to your account.	**Gutschriftanzeige** Wir übersenden Ihnen eine Gutschriftanzeige sobald die ausländische Zahlung auf ihrem Konto eingegangen ist.
credit limit *n*	**Kreditrahmen, Kreditobergrenze, Kreditlimit**

Geld und Bankwesen

Konten und Kontenführung

- **credit transfer** *n*
Please arrange for the sum outstanding to be transferred to our bank by **credit transfer**.

Überweisung
Bitte veranlassen Sie, dass der ausstehende Betrag per Überweisung an unsere Bank gezahlt wird.

credit-worthiness *n*

Bonität, Kreditwürdigkeit

creditworthy *adj*

kreditwürdig

- **debit** *v/t*
The insurance premium will be **debited** to your account every month.

(Konto) belasten, vom Konto abbuchen
Die Versicherungsprämie wird jeden Monat von Ihrem Konto abgebucht.

- **debit card** *n*
(→ **payment card**)
A **debit card** looks like a credit card but authorises immediate payment from a bank account.

(Bank) **Kunden-, Bank-, Abbuchungskarte**
Eine Bankkarte sieht wie eine Kreditkarte aus, erlaubt jedoch direkte Abbuchungen vom Bankkonto.

- **foreign exchange department** *n*

Devisenabteilung

- **giro** *n*

Giro

- **giro account** *n*

Girokonto, Postscheckkonto

instant access *n*
This account gives you **instant access** to your savings.

täglich verfügbar
Die Einlagen auf diesem Konto sind täglich verfügbar.

insufficient funds *npl*
The cheque bounced because there were **insufficient funds** on your account.

mangelnde Deckung
Der Scheck konnte wegen mangelnder Deckung Ihres Kontos nicht eingelöst werden.

irrevocable *adj*

unwiderruflich

- **issue** *v/t*
The cheque was **issued** almost three months ago.

ausstellen, emittieren, herausgeben
Der Scheck wurde vor fast drei Monaten ausgestellt.

Konten und Kontenführung

jointly *adv* You may **jointly** operate the account.	**gemeinsam** Sie können das Konto gemeinsam führen.
night depository *n* (→ **night safe**)	**Nachttresor, Nachtschließfach**
night safe *n* Do not use the **night safe** during the hours in which the branch is open. (→ **night depository**)	**Nachttresor, Nachtschließfach** Bitte benutzen Sie den Nachttresor nicht während der Öffnungszeiten unserer Zweigstelle.
p.a. *phrase* (*abbrev* **per annum**)	**pro Jahr, jährlich**
post-date *v/t* By **post-dating** your cheque you can ensure that it is not cashed before its due date.	**vordatieren** Indem Sie den Scheck vordatieren, können Sie sich vergewissern, dass er nicht vor dem Fälligkeitstermin eingelöst wird.
promissory note *n* (→ **bill of exchange**)	**Eigenaksept, Eigenwechsel, Schuldschein**
savings *npl*	**Ersparnisse, Spareinlagen**
savings book *n*	**Sparkassenbuch**
stockbroker services *npl* Customers who wish to buy and sell shares can avail themselves of the bank's **stockbroker services**.	**Aktien-, Börsen-, Wertpapiermakler Dienstleistungen** Kunden, die Aktien kaufen oder verkaufen möchten, können von unseren Maklerdiensten Gebrauch machen.
waive charges *phrase*	**keine Gebühren erheben, auf Gebühren verzichten**

Geld und Bankwesen

10.3 Investitionen

• **account (high interest ~)** *n*	**hochverzinsliches Konto, Konto mit hohen Ertragsraten**
• **blue chips** *npl*	**erstklassige Standardaktien**
• **broker** *n* (→ **stockbroker**) A **broker** organises the buying and selling of investments for a commission fee.	**Broker, Effektenmakler, (Aktien)Makler** Ein Broker organisiert den Ankauf und Verkauf von Wertpapieren auf Provisionsbasis.
build up *v/t* Will I be able to **build up** extra benefits in a personal pension fund?	**ansparen, Rücklagen bilden** Werde ich zusätzliche Leistungen in einer privaten Rentenversicherung ansparen können?
• **benefit (tax-free ~)** *n* In order to preserve your **tax-free benefits** you must leave the capital in your TESSA account untouched for the full five years. → **TESSA**	**steuerfreie Vergünstigungen** Um Ihre steuerfreien Vergünstigungen aufrecht zu erhalten, dürfen Sie das Kapital auf Ihrem TESSA-Konto während der gesamten fünf Jahre nicht in Anspruch nehmen.
certificate of deposit *n*	**Einlagenzertifikat**
• **interest** *n*	**Zins(en)**
interest (accrued ~) *n*	**aufgelaufene Zinsen**
interest (bear ~) *phrase* An instant access savings account does not **bear** a high rate of **interest**.	**Zinsen abwerfen, verzinst werden,** Ein Sparkonto mit täglicher Kündigungsfrist wirft keine hohen Zinsen ab.
interest (compound ~) *n*	**Zinseszins**
interest (simple ~) *n*	**einfache Zinsen**
• **invest** *v/t*	**anlegen, investieren, Investitionen vornehmen**

• **investment** *n*	**(Geld-, Kapital-)Anlage, Investition**
investment (offshore ~) *n*	**Auslandsinvestition, Auslandskapitalanlage**
investment (secure ~) *n* Gilt-edged securities are very ***secure investments*** because the government is unlikely to default on its obligations.	**sichere Kapitalanlage/ Investition** Staatspapiere sind eine sehr sichere Kapitalanlage, da es unwahrscheinlich ist, dass die Regierung ihren Verpflichtungen nicht nachkommt.
• **investment advice** *n*	**(Kapital)Anlage-, Vermögensberatung**
investment advisor, ~ consultant *n*	**(Kapital)Anlage-, Vermögensberater**
investment fund *n* This ***investment fund*** is designed with the ecologically conscious in mind.	**Anlage-, Beteiligungs-, Investitionsfonds** Diesen Anlagefonds hat man mit Hinblick auf umweltbewußte Anleger gestaltet.
• **investment income** *n*	**Kapitalerträge, Kapitaleinkünfte**
• **investment manager** *n*	**Anlageberater, Anlagemanager, Vermögensverwalter**
• **investment return** *n*	**Anlage-, Investitionsrendite, Anlageverzinsung**
investment scheme *n*	**Investitionsplan, Anlageprogramm**

Geld und Bankwesen

Investitionen

investment trust *n*
Investment trusts are similar to unit trust but investors have a wider choice of investment, including futures and commodities.

Investmentfonds, Investmenttrust
Investmentfonds haben Ähnlichkeit mit Investmenttrusts, aber Investoren haben eine größere Auswahl an Kapitalanlagen, die Termin- und Warentermingeschäfte einschließen.

• **investor** *n* — **Geld-, Kapitalanleger, Investor**

---

investor (prospective ~) *n* — **Anlageinteressent, möglicher Anleger**

---

investor confidence *n* — **Vertrauen/Zuversicht der Anleger**

• **mature** *v/i*
When your existing savings scheme has ***matured***, you can re-invest your capital in a new scheme.

auslaufen, fällig werden
Wenn Ihr bestehender Sparvertrag fällig wird, können Sie das Kapital in einen neuen Sparplan reinvestieren.

• **Personal Equity Plan** *n (GB)* **(PEP)**
PEPs are a popular form of saving because they are tax free.

persönlicher Aktiensparplan
Der persönliche Aktiensparplan ist eine beliebte Art des Sparens, da er steuerfrei ist.

---

outward investment *n* — **Investition im Ausland**

• **return** *n*
You can expect a good ***return*** from this investment.

Rendite, Verzinsung, Ertrag
Aus dieser Investitition können Sie eine gute Rendite erwarten.

---

sight deposits *npl*
Sight deposits can be drawn upon without prior notice.

Sichteinlagen
Sichteinlagen können ohne vorherige Kündigung entnommen werden.

• **stockbroker** *n* (*abbrev* **broker**) — **Broker, Effektenmakler, (Aktien)Makler**

---

stockbroking *n* — **Effektengeschäft, Börsen-, Wertpapierhandel**

Hypotheken und Darlehen 289

term deposits *npl*	**Termineinlagen, befristete Einlagen**

TESSA (Tax-Exempt Special Savings Account) *n (GB)*
You can only have one **TESSA** per person, building up to £9,000 maximum over five years.

TESSA *(steuerfreies, auf 5 Jahre festgelegtes Sparkonto)*
Sie können nur ein TESSA-Konto pro Person einrichten, das Sie über fünf Jahre hinweg auf maximal £9000 aufstocken können.

---

unit trust *n*

Investmenttrust (mit offenem Anlageportefeuille)

10.4 Hypotheken und Darlehen

advance *adj*
(→ **in advance**)
We give **advance** payments on mortgages to enable customers to purchase their property.

Vorschuss-, Vorab-
Bei Hypotheken leisten wir Vorauszahlungen, um unseren Kunden den Kauf ihres Eigenheimes zu ermöglichen.

---

borrow *v/t*

ausleihen, borgen, einen Kredit aufnehmen

---

borrowing *n*
The company secured its long-term **borrowing** by collateral in the form of real estate.

Kreditaufnahme, Verschuldung
Das Unternehmen deckte die langfristige Kreditaufnahme mit Immobiliensicherheit.

---

collateral *n*
You will need to provide adequate **collateral** for a loan of this size.

(Kredit)Sicherheit, Sicherungsgut, Mitbürgschaft
Für einen Kredit in dieser Höhe werden Sie eine adäquate Sicherheit erbringen müssen.

---

credit assessment *n*
Our **credit assessment** procedure stipulates that we need to have confirmation of your present salary.

Kredit-, Bonitätsprüfung, Kreditbeurteilung
Unser Kreditbeurteilungsverfahren schreibt vor, daß eine Bestätigung des derzeitigen Einkommens vorzulegen ist.

Hypotheken und Darlehen

credit terms *npl*
The amount of capital you need to raise will vary according to the type of business and the **credit terms** you can negotiate with your bank.

Kreditbedingungen, Kreditmodalitäten
Die aufzubringende Kapitalsumme wird sich nach der Art des Unternehmens richten sowie nach den Kreditmodalitäten, die Sie mit Ihrer Bank aushandeln können.

---

debenture *n (GB);*
corporate bond *n (US)*

(gesicherte) Schuldverschreibung *(GB);* **(ungesicherte) Schuldverschreibung** *(US)*

---

debenture (mortgage ~) *n*

Hypothekensicherungsvertrag, hypothekarische Sicherungsvereinbarung

---

debenture (naked~, simple ~) *n*

ungesicherte Schuldverschreibung

---

debenture (perpetual ~) *n*

Dauerschuldverschreibung, unkündbare Schuldverschreibung

---

debenture (secured ~) *n*

gesicherte Schuldverschreibung

● **deposit** *n*
No **deposits** have been made into this account since 2nd March.

Einlage, Einzahlung, eingezahlter Betrag
Auf diesem Konto sind seit dem 2. März keine Einzahlungen erfolgt.

● **deposit** *v/t*
I'd like to **deposit** these cheques into my business account.

(auf ein Konto) einzahlen, (bei einer Bank) hinterlegen
Ich möchte diese Schecks auf mein Geschäftskonto einzahlen.

---

depositor *n*

Einzahler, Hinterleger, Kontoinhaber, Sparer

● **equity** *n*

(Eigen)Kapital, Eigenmittel

---

equity appreciation *n*

Kapital(wert)zuwachs

---

equity investment *n*

Aktienanlage, Risikoinvestition, Kapitalbeteiligung

Hypotheken und Darlehen

equity (negative ~, ~ deficiency) n
Borrowing against your mortgage is currently not an option since you have **negative equity**.

fehlende Eigenleistung, Kapitalunterdeckung
Einen Hypothekenkredit aufzunehmen ist für Sie zur Zeit nicht möglich, da eine Kapitalunterdeckung besteht.

---

lend v/t
Finance houses often **lend** at a higher rate of interest than banks.

leihen, beleihen ausleihen
Finanzierungsgesellschaften verleihen Geld oft zu einem höheren Zinssatz als Banken.

---

lender n

Kreditgeber, Kreditanbieter, Darlehensgeber, Gläubiger

---

lending n
It is against our **lending** policy to accept unsecured debentures.

Kredit(gewährung), Kreditforderung, Kredit-
Es entspricht nicht unserer Kreditpolitik, ungesicherte Schuldverschreibungen zu akzeptieren.

● **lending rate** n

Kreditzins

---

letter of credit n
We shall require an irrevocable **letter of credit** from your bank.

Akkreditiv(schreiben), Kreditbrief
Wir benötigen dann einen unwiderruflichen Akkreditiv von Ihrer Bank.

● **loan** n

Kredit, Darlehen, Forderung

---

long-term adj

lanfristig

● **mortgage** n
Taking out a **mortgage** to buy a house is a long-term financial commitment for most people.

Hypothek(endarlehen), Hypothekenkredit
Für die meisten Menschen bedeutet die Aufnahme einer Hypothek für einen Hauskauf eine langfristige Zahlungsverpflichtung.

---

mortgage v/t

(mit einer Hypothek) belasten

---

mortgage (endowment ~) n

an eine Lebensversicherung gekoppelter Hypothekenkredit

Geld und Bankwesen

Hypotheken und Darlehen

- **mortgage (fixed-rate ~)** *n* — Festzinshypothek

mortgage (loan) application *n* — Hypothekengesuch

mortgage (second ~) *n*
The company director took a **second mortgage** on her home to obtain the finance she required to set up the business.

Zweithypothek
Die Geschäftsführerin nahm eine Zweithypothek auf ihr Haus auf, um das benötigte Kapital für eine Geschäftsgründung aufzubringen.

mortgage (variable rate ~) *n*
You should be very wary of **mortgages** with **adjustable rates**.

Hypothek mit variablem Zinssatz
Hypotheken mit variablem Zinssatz sind mit größter Vorsicht zu genießen.

redeem *v/t* — abtragen, ab-, einlösen, tilgen, zurückzahlen

redeemable *adj* — ab-, einlösbar, amortisierbar

redemption *n*
The **redemption** period for this loan is 10 years.

Ab-, Einlösung, Tilgung, Amortisation
Die Ablösungsfrist für dieses Darlehen beträgt 10 Jahre.

redemption date *n*
The **redemption date** of these debentures falls in March 2005.

Tilgungsfälligkeit, Rückzahlungstermin
Der Rückzahlungstermin für diese Schuldverschreibung fällt auf März 2005.

- **regular payments** *npl*
Direct debit is an easy way of making **regular payments**.

regelmäßige Zahlungen, regelmäßig wiederkehrende Zahlungen
Mit einer Einzugsermächtigung lassen sich leicht regelmäßig wiederkehrende Zahlungen erledigen.

short-term *adj*
Short-term deposits normally don't yield high interest rates.

kurzfristig
Kurzfristige Einlagen werden normalerweise nicht hoch verzinst.

10.5 Währungen und Währungsunion

appreciate v/ti	im Wert steigen, eine Wertsteigerung erfahren
convergence criteria npl Member states wishing to be in the first round of Monetary Union will have to tighten fiscal policy to meet the Maastricht ***convergence criteria.***	**Konvergenzkriterien** Diejenigen Mitgliedsstaaten, die in der ersten Runde der Währungsunion dabei sein möchten, müssen ihre Finanzpolitik verschärfen, um die Maastricher Konvergenzkriterien zu erfüllen.
● **convert to Euro currency** phrase	auf Eurowährung umstellen
● **currency** n	(Geld)Währung, Zahlungsmittel
● **currency (convertible ~)** n	konvertierbare Währung
● **currency (foreign ~)** n	Fremd-, Auslandswährung, Devisen
● **currency (hard ~)** n	harte Währung
● **currency (soft ~)** n	weiche Währung, schwache Währung
currency (~ fluctuation) n	(Wechsel)Kursschwankung
depreciate v/i	entwerten, im Wert mindern, an Wert einbüßen
devalue v/t	abwerten
● **devaluation** n	Abwertung, Entwertung, Devaluation
● **Economic and Monetary Union (EMU)** phrase The President of the Bundesbank warned of the economic consequences if governments wishing to join ***EMU*** were to fudge the entry criteria.	**Wirtschafts- und Währungsunion** Der Bundesbankpräsident warnte vor den wirtschaftlichen Folgen, wenn die Regierungen, die der WWU beitreten wollen, die Beitrittskriterien verwässern würden.

Geld und Bankwesen

Währungen und Währungsunion

• **European Currency Unit (ECU)** *n*	**Europäische Währungseinheit (ECU)**
European Investment Bank (EIB) *n*	**Europäische Investmentbank**
• **European Monetary System (EMS)** *n*	**Europäisches Währungssystem (EWS)**
Exchange Rate Mechanism (ERM) *n* The **ERM** is part of the European Monetary System, which requires countries to keep the fluctuations of their currencies within agreed limits.	**Wechselkursmechanismus** Der Wechselkursmechanismus ist Teil des europäischen Währungssystem, in dem Länder ihre Wechselkursschwankungen auf eine vereinbarte Bandbreite begrenzen müssen.
• **euro** *n* The European single currency is called the **euro**.	**Euro** Die einheitliche europäische Währung ist der Euro.
• **exchange rate** *n* The country's official **exchange rate** is completely unrealistic.	**Wechsel-, Umtauschkurs** Der offizielle Wechselkurs ist völlig unrealistisch.
exchange control(s) *n*	**Währungs-, Devisen-, Paritätenkontrolle**
exchange rates (fixed ~) *npl* The last phase of monetary union will introduce **fixed exchange rates** between member countries.	**feste Wechselkurse** In der letzten Phase der Währungsunion werden zwischen den Mitgliedsländern feste Wechselkurse eingeführt.
exchange rates (forward ~) *npl* (➤ **currency (~ fluctuation)**) The **forward exchange rates** indicate sterling gaining slightly against the Deutschmark over the next 12 months.	**Devisentermingeschäfte** In den Devisentermingeschäften deutet sich an, dass das Pfund Sterling gegenüber der Deutschmark in den nächsten 12 Monaten leicht ansteigen wird.
foreign exchange market *n*	**Devisenmarkt, Devisenbörse**

Währungen und Währungsunion

- **fluctuate** v/i
  The value of sterling continues to **fluctuate** on the foreign exchange markets.

  fluktuieren, schwanken, sich ständig ändern
  Der Wert des Pfund Sterling fluktuiert weiterhin an den Devisenmärkten.

hedge against v/t

absichern gegen

- **intervene** v/i
  The Bank of England **intervened** in the foreign exchange market in order to support the pound.

  eingreifen, intervenieren
  Die Bank von England griff am Devisenmarkt ein, um das englische Pfund zu stützen.

- **intervention** n

  Intervention, Eingriff, Eingreifen

legal tender n

gesetzliches Zahlungsmittel

foreign exchange reserves npl

Währungsreserven, Devisenreserven

realignment n
The **realignment** of EMS central rates was a prerequisite for currency union.

Anpassung, Neuordnung, Neuausrichtung
Die Anpassung der EWS-Leitkurse war eine Voraussetzung für die Währungsunion.

- **revalue** v/t
  Is there any likelihood that the government will **revalue** its currency in the light of its continuing balance of payments surpluses?

  aufwerten, neu bewerten
  Wie wahrscheinlich ist es, dass die Regierung angesichts ihres weiterhin andauernden Handelsbilanzüberschusses die Währung aufwertet?

- **run** n
  Fears about political instability caused a **run** on the country's currency which lost 30% of its value in two days' trading.

  Ansturm, Andrang, große Nachfrage
  Ängste über politische Unruhen verursachten einen Ansturm auf die Landeswährung, die innerhalb von zwei Geschäftstagen 30% ihres Wertes verlor.

- **slump** n

  starker Abfall, Einbruch, Krise, Rückgang

Geld und Bankwesen

slump v/i
The pound has **slumped** on the foreign exchange markets.

(im Wert) fallen, stark zurückgehen
Das Pfund ist an den ausländischen Devisenmärkten im Wert stark gefallen.

soar v/i
The value of the pound **soared** against the Euro today.

sprunghaft ansteigen, in die Höhe schießen
Der Wert des Pfundes ist heute gegenüber dem Euro sprunghaft angestiegen.

spot market n
On the **spot market** you can buy a foreign currency at the spot price for immediate delivery.

Kassa-, Loko-, Spotmarkt
Auf dem Kassamarkt kann man ausländische Währungen zum Platzkurs zur sofortigen Lieferung kaufen.

spot rate n
The **spot rate** for sterling is currently 2.754 £/DM.

(Devisen)Kassakurs, im Kassakurs festgestellte Wechselkurse
Der Kassakurs des englischen Pfundes beträgt zur Zeit 2,7524 £/DM.

• **transaction** n

Transaktion, Geschäftsvorgang, Ausführung

11 Finanzwesen

11.1 Finanzierung

borrower n

Kreditnehmer(in), Darlehensnehmer(in), Schuldner(in)

Eurobond n
The company decided to raise the necessary capital via the **Eurobond** market.

Euroanleihe, Eurobond
Das Unternehmen beschloss, sich das notwendige Kapital auf dem Euroanleihemarkt zu beschaffen.

Finanzierung

factoring *n*
Factoring is a method of disposing of a company's debts by 'selling' them on to a finance house or a bank.

Factoring(geschäft), Forderungsankauf, Debitorenverkauf
Factoring ist eine Möglichkeit für ein Unternehmen, seine Schulden an eine Finanzierungsgesellschaft oder eine Bank ‚weiterzuverkaufen'.

● **finance** *n*

Finanz-, Kreditwesen, Finanzwirtschaft, Finanzen, Finanzierung

---

● **finance** *v/t*
Most government expenditure is *financed* through taxation.

finanzieren, Kapital beschaffen
Die meisten Staatsausgaben werden durch Steueraufkommen finanziert.

---

finance (long term ~) *n*
We will need *long-term finance* to implement these plans over a 10-year period.

langfristige Finanzierung(smittel)
Wir werden langfristige Finanzierungsmittel benötigen, um diese Pläne über einen Zeitraum von 10 Jahren umzusetzen.

---

finance (short term ~) *n*

kurzfristige Finanzierung(smittel)

● **float** *v/i*

(Börse) an die Börse bringen/begeben, an der Börse einführen

● **flotation** *n*

Aktienemission an der Börse, Börseneinführung

● **go public** *v/i*

an die Börse gehen, in eine AG umwandeln

---

injection of capital *n*
The company urgently needs an *injection of capital* in order to modernise its plant.

Kapitalzufuhr, Kapitalspritze
Das Unternehmen braucht dringend eine Kapitalspritze, um seine Produktionsanlage zu modernisieren.

Finanzwesen

298 Finanzierung

● **issue** *n* | (Aktien) Ausgabe, Emission

issue price *n*
In only three weeks the market price of these shares has risen way above their **issue price**.
| Emissionspreis
Bereits nach drei Wochen ist der Marktpreis dieser Aktien weit über den Emissionspreis hinaus gestiegen.

junk bond *n* | Junk Bond, Risikopapier

● **lease** *v/t*
We **lease** all our company vehicles in order to avoid tying up capital.
| leasen, pachten, (an)mieten, vermieten
Um Kapitalfestlegung zu vermeiden, leasen wir unseren gesamten Fuhrpark.

lease *n* | Pacht(vertrag), Pacht(zeit)

lease back *v/t*
The company raised finance by selling its site and buildings to an insurance company **leasing them back**.
| rückverpachten, rück-, wiederanmieten
Das Unternehmen beschaffte sich Kapital durch Verkauf seines Grundstückes und seiner Gebäude an eine Versicherungsgesellschaft bei gleichzeitiger Rückmiete.

lease-back *n*
We sold the office in 1998 but have continued to occupy it on a 10-year **lease-back** basis.
| Rückverpachtung, Wierderanmietung
Wir haben das Büro 1998 verkauft, arbeiten aber weiterhin darin auf zehnjähriger Rückverpachtungsbasis.

● **leasing** *n* | Leasing, Verpachtung, Vermietung

nominal capital *n* (→ authorised share capital) | Nenn-, Nominal-, Grund-, Stammkapital

offer for sale by tender *n* | Ausschreibung einer Emission

open offer *n* | offenes Angebot

over-extended *adj* | überschuldet

Finanzierung

plough back v/t
The directors announced their intention to build for the future by **ploughing** profits **back** into the firm.

(Gewinn) einbehalten, reinvestieren
Die Geschäftsführer kündigten ihre Absicht an, durch Reinvestition der Gewinne die Zukunft der Firma zu sichern.

---

pro rata adv, adj
(→ **rights issue**)

verhältnis-, anteils-, quotenmäßig

● **project finance** n

Projektfinanzierung

Public Sector Borrowing Requirement phrase
(abbrev **PSBR**)
The **PSBR** shows how much money the government needs to borrow to meet the shortfall between income and expenditure.

Kredit-/Verschuldungsbedarf der Öffentlichen Hand
Der Kreditbedarf der Öffentlichen Hand zeigt an, wieviel Gelder der Staat aufnehmen muss, um den Fehlbetrag zwischen Einnahmen und Ausgaben zu decken.

● **raise finance** phrase

Kapital/Geld aufnehmen, Kapital beschaffen

● **realise** v/t

realisieren, umsetzen, liquidieren, verwerten

---

registered capital n
(→ **authorised share capital**)

eingetragenes/registriertes (Aktien)Kapital

---

rights issue n
Existing shareholders can buy into the **rights issue** pro rata to their holdings.

Bezugsrechtsausgabe, Bezugsrechtsemission
Alt-Aktionäre können Bezugsrechtsemissionen gemäß ihrer Aktienanteile erwerben.

---

scrip issue n (UK),
stock split n (US)
The management decided on a one-for-ten **scrip issue** to its existing shareholders.

Ausgabe/Emission von Gratisaktien
Die Geschäftsführung entschied sich, eine Gratisaktie pro zehn Aktien an ihre Alt-Aktionäre auszugeben.

Finanzwesen

Finanzierung

share capital (issued ~) *n*
Employees were disappointed that the company's *issued share capital* fell some way short of its authorised share capital.

ausgegebenes/emittiertes Aktienkapital
Die Firmenangestellten waren enttäuscht darüber, dass das emittierte Aktienkapital weit hinter dem zur Ausgabe genehmigten Aktienkapital zurückblieb.

- **sources of finance** *npl*

  Finanzierungsquellen

- **underwrite** *v/t*
  The issuing house will charge a commission of around 2% for *underwriting* unsold shares from the new issue, adding to the costs of flotation.

  eine Emission übernehmen, zeichnen, versichern
  Das Emissionshaus wird eine Gebühr von etwa 2% für die Versicherung unveräußerter Aktien aus der neuen Emission erheben, was zur Erhöhung der Kosten für die Aktienemission beitragen wird.

- **underwriter** *n*

  Emissionshaus

- **unlisted company** *n*
  Unlisted companies have fewer options than companies listed on the Stock Exchange in respect of raising finance.

  nicht eingetragen/aufgeführt, unnotiert
  Nicht eingetragene Unternehmen haben geringere Wahlmöglichkeiten bei der Kapitalbeschaffung als an der Börse notierte Unternehmen.

unlisted securities market *n* (*abbrev* **USM**)
Small companies can raise capital via the **USM** which is easier and cheaper to join than the London Stock Exchange's main market.

(Börse) Markt für unnotierte Werte, Freiverkehr(smarkt)
Kleine Unternehmen können sich Kapital über den Freiverkehrsmarkt beschaffen, zu dem der Beitritt leichter und preiswerter ist als zur Londoner Börse.

11.2 Börse

• **acquire** v/t	erwerben, erstehen, (auf)kaufen
after-hours dealing n The pound rose against the yen in **after-hours dealing** in Tokyo.	nachbörslicher Handel Das englische Pfund stieg gegenüber dem Yen im nachbörslichen Handel in Tokio.
• **all-time low** n	absoluter Tiefstand
bear n Because further falls in share prices are forecast the **bears** were selling heavily in the stock market today.	Baissier, (Baisse)Spekulant(in) Da weitere Kursverfälle der Aktien vorausgesagt werden, verkauften Spekulanten heute massiv am Aktienmarkt.
bear market n	Baissemarkt, Baissesituation
bearish adj The foreign exchange markets were in **bearish** mood today, leading to further pressure on sterling.	pessimistisch, zur Baisse tendierend Die Devisenmärkte waren heute in pessimistischer Stimmung, was zu weiterem Druck auf Sterling führte.
• **brisk trading** n	(Börse) lebhafte Umsätze
• **light trading** n	(Börse) schwache Umsätze
• **brokerage** n (→ **commission**)	Maklergebühr, Courtage, Provision
bull n The **bulls** were out in force during a sustained period of heavy buying on the stock market today.	Haussier, (Hausse)Spekulant, Preistreiber Während einer anhaltenden Periode des lebhaften Kaufgeschäftes waren Haussespekulanten heute zahlreich an der Börse vertreten.
bull market n	Aktien-, Börsenhausse, Haussemarkt

Finanzwesen

Börse

bullish *adj*
The stock market was in **bullish** mood today after 3 of Britain's leading companies turned in better than expected results.

haussierend, optimistisch, zuversichtlich
Der Aktienmarkt war heute in optimistischer Stimmung, nachdem drei führende britische Unternehmen bessere Ergebnisse als erwartet einfuhren.

• **crash** *n*

Börsensturz, Kurseinbruch, Crash

• **crash** *v/i*
Stock markets around the world **crashed** today, as billions of pounds were wiped off share values.

zusammenbrechen, Bankrott gehen
Die Aktienmärkte verzeichneten heute einen weltweiten Börsensturz und tilgten Aktien im Werte von Milliarden Pfund Sterling.

• **DAX** (*abbrev* **Deutscher Aktienindex**)
In Frankfurt, the DAX index rose 1.8% last week.

DAX (Deutscher Aktienindex)
In Frankfurt stieg der DAX letzte Woche um 1,8%.

• **Dow Jones Industrial Average** *n (US)*
(*abbrev* **Dow Jones**)
The Dow Jones index measures the average share price of 30 leading U.S. industrial companies.

amerikanischer Aktien-, Börsenindex
Der Dow Jones Index mißt den durchschnittlichen Aktienwert von 30 führenden amerikanischen Industrieunternehmen.

• **Financial Times-Stock Exchange 100 Share Index** *n*
(*abbrev* **FTSE 100, FT-SE 100, 'Footsie'** *colloq*)

britischer Aktienindex, Börsenindex

---

financials *npl* (*abbrev* **financial companies/institutions**)
Financials also suffered losses, including a number of banks.

(Börse) Finanzinstitute, Finanzunternehmen
Finanzunternehmen erlitten ebenfalls Verluste, einschließlich einer Anzahl von Banken.

---

floor trading *n*
Floor-trading was sluggish on the Stock Exchange this morning.

Parketthandel
Der Parketthandel an der Börse verlief heute Morgen nur schleppend.

Börse 303

- **Footsie** *n fam* (↠ Financial Times-Stock Exchange 100 Shares Index)

  Footsie (britischer Aktienindex)

- **fund manager** *n*
  Our **fund managers** have a proven track-record in managing investments on behalf of clients.

  Fonds-Manager
  Unsere Fonds-Manager haben eine nachgewiesene Erfolgsbilanz bei der Anlageverwaltung für unsere Kunden.

futures market *n*

(Finanz)Terminbörse, Futures-Markt

industrials *n* (*abbrev* **industrial companies**)

(Börse) **Industriepapiere, Industriewerte**

insider dealing/trading *n*
The former minister's purchase of shares is being investigated because of accusations of **insider dealing**.

Insidergeschäft, Insiderhandel
Wegen Verdachts auf Insidergeschäfte beim Erwerb von Aktien wird zur Zeit gegen den ehemaligen Minister ermittelt.

- **institutional investor** *n*
  Institutional investors include banks, building societies, insurance companies, pension funds and trade unions.

  institutioneller Anleger
  Institutionelle Anleger schließen Banken, Bausparkassen, Versicherungen, Rentenfonds und Gewerkschaften ein.

- **investment analyst** *n*
  Mr Jones is our **investment analyst** specialising in Far East markets.

  Anlage-, Portefeuille-, Vermögensberater
  Herr Jones ist unser Anlageberater, der sich auf die Märkte im Nahen Osten spezialisiert hat.

- **jobber** *n*
  Jobbers buy shares from one broker and sell them to another.

  Aktien-, Eigenhändler, Börsenmakler
  Eigenhändler kaufen Aktien von einem Broker an, um sie an einen anderen weiterzuverkaufen.

knight (black ~) *n*

Firmenjäger, aggressiver Firmenkäufer

knight (grey ~) *n*

grauer/unbekannter Anleger

Finanzwesen

Börse

knight (white ~) *n*

rettender Engel, Retter in höchster Not

London International Financial Futures Exchange *n* (*abbrev* **LIFFE**)

internationaler Londoner Finanzterminmarkt

• **main market** *n*
The London Stock Exchange's **main market** lists around 2500 shares.

Hauptbörsenplatz, bedeutendste Börsenplatz
Der bedeutendste Börsenplatz Londons notiert etwa 2500 Aktienkurse.

NASDAQ *n* (**National Association of Securities Dealers Automated Quotation**) *(US)*
The **NASDAQ** is a computerised system listing prices for about 4,000 US stocks.

computergestützte Kursnotierung an der amerikanischen Börse
Der NASDAQ ist ein computergestütztes System zur Kursnotierung von etwa 4000 amerikanischen Wertpapieren.

• **New York Stock Exchange** *n* (*abbrev* **NYSE**)

New Yorker Börse

Nikkei Index *n* (*abbrev* **Nikkei**)

Nikkei-Index (der japanischen Börse)

over-the-counter market *n* (*abbrev* **OTC**) (→ **unlisted securities market**)
OTC markets are not regulated by the major stock exchanges and are more common in the USA than in the UK.

Freiverkehr, außerbörslicher Handel
Der außerbörsliche Handel wird nicht durch die großen Aktienmärkte reguliert und ist in den USA gebräuchlicher als in Großbritannien.

• **pension fund** *n*
Pension funds are some of the largest institutional investors.

Rentenvericherungsträger, Rentenfonds
Die Rentenvericherungsträger sind einer der größten institutionellen Anleger.

• **plummet** *v/i*

stark fallen, (ab)stürzen, absacken

Börse 305

- **rally** n | Kurserholung. Auftrieb, Preisaufschwung

- **rally** v/i | sich erholen, aufholen, zu Kräften kommen
Share prices **rallied** this afternoon following a heavy drop in price in yesterday's trading. | Nach dem starken Kursrückgang des Vortaggeschäftes erholten sich die Kurse heute Nachmittag wieder.

- **recover** v/ti (→ **rally**) | wieder-, zurückerlangen, *(Börse)* sich erholen

ripple effect n | Ansteckungseffekt

Securities and Investment Board n (UK) (abbrev **SIB**); **Securities Exchange Commisssion** n (US) (abbrev **SEC**) | *Aufsichtsbehörde für den britischen Wertpapier- und Finanzsektor*

- **share index** n | Aktienindex
The major **share indexes** include the DAX, the Hang Seng Index, the FTSE, the Dow Jones and the Nikkei among others. | Die wichtigsten Aktienindexe schließen unter anderem den DAX, den Hang Seng Index, den FTSE, den Dow Jones und den Nikkei ein.

short selling n | Baissespekulation, Leerverkäufe
The dealer knew the risks of **short selling** but still opted to sell securities he did not actually have. | Der Händler kannte die Risiken bei Leerverkäufen, verkaufte aber dennoch Wertpapiere, die er gar nicht besaß.

slide n | Talfahrt, Abgleiten, Verfall, Preiseinbruch
The Footsie fell 148 points, recording the biggest closing **slide** for 4 months. | Der britischer Aktienindex fiel um 148 Punkte und verzeichnete damit den größten Aktieneinbruch zum Börsenschluss seit vier Monaten.

Finanzwesen

Börse

● **speculate** v/t
He lost a good deal of money **speculating** on rising land prices at a time when the building industry was in recession.

spekulieren, gewagte Geschäfte machen
Mit seinen Spekulationen auf steigende Grundstückspreise zu einer Zeit, als die Bauindustrie in der Rezession steckte, hat er eine Menge Geld verloren.

---

stag n
The activity of **stags** buying in the new issues market and selling on the Stock Exchange has diminished in recent years.

Konzertzeichner, spekulativer Aktienzeichner
Die Aktivitäten von spekulativen Aktienzeichnern, die auf dem neuen Emissionsmarkt ankaufen und an der Börse wieder verkaufen, haben sich in den letzten Jahren verringert.

● **stock exchange** n
The company's shares were floated on the London **Stock Exchange** this morning.

(Aktien)Börse, Wertpapier-, Effektenbörse
Die Aktien des Unternehmens wurden heute an der Londoner Börse eingeführt.

● **stock exchange listing** n

Börsennotierung

Stock Exchange Automated Quotations System phrase (GB) (abbrev **SEAQ**)
SEAQ provides a computerised record of deals on the London Stock Exchange.

computergestützte Kursnotierung an der britischen Börse
SEAQ bietet einen Computernachweis aller Abschlüsse an der Londoner Börse.

● **stock market** n
(→ stock exchange)

(Aktien)Börse, Wertpapier-, Effektenbörse

● **surge** v/i
The company's shares **surged** 47.3% to end the day on 36.5p.

rasch/steil/sprunghaft ansteigen
Die Firmenaktien stiegen sprunghaft um 47% an und erreichten bei Börsenschluss einen Stand von 36,5 Pence.

Wertpapiere und Aktien

utilities *npl*
Utilities generally fared better, with the exception of the water companies.

(Energie)Versorgungsbetriebe
Aktien der Versorgungsbetriebe schnitten im Allgemeinen besser ab mit Ausnahme der Wasserwirtschaftsunternehmen.

● **volatile** *adj*

unbeständig, schwankend

● **volatility** *n*
The stock market is presently experiencing a period of sustained **volatility**.

Unbeständigkeit, *(Börse)* Kursschwankung
Die Börse erfährt momentan eine Periode anhaltender Kursschwankungen.

11.3 Wertpapiere und Aktien

after all other claims are settled *phrase*
If the company is wound up owners of ordinary share receive an allocation of the assets of the company only **after all other claims are settled**.

nach Abfindung aller außenstehenden Forderungen
Wenn die Firma aufgelöst ist, erhalten Stammaktionäre eine Zuteilung aus dem Firmenvermögen, aber erst nach Abfindung aller außenstehenden Forderungen.

allocation *n*

Zuteilung(squote), Zuweisung, Kostenumlage

allotment *n*
Each member was entitled to a basic **allotment** of 450 shares when the building society became a bank.

Zuteilung(squote), Zuweisung
Jedes Mitglied hatte Anspruch auf eine einmalige Zuteilung von 450 Aktien, als die Bausparkasse in eine Bank umgewandelt wurde.

arbitrage *n*

Arbitrage(-Handel)

● **bond** *n*

Anleihe, Obligation, Schuldverschreibung

bond (bearer ~) *n*

Inhaberanleihe , Inhaberobligation

bond (treasury ~) *n (US)*

Schatzanleihe

Finanzwesen

Wertpapiere und Aktien

- **capital growth** n
If you are looking for **capital growth** you should invest in equities which generally keep pace with inflation.

Kapitalzuwachs, Kapitalwachstum
Wenn Sie nach einer Anlage mit Kapitalzuwachs suchen, sollten sie in Aktien investieren, die im Allgemeinen mit der Inflation Schritt halten.

Convertible stock n
Convertible stock can be converted into ordinary shares if you wish to do so at a future date.

Wandelanleihe
Wandelanleihen sind wandelbar in Stammaktien, falls dies zu einem zukünftigen Zeitpunkt erwünscht sein sollte.

- **discount** n

Abschlag, Abgeld, Nachlass

discount market n

Diskontmarkt

discount (at a ~) phrase
Treasury bills are bought by discount houses **at a discount** and later sold for their redemption value.

mit Rabatt, mit Preisnachlass
Schatzbriefe werden von Diskonthäusern mit Rabatt angekauft und später zu ihrem Ablösungswert verkauft.

- **equities** npl

Aktienwerte, Anteils-, Dividendenpapiere

- **equity market** n

Aktienmarkt

- **dispose of** v/i
Our client has decided to **dispose of** his holdings in Bennet Products PLC.

veräußern, absetzen, abstoßen
Unser Klient hat sich dazu entschieden, seine Anteile an Bennet Products PLC zu veräußern.

- **gilts** npl (GB) **(gilt-edged securities)**

Staatsanleihen, Anlagenpapiere, erstklassige Sicherheit

growth stock n

Wachstumaktien, Wachstumwerte

high-income adj

hochrentierlich, einkommensstark

- **holding** n (→ **dispose of**)

Anteil, Beteiligung, (Aktien)Besitz

Wertpapiere und Aktien

● **index-linked** *adj* You should consider investing in **index-linked** government securities.	**indexiert, indexgekoppelt, (*Rente*) dynamisch** Sie sollten indexgekoppelte Staatsanleihen für Ihre Investitionen in Betracht ziehen.
investment regulations *npl*	**Anlagevorschriften**
longs *npl* **(long-dated gilts)** **Longs** are not redeemable for at least 15 years, though you can of course buy and sell them during that period.	**(Anlage) Langläufer, langfristige Einlagen** Langläufer sind nicht vor mindestens 15 Jahren einlösbar, allerdings kann man sie währenddessen kaufen und verkaufen.
maturity *n*	**Fälligkeit(stermin), Verfall, Laufzeit**
mediums *npl* **(medium-dated gilts)**	**mittelfristige Einlagen**
● **nominal price** *n* The **nominal price** of the shares is 10p but they are now trading at 87p.	**Nennwert** Der Nennwert der Aktien beträgt 10 Pence, aber sie werden jetzt zu 87 Pence gehandelt.
non-voting share *n*	**Aktie ohne Stimmrecht**
penny share *n (GB)*	**Kleinaktie**
● **portfolio** *n*	**(Aktien-, Effekten-, Wertpapier) Besitz, Portfolio, Bestand**
portfolio (balanced ~) *n*	**Portfolio mit Risikominimierung/ Risikoausgleich**
portfolio management *n*	**Portfoliomanagement, Vermögensverwaltung**
● **securities** *npl* **Securities** is a general term used to describe the investments traded on the stock exchange.	**Wertpapiere, Effekten, Sicherheiten** Wertpapierinvestitition ist ein allgemeiner Begriff zur Beschreibung der Investititionen, die an der Börse getätigt werden.

Finanzwesen

Wertpapiere und Aktien

share *n*
You would be well advised to purchase **shares** in a range of companies in order to spread the risk.

Anteil, Beteiligung, Aktie(nwert)
Es wäre sehr anzuraten, Aktien von verschiedenen Unternehmen zu erwerben, um das Risiko zu verteilen.

---

share (ordinary ~) *n (UK)*, common stock *n (US)*
Ordinary shares entitle you to receive variable dividends, vote at general meetings and receive some compensation if the company is wound up.

Stammaktie
Stammaktien berechtigen Sie zum Erhalt von variablen Dividenden, zur Wahl bei Hauptversammlungen und zum Erhalt von Entschädigungen, sollte die Firma in Konkurs gehen.

---

share (preference ~) *n*
Preference shares pay a fixed-rate dividend before any dividend to ordinary shareholders, and are non-voting unless the dividend is in arrears.

Vorzugsaktie, Vorrechtsaktie
Vorzugsaktien werfen noch vor Ausschüttung an Stammaktionäre eine feststehende Dividende ab und berechtigen nicht zur Wahl, es sei denn, die Dividende wird im Nachhinein gezahlt.

---

share certificate *n*
Aktienurkunde, Aktienzertifikat

---

share prices *n*
Share prices are printed in a number of daily newspapers and by teletext and Ceefax.

Aktienpreis, Aktienkurs, Aktiennotierung
Aktienkurse werden in einer Reihe von Tageszeitungen und von Bildschirmdiensten (Teletext und Ceefax) abgedruckt.

---

share value *n*
Share values fell sharply today following the release of another set of adverse trade figures.

Aktienwert
Nach der Veröffentlichung einer weiteren Reihe von negativen Außenhandelsdaten fielen die Aktienwerte heute stark ab.

---

share-ownership *n*
Share-ownership has reached an all-time high in Britain following a spate of privatisations in the 1980's and 1990's.

Aktien-, Anteilsbesitz
Nach der Privatisierungswelle in den achtziger und neunziger Jahren hat der Aktienbesitz in Großbritannien einen absoluten Höchststand erreicht.

Controlling 311

• **shareholder** *n*	**Aktionär, Aktien-, Anteilsinhaber**
shares (block of ~) *n*	**Aktienpaket**
shorts *npl* **(short-dated gilts)** You might also consider **shorts**, which are redeemable within 5 years.	**(Anlage) Kurzläufer, kurzfristige Einlagen** Sie könnten auch Kurzläufer in die nähere Auswahl ziehen, die bereits innerhalb von fünf Jahren einlösbar sind.
• **stock** *n* **Stocks** refer mainly to gilt-edged securities or debentures in Great Britain, whereas in the US they are ordinary shares.	**(Börse) staatliche Wertpapiere, Anlagepapiere, Aktien-, Anleihekapital** Mit Anlagepapieren sind in Großbritannien hauptsächlich Staatsanleihen oder Schuldverschreibungen gemeint, in den USA hingegen sind es Stammaktien.
subscription share *n*	**Subskriptionaktie**
treasury bill *n (UK, US)*	**Schatzwechsel**

Finanzwesen

11.4. Controlling

availability of capital *n*	**Verfügbarkeit von Kapital**
• **capital** *n*	**Kapital, (Geld)Mittel, Vermögen**
capital (circulating ~) *n* (→ **capital, working ~**)	**Umlauf-, Betriebskapital**
capital (working ~) *n* The company's **working capital** is a good indicator of its general health.	**Geschäftskapital, Betriebsvermögen, Umlaufvermögen** Das Umlaufvermögen eines Betriebes ist ein guter Indikator für seinen allgemeinen Zustand.

Controlling

- **controlling interest** n
The Chairman has a **controlling interest** in the football club.

Kapitalmehrheit, Mehrheitsbeteiligung, maßgebliche/mehrheitliche Beteiligung
Der Vorsitzende besitzt eine Kapitalmehrheit des Fußballvereines.

- **debt (be in ~)** phrase
The company **is** heavily **in debt**.

Schulden haben, verschuldet sein
Das Unternehmen ist hochverschuldet.

debt (run into ~) phrase
The export company **ran into debt** because the high value of the pound made its goods less attractive to overseas buyers.

in Schulden geraten, sich verschulden
Die Exportfirma geriet in Schulden, da ihre Waren durch den hohen Kurs des englischen Pfundes bei ausländischen Kunden schlecht ankamen.

debt ratio n
The company has traded successfully this year but its **debt ratio** remains high and this is depressing its share value.

Verschuldungsrate
Die Firma hat ein erfolgreiches Geschäftsjahr gehabt, aber seine Verschuldungsrate bleibt zu hoch und belastet seinen Aktienwert.

- **dividend** n
The directors of the company have recommended that this year's **dividend** be maintained at the same rate as last year's.

Dividende, Ausschüttung, Gewinnanteil
Die Geschäftsführung des Unternehmens hat empfohlen, die diesjährige Dividende auf der gleichen Höhe wie im Vorjahr zu halten.

dividend (declare a ~) phrase
The company **declared a dividend** of 7p per share.

Dividende erklären/festsetzen
Das Unternehmen setzte eine Dividende von 7 Pence pro Aktie fest.

dividend payable n
The interim **dividend payable** on 139 ordinary shares is £ 41.88 after tax.

fällige Dividende
Nach Steuerabzug beträgt die fällige Abschlagsdividende für 139 Stammaktien £ 41,88.

finance n
Finance has to do with how funds for business are obtained and used.

Finanzwesen, Finanzen, Finanzierungsmittel
Das Finanzwesen beschäftigt sich mit der Beschaffung und Verwendung von Geldmitteln.

financial management n
Finanzmanagement

golden share n
The British government can choose to hold a **golden share** in newly privatised companies it deems of national interest in order to prevent foreign takeovers.

Sperraktie, Aktie mit Vetorecht (der Regierung)
Die britische Regierung kann, um ausländischen Übernahmen vorzubeugen, bei neuprivatisierten Unternehmen eine Aktie mit Vetorecht erwerben, wenn dies im Landesinteresse sein sollte.

investor confidence n
The management team has to maintain **investor confidence** in the company.

Vertrauen/Zuversicht der Anleger/Investoren
Das Mangement Team muss das Vertrauen der Anleger aufrecht erhalten.

stake n
The family still has a 40% **stake** in the business.

Anteil, Beteiligung
Die Familie besitzt immer noch einen Firmenanteil von 40%.

strapped for cash phrase
The car company is thought to be so **strapped for cash** that it is about to sell off its luxury car division to the highest bidder.

bargeld-, mittellos, knapp bei Kasse
Die Automobilfirma soll offenbar so knapp bei Kasse sein, dass sie kurz vor dem Verkauf ihrer Luxuswagenabteilung an den meistbietenden Käufer steht.

11.5 Besteuerung

advance corporation tax n (abbrev **ACT**)
Körperschaftssteuervorauszahlung

allowable against tax phrase
Retirement benefits paid by employers are **allowable against tax**.

(steuerlich) absetzbar/berücksichtigungsfähig
Rentenversicherungsbeiträge der Arbeitgeber sind steuerlich absetzbar.

Besteuerung

allowable for tax purposes
phrase
Entertaining and gifts to clients are not **allowable for tax purposes** in Britain.

(steuerlich) absetzbar/berücksichtigungsfähig
Bewirtung und Kundengeschenke sind in Großbritannien nicht steuerlich absetzbar.

allowance *n*
(→ tax allowance)

Steuerfreibetrag

basic (tax) rate *n*
(→ income tax)
You are currently taxed at the **basic rate** on taxable income up to £25,500.

Standardsteuersatz
Zur Zeit werden Sie nach dem Standardsteuersatz für steuerpflichtige Einkommen bis zu £25 500 veranlagt.

capital gains tax *n*
(*abbrev* **CGT**)
The company had to pay **CGT** on the capital realised by selling building land.

Kapitalertragssteuer, Kapitalgewinnsteuer
Das Unternehmen musste Kapitalertragssteuer auf das durch den Verkauf von Grundstücken liquidierte Kapital bezahlen.

corporation tax *n*
In Britain **corporation tax** currently stands at 35% on pre-tax profits.

Körperschaftssteuer
In Großbritannien beträgt die Körperschaftssteuer zur Zeit 35% der Vorsteuergewinne.

deducted at source *phrase*

an der Quelle abgezogen, quellenbesteuert

double taxation *n*

Doppelbesteuerung, doppelte Besteuerung

double taxation agreement *n*

Doppelbesteuerungsabkommen

exempt *adj*
Charities are **exempt** from corporation tax.

ausgenommen
Karikative Verbände sind von der Körperschaftssteuer ausgenommen.

Besteuerung

fiscal *adj*
Germany's **fiscal** position has deteriorated due to weak consumer demand and rising unemployment.

Fiskal-, steuerlich, steuerrechtlich, finanziell
Wegen schwacher Verbrauchernachfrage und steigender Arbeitslosigkeit hat sich die finanzielle Lage Deutschlands verschlechtert.

---

higher rate *n*
(→ **income tax**)
Income tax is calculated at the **higher rate** for any taxable income in excess of £25,500.

höhere Steuerklasse
Für steuerpflichtiges Einkommen über £25 500 wird Einkommensteuer gemäß der höheren Steuerklasse berechnet.

● **income tax** *n*
There are currently three rates of **income tax** in Britain – lower (20%), basic (24%) and higher (40%).

Einkommensteuer
Zur Zeit gibt es in Großbritannien drei Einkommensteuerklassen - untere (20%), mittlere (24%) und obere Steuerklasse (40%).

● **income tax return** *n*

Einkommensteuererklärung

● **Inland Revenue** *n (GB);*
Internal Revenue Services *n (US)*
This form notifies the **Inland Revenue** that you are self-employed.

Finanzamt, Steuerbehörde
Mit diesem Formular setzen Sie das Finanzamt darüber in Kenntnis, dass Sie sich selbständig gemacht haben.

---

liable to corporation tax *phrase*

körperschaftssteuerpflichtig

---

lower rate *n*
(→ **income tax**)
You are currently taxed at the **lower rate**.

niedrigere/untere Steuerklasse
Sie werden zur Zeit in der unteren Steuerklasse veranlagt.

● **PAYE** *phrase (GB)*
(Pay as You Earn)
PAYE is deducted at source from the employee's salary.

(Lohn)Steuerabzugsverfahren, Quellen(steuer)abzug
Beim Quellensteuerabzugverfahren wird die Steuer direkt vom Gehalt des Angestellten einbehalten.

---

pre-tax profits *npl*

Vorsteuergewinne

---

profit after tax *n*

Nettogewinn, Reingewinn

Finanzwesen

rate of tax, tax rate n
The **rate of** corporation **tax** is announced in the Chancellor's end of year budget.

Steuer-, Besteuerungssatz, Steuertarif
Der Körperschaftssteuersatz wird im Endjahresbudget des Finanzministers bekanntgegeben.

- ### self assessment n
(→ also **tax return**)
The introduction of complex **self-assessment** forms has caused confusion and frustration amongst small businesses.

Selbstveranlagung
Die Einführung von komplizierten Selbstveranlagungsformularen hat bei kleineren Unternehmen Verwirrung und Frustration hervorgerufen.

- ### tax allowance n
Steuerfreibetrag

- ### tax-free adj
steuerfrei, nicht steuerpflichtig

- ### tax relief
Additional voluntary contributions to the pension fund are eligible for tax relief.

Steuernachlass, Steuervergünstigung
Bei zusätzlichen, freiwilligen Beiträgen zur Rentenversicherung haben Sie Anspruch auf Steuernachlass.

- ### tax reminder n
Steuermahnung

- ### tax return n
From 1997 **tax returns** have taken the form of self-assessment.

Steuererklärung, Steueranmeldung
Seit 1997 erfolgt die Steuererklärung als Selbstveranlagung.

- ### tax return (file a ~) phrase
Steuerklärung abgeben

- ### tax year n
Geschäfts-, Finanz-, Haushaltsjahr

- ### taxable income n
Your **taxable income** is your total income less tax allowances.

steuerpflichtiges Einkommen, zu versteuerndes Einkommen
Ihr steuerpflichtiges Einkommen besteht aus Ihrem gesamten Einkommen abzüglich der Steuerfreibeträge.

VAT No. n
(Value Added Tax Number)

MwSt Nr. (Mehrwertsteuernummer)

Rechnungswesen

12.1 Allgemeine Begriffe

account code n
There is a unique **account code** for each type of cost.

(Erfassungs)Schlüssel/Code
Für jede Kostenart gibt es einen singulären Schlüssel.

---

accountant n

(Bilanz)Buchhalter, Wirtschaftsprüfer

---

accounting date n
The **accounting date** is the date to which a company makes up its accounts.

Bilanzstichtag, Bilanzierungstag
Der Bilanzstichtag ist das Datum, zu dem ein Unternehmen seinen Jahresabschluss erstellt.

---

accounting period n
For internal purposes, most companies break the financial year down into thirteen four-week **accounting periods**.

Rechnungs-, Bilanzierungsperiode, Abschlusszeitraum
Für interne Zwecke unterteilen die meisten Firmen das Finanzjahr in 13 vierwöchige Rechnungsperioden.

---

accounts npl
Can I see the **accounts** for the last three years, please.

(Jahres)Abschluss, Konten, Bücher, Bilanz
Kann ich bitte Ihre Bücher aus den letzten drei Jahren einsehen.

---

accounts department, accounting department n
(abbrev fam **Accounts**)
Please take the invoice down to **Accounts**.

Buchhaltungsabteilung, Abteilung für Rechnungswesen, Bilanzabteilung

---

chief accountant n

Leiter des Rechnungswesens, Hauptbuchhalter

---

cost accounting n
Cost accounting analyses the costs of production and associated expenses, and their impact on profits.

Kostenrechnung
Die Kostenrechnung ermittelt die Produktionskosten und damit verbundene Kosten sowie deren Auswirkungen auf den Gewinn.

Allgemeine Begriffe

managerial accounting *n*	internes Rechnungswesen, Betriebsrechnungswesen
accrue *v/i* Interest has accrued to the value of £ 2155.79.	anfallen, anlaufen, erwachsen Die Zinsen sind auf einen Wert von £ 2155,79. angelaufen.
• **balance (closing ~)** *n*	Abschlusssaldo
• **balance (debit ~)** *n*	Sollsaldo
• **balance (opening ~)** *n*	Eröffnungsbilanz
• **book (cash ~)** *n* Daily payments into and out of the bank are recorded in the *cash book*.	Kassenbuch, Kassenjournal Bankeingänge und -ausgänge werden täglich im Kassenbuch eingetragen.
• **book (petty cash ~)** *n* All purchases made using petty cash are recorded in the *petty cash book*.	(Porto)Kassenbuch Alle Wareneinkäufe, die über Portokasse laufen, werden im Portokassenbuch eingetragen.
• **books (do the ~)** *phrase* Once his business expanded, Mr Harman had to employ an accountant to *do the books*.	Bücher führen, Buchhaltung erledigen Nach der Erweiterung seines Geschäftes musste Herr Harman einen Buchalter beschäftigen, um die Buchhaltung zu erledigen.
books (close the ~) *phrase* We've *closed the books* for the last financial year now, so you'll have to put this order through next year.	Bücher (ab)schließen Die Bücher für das vergangene Finanzjahr sind jetzt abgeschlossen, Sie werden diese Bestellung daher nächstes Jahr durchgeben müssen.
books (cook the ~) *phrase pej* The Inland Revenue suspected him of *cooking the books*.	Rechnungsbücher fälschen Das Finanzamt hatte ihn im Verdacht, die Rechnungsbücher gefälscht zu haben.
• **brought forward** *v/t* (*abbrev* **b/f**)	übertragen, vorgetragen

Allgemeine Begriffe

● **budget holder** *n*	*etwa* **Budgetverwalter, Budgetinhaber**
● **budget update** *n* The Accounts Department provides each budget holder with a monthly *budget update*.	**Aktualisierung des Budgets** Die Buchhaltungsabteilung erstellt für jeden Budgetinhaber ein monatlich aktualisiertes Budget.
certified accountant *n*	**Wirtschaftsprüfer**
charge *v* Please **charge** these items to the expense account.	**berechnen, in Rechnung stellen, verbuchen** Bitte verbuchen Sie diese Posten auf dem Spesenkonto.
● **chartered accountant** *n* **Chartered accountants** work in all branches of business, often in managerial roles.	***Vereidigter* Wirtschaftsprüfer** Wirtschaftsprüfer sind in allen Industriezweigen anzutreffen, oftmals in Management Positionen.
Chartered Association of Certified Accountants *n* (GB)	*britischer Verband der Wirtschaftsprüfer*
cost centre *n* We have established 4 different cost centres in our company.	**Kostenstelle** Wir haben vier verschiedene Kostenstellen in unserem Unternehmen eingerichtet.
● **creative accounting** *n colloq*	**ausgefuchste Bilanzierung**
● **finance director** *n*	**Finanzdirektor**
● **financial controller** *n*	**Leiter des Rechnungswesens**
● **financial report** *n*	**Finanzbericht**
financial reporting *n*	**finanzielles Berichtswesen**
financial year *n*	**Geschäftsjahr, Finanzjahr, Bilanzjahr**
● **fiscal year** *n* (→ *tax year*)	**Finanz-, Steuerjahr, steuerpflichtiges Jahr**

Rechnungswesen

GRN n (Goods Received Note)
When the purchase invoice arrives the receiving department sends a **GRN** to our Accounts Department.

Warenannahmeschein, (Empfangs)Bestätigung
Nach Erhalt der Eingangsrechnung schickt die Warenannahme eine Empfangsbestätigung an unsere Buchhaltung.

Institute of Chartered Accountants n (GB) (abbrev ICA)

britisches Institut für Wirtschaftsprüfer

• item n

Posten

ledger (general ~) n
(→ nominal ledger)
The balance sheet is based on the company's **general ledger** which shows all the company's transactions.

Haupt-, Handels-, Rechnungsbuch, Register
Die Bilanz beruht auf dem Hauptbuch des Unternehmens, in dem alle Transaktionen eingetragen sind.

ledger (nominal ~) n
(→ general ledger)
The **nominal ledger** provides a detailed breakdown of expenditure.

Haupt-, Handels-, Rechnungsbuch, Register
Im Hauptbuch wird eine detaillierte Kostenaufgliederung erstellt.

• ledger (purchase ~) n
The **purchase ledger** shows credit purchases made from suppliers and the balance owing to them.

Kreditorenbestand, Kreditorenbuch
Der Kreditorenbestand weist die bei Zulieferfirmen getätigten Kreditkäufe sowie die an sie ausstehenden Zahlungen auf.

• ledger (sales ~) n
The **sales ledger** shows credit sales to customers and the balance outstanding on each customer's account.

Debitorenbestand, Debitorenbuch, Forderungsbestand
Der Debitorenbestand weist die Verkäufe auf Kreditbasis an Kunden auf, sowie die ausstehenden Forderungen für jedes Kundenkonto.

• less adj

abzüglich, weniger

Allgemeine Begriffe

- **payroll** n
  How many employees are on your **payroll** at present?

  Lohn-, Gehaltsliste, Personalbestand
  Wieviele Mitarbeiter stehen zur Zeit auf Ihrer Gehaltsliste?

- **petty cash** n

  Portokasse, Handkasse

- **profit on paper** n
  The company is making substantial **profits on paper** but the reality is somewhat different.

  Papier-, Scheingewinn
  Auf dem Papier erwirtschaftet das Unternehmen zwar beträchtliche Gewinne, aber die Realität sieht wohl etwas anders aus.

- **record** v/t
  All credit sales should be **recorded** in the Sales Ledger.

  verbuchen, eintragen, aufzeichnen
  Alle Verkäufe auf Kreditbasis sollten im Debitorenbuch verbucht werden.

- **subtotal** n

  Zwischensumme

- **tax year** n (→ fiscal year)

  Steuerjahr

  total n
  The **total** amounts to £ 6,334.

  Gesamtsumme
  Die Gesamtsumme beläuft sich auf £ 6 334.

  total up v/t
  Try totalling up the right hand column again.

  (auf)addieren, zusammmenrechnen
  Versuchen Sie noch einmal, die rechte Spalte aufzuaddieren.

- **transaction** n
  The auditors have traced this **transaction** back to its source.

  Geschäftsvorgang
  Die Wirtschaftsprüfer haben diesen Geschäftsvorgang bis zu seiner Quelle zurückverfolgt.

  period under review phrase
  The company achieved good results in the period **under review**.

  Berichtszeitraum
  In dem Berichtszeitraum erwirtschaftete das Unternehmen gute Ergebnisse.

- **wages office** n

  Lohnbüro

Rechnungswesen

12.2 Bilanz

• **accounting** *n*	Rechnungs-, Bilanzwesen, Buchaltung
accumulated *adj*	aufgelaufen
accumulated depreciation *n*	aufgelaufene Abschreibungssumme
amortisation *n* (→ depreciation)	Absetzung für Abnutzung, Amortisation
amortise *v/i* (→ depreciate)	amortisieren, abschreiben, tilgen
• **asset** *n* Assets are items of value owned by the company.	Aktiva, Anlagegut, Sach-, Vermögenswert Aktiva sind Vermögenswerte eines Unternehmens.
• **asset (capital ~)** *n*	Anlage- Kapitalvermögen
asset (intangible ~) *n* Goodwill is a major *intangible asset*.	immaterielle Firmen-, Geschäftswert Der immaterielle Firmenwert ist ein wichtiger Vermögenswert.
asset (tangible ~) *n* The company has *tangible assets* in the form of office and electrical equipment, and two company cars.	Sachanlagen, Sachwerte Das Unternehmen besitzt Sachwerte in Form von Büroeinrichtung und elektrischen Geräten sowie zwei Firmenwagen.
asset value *n*	Vermögenswert
• **assets (current ~)** *npl* The main *current assets* are cash and money owed by debtors.	Umlaufvermögen Das meiste Umlaufvermögen besteht aus Bargeld und aus Schuldforderungen.
• **assets (fixed ~)** *npl*	feste/fixe Anlagen/Vermögenswerte, festliegendes Kapital

Bilanz 323

- **assets (liquid ~)** *npl* | **liquide/flüssige Mittel, Barvermögen**

assets (net ~) *npl* | **Netto-, Reinvermögen**

- **balance sheet** *n* | **Bilanz, Jahres-, Rechnungsabschluss, Geschäftsbilanz**
The company's *balance sheet* indicates that it is in good financial health. | Die Geschäftsbilanz des Unternehmens zeigt, dass sich das Unternehmen in einer soliden finanziellen Lage befindet.

bills receivable *npl* | **Wechselforderungen**

- **creditor** *n* | **Gläubiger(in), Verbindlichkeiten**
Because of cash-flow difficulties, we were unable to meet our obligations to our *creditors* on time. | Wegen Cash-Flow Problemen konnten wir unseren Verbindlichkeiten nicht rechtzeitig nachkommen.

debit *n* | **Soll(seite), Debet(seite), (Konto)Belastung**

- **debtor** *n* | **Schuldner(in), Darlehens-, Kreditnehmer(in), Zahlungspflichtige(r)**
Our trade *debtors* consistently defaulted on their payments. | Unsere Warenschuldner waren permanent zahlungssäumig.

- **depreciate** *v/i* | **abschreiben, abwerten, (im Wert) mindern, im Wert/Preis fallen**
Vehicles *depreciate* particularly quickly. | Fahrzeuge fallen besonders schnell im Wert.

- **depreciation** *n* | **Wertminderung, (Wert)Abschreibung**
Depreciation spreads the cost of expensive items over several years. | Durch Abschreibung lassen sich die Kosten für teure Anschaffungen auf mehrere Jahre verteilen.

- **double-entry bookkeeping** *n* | **doppelte Buchführung**

Rechnungswesen

Bilanz

FIFO *phrase* **(First in First out)**	Zuerstentnahme der älteren Bestände, Inventurbewertung nach dem ‚first in – first out' Prinzip
fixed asset register *n*	Sachanlagenregister
fixtures and fittings *npl* (→ assets (fixed ~))	Einrichtung, Geschäftsausstattung
goodwill *n*	immaterieller Firmenwert/ Geschäftswert
• **historic cost** *n* The value of assets is based on ***historic cost***, which is their original purchase price.	Anschaffungskosten Der Wert eines Anlagevermögen basiert auf den Anschaffungskosten, d. h. auf dem ursprünglichen Kaufpreis.
liabilities *npl*	Verbindlichkeiten, Passiva, Schulden
liabilities (current ~) *npl* ***Current liabilities*** means money owed by the company which has to be paid within a year.	kurzfristige/laufende Verbindlichkeiten Kurzfristige Verbindlichkeiten sind ausstehende Forderungen eines Unternehmens, die innerhalb eines Jahres zahlbar sind.
liabilities (long-term ~) *npl* Your ***long-term*** liabilities are not due for payment until next year.	langfristige Verbindlichkeiten Ihre langfristigen Verbindlichkeiten sind nicht vor einem Jahr fällig.
LIFO *phrase* **(Last in First out)**	*(Vorratsbewertung)* Lifo-Methode
book value *n* The ***book value*** of the vehicle is the original cost less depreciation.	(Netto)Buchwert, Nettowert Der Buchwert des Fahrzeuges ist sein Kaufpreis abzüglich Wertminderung.
net worth *n*	Eigenkapital, Nettovermögenswert, Reinvermögen

Bilanz

prepayment *n*
The cost of the company's **prepayment** of its annual insurance premium is spread over twelve months.

Vorauszahlung, vorzeitige Zahlung, Vorkasse
Die Unternehmenskosten für die Vorauszahlung der Versicherungsprämie ist auf 12 Monatsraten verteilt.

---

proceeds on sale *npl*

Verkaufserlös

● **replacement cost** *n*

Wiederbeschaffungskosten, Kosten für Ersatzbeschaffung

---

reserves *npl*
Reserves consist largely of accumulated retained profits.

Rücklagen, Rückstellungen
Rückstellungen bestehen zum größten Teil aus aufgelaufenen Gewinnrücklagen.

● **residual** *adj*
After several years' depreciation, the **residual** value of the equipment is now very low.

übrig(bleibend), verbleibend
Nach mehreren Jahren Wertminderung ist der verbleibende Wert der Geräte jetzt sehr gering.

---

retained earnings *npl*
Retained earnings will be distributed to shareholders in due course.

einbehaltene Gewinne
Einbehaltene Gewinne werden rechtzeitig an die Aktionäre ausgeschüttet.

---

revaluation of assets *n*

Neubewertung des Anlagevermögens

---

revalue *v/t*
Your company may judge it useful to **revalue** assets or stocks if their value has changed substantially since you bought them.

neu bewerten/einschätzen, auf-, umwerten
Es könnte für Ihre Firma von Nutzen sein, Aktiva oder Anlagepapiere neu zu bewerten, falls sich ihr Wert seit dem Erwerb maßgeblich verändert hat.

● **set of accounts** *n*
The balance sheet is a **set of accounts** which indicate the value of the company in terms of its assets, liabilities and equity.

Kontensatz
Die Jahresbilanz ist ein Kontensatz, der den Wert eines Unternehmens gemäß seiner Vermögenswerte, seiner Verbindlichkeiten und seiner Eigenmittel aufweist.

Rechnungswesen

Gewinn und Verlust

- **sundry** *adj* — diverse, verschiedene, sonstige

- **wastage** *n* — (Material)Verlust, Schwund, Verschwendung
  Depreciation is the **wastage** of an asset.
  Wertminderung ist ein Verlust von Vermögenswerten.

- **write off** *v/ti* — (vollständig) abschreiben
  The machinery is now virtually obsolete and has been **written off**.
  Die Maschinen sind heute praktisch überholt und vollständig abgeschrieben.

- **write down** *v/ti* — abschreiben, wertberichtigen
  The value of our computer equipment is **written down** by 20% p.a.
  Der Wert unserer Computer und Zubehör wird jedes Jahr mit 20% abgeschrieben.

- **write up** *v/i* (→ revalue) — hochschreiben, wertberichtigen, Wert erhöhen

12.3 Gewinn und Verlust

- **administrative expenses** *n* — Verwaltungskosten

- **any other income** *n* — sonstige Einkommen
  Any other income from sources other than trading is added to the gross profit.
  Sonstige Einkommen aus Quellen außerhalb der Geschäftstätigkeit sind zum Bruttogewinn hinzuzufügen.

- **debt (bad ~)** *n* — uneinbringliche Forderung/Schuld
  The banks had to write off a third of their investment loans to South Korean businesses as **bad debts**.
  Die Banken mussten ein Drittel ihrer Investitionsdarlehen an südkoreanische Unternehmen als uneinbringbar abschreiben.

- **bottom line** *n* — *(Bilanz)* Jahresüberschuss/Jahresfehlbetrag, Saldo
  The **bottom line** of the P&L account shows the final profit or loss after all deductions have been made.
  → **profit and loss account**
  Der Saldo der Gewinn- und Verlustrechnung zeigt den Nettogewinn oder -verlust nach Abzug aller Abgaben.

Gewinn und Verlust

- **bottom line (What's the ~ ?)** *phrase colloq*
Wie sieht die Sache wirklich aus?

bottom line (What's your ~ ?) *phrase colloq*
Wie weit sind Sie bereit zu gehen?

direct costs *npl* (→ **variable cost**)
direkte Kosten, leistungsabhängige Kosten

disposal (on ~ of) *phrase*
The company made a profit of £ 10,220 **on disposal of** its car fleet.
bei Absatz/Abstoß/Verkauf/Veräußerung von
Bei Veräußerung ihres Fuhrparks machte das Unternehmen einen Profit von £ 10 220.

extraordinary charges *npl*
Redundancy payments account for the **extraordinary charges**.
(Bilanz) außerordentliche Belastungen
Abfindungszahlungen werden als außerordentliche Belastungen verbucht.

extraordinary income *n*
Extraordinary income is added after the profit or loss from normal trading activities has been accounted for.
Sondereinkünfte, Sondereinnahmen
Sondereinkünfte werden addiert nachdem Gewinn und Verlust der normalen Geschäftsvorgänge verbucht sind.

gross profit or loss *n*
Bruttogewinn oder -verlust

income and expenditure account *n*
Gewinn- und Verlustrechnung

indirect costs *npl* (→ **overhead costs**)
indirekte Kosten

loss on disposal *n* (→ **disposal**)
Verlust bei Veräußerung

- **miscellaneous** *n*
We enter items of expenditure which cannot be accounted for under any other category as '**miscellaneous**'.
Verschiedenes, sonstige Aufwendungen
Ausgabenposten, die in keiner anderen Kategorie verbucht werden können, tragen wir unter ‚sonstige Aufwendungen' ein.

Rechnungswesen

Gewinn und Verlust

net loss n (→ **net profit**)	Netto-, Rein-, Barverlust

net profit after taxation n	Nettogewinn nach Steuerabzug

net profit n
Administrative and other costs are deducted from the gross profit or loss to give the **net profit** or loss before taxation.

Netto-, Reingewinn, Netto-, Reinertrag
Nach Abzug von administrativen und anderen Kosten vom Bruttoerlös oder -verlust erhält man den Nettogewinn vor Steuerabzug.

operating costs npl	Betriebskosten, betriebliche Aufwendungen

operating profit n
The company turned in a small **operating profit** in its first year of operations.

Betriebs(rein)gewinn, Betriebsergebnis
In seinem ersten Betriebsjahr erwirtschaftete das Unternehmen einen kleinen Betriebsgewinn.

other operating income n	*(Bilanz)* sonstige Erträge

● **overhead costs** npl
(abbrev **overheads**)
We are always looking for ways of reducing overheads.

Gemeinkosten, Betriebskosten, allgemeine Unkosten
Wir bemühen uns stets nach Wegen zu suchen, um unsere Betriebskosten zu verringern.

paper profit n
(→ **profit on paper**)
Accounting adjustments enabled the firm to show a **paper profit**.

Papier-, Scheingewinn
Kontobereinigungen ermöglichten es der Firma, Scheingewinne auszuweisen.

pre-tax profits npl	Gewinn vor (Abzug der) Steuern

● **profit and loss account** n
(UK) (abbrev **P&L account**),
income statement n *(US)*
The annual set of accounts must contain a **profit and loss account**.

Gewinn- und Verlustrechnung
Der jährliche Kontensatz muss eine Gewinn- und Verlustaufstellung beinhalten.

• **profits after tax** *npl*	**Gewinn nach (Abzug von) Steuern**
revenue *n*	**Einnahmen, Einkünfte, Erlöse**
sales revenue *n*	**Verkaufserlös, Einkünfte/ Umsätze aus dem Verkauf**
• **trading account** *n* The ***trading account*** is the first section of the P&L account and shows gross profit or loss on sales.	**Erfolgsrechnung, Betriebskonto, Betriebsrechnung** Die Erfolgsrechnung ist der erste Teil der Gewinn-und Verlustrechnung, der Bruttogewinn und -verlust aufweist.
trading profit *n*	**Betriebs-, Brutto-, Handelsgewinn, gewerbliche Einkünfte**
• **turnover** *n*	**(Geschäfts-, Verkaufs)Umsatz**

12.4 Cash-Flow

cash *n*	**Bargeld, Barzahlung, liquide Mittel**
cash at bank *n*	**Bankguthaben**
cash flow *n*	**Cash-Flow**
cash flow analysis *n*	**Finanzflussanalyse**
• **cash flow statement** *n*	**Kapitalabflussrechnung, Finanzflussrechnung**
cash inflow *n* Sources of ***cash inflow*** include sales, debtors, borrowing and the issue of shares.	**Bar(mittel)zufluss, Kapitalzufluss** Quellen des Kapitalzuflussses schließen Absätze, Verbindlichkeiten, Anleihen und die Emission von Aktien ein.

cash outflow n
Types of **cash outflow** include loan interest, labour costs, taxes and payments to creditors.

Kapitalabfluss, Ausgaben
Arten des Kapitalabflusses schließen Kreditzinsen, Lohnkosten, Steuern und Schuldzahlungen ein.

liquid adj
flüssig, kapitalkräftig, liquide

• liquidity n
The company's low **liquidity** is a problem because it has few assets that can be readily turned into cash.

Liquidität(sstatus), Zahlungsbereitschaft
Der geringe Liquiditätsstatus des Unternehmens ist problematisch: es besitzt wenige Vermögenswerte, die sich direkt in Bargeld umsetzen lassen.

purchase of fixed assets n
Erwerb von festen Vermögenswerten

• solvent adj
solvent, zahlungsfähig

sources and application of funds statement n (UK) (abbrev funds statement), funds flow statement n (US)
Bewegungsbilanz, Kapitalflussrechnung

• working capital n
The company is short of **working capital**.

Eigen-, Betriebs-, Umlaufkapital
Das Unternehmen hat zu wenig Umlaufkapital.

12.5 Rechnungsprüfung

• accounts (consolidated ~)
npl
Parent companies have to prepare consolidated accounts for the group as a whole, as well as individual accounts for the various subsidiaries.

Konzernabschluss, konsolidierte Bilanz
Stammhäuser müssen sowohl eine konsolidierte Bilanz für die gesamte Gruppe als auch individuelle Abschlüsse für die verschiedenen Tochtergesellschaften vorbereiten.

Rechnungsprüfung

- **accounts (statutory ~)** *npl*
The ***statutory accounts*** have to be filed at Companies House, in Cardiff.

  gesetzlich (vorgeschriebene), satzungsgemäße/statutengemäße Bilanz
Die statutengemäße Bilanz muss im ‚Companies House' in Cardiff registriert werden. *(Name des britischen Handelsregister)*

---

adverse opinion *n*
The auditors reported an ***adverse opinion*** of the company's financial statements.

ablehnendes Gutachten
Die Rechnungsprüfer legten ein ablehnendes Gutachten über den Bilanzabschluss des Unternehmens vor.

- **annual accounts** *npl*

  Jahresabrechnung, Jahresabschluss

- **annual report** *n*

  Jahresabschlussbericht, Geschäftsbericht

---

approved auditing standards *npl*
The accounts have been prepared in accordance with approved Auditing Standards.

Grundsätze für ordnungsgemäße Durchführung von Rechnungsprüfungen
Die Jahresbilanz ist in Übereinstimmung mit den Grundsätzen für ordnungsgemäße Durchführung von Rechnungsprüfungen vorbereitet worden.

- **audit** *n*

  Bilanz-, Rechnungsprüfung, Wirtschaftsprüfungsbericht

- **audit** *v/t*
Our accounts are ***audited*** each year.

  Bilanz-/Rechnungsprüfung durchführen
Rechnungsprüfungen werden jährlich durchgeführt.

- **audit (external ~)** *n*
External audit verifies the accounts on behalf of the owners of the company.

  Prüfung durch unabhängige Wirtschaftsprüfer
Unabhängige Wirtschaftsprüfer beglaubigen den Jahresabschluss für den Firmeninhaber.

332 Rechnungsprüfung

- **audit (internal ~)** *n*
  The company's **internal audit** failed to uncover the fraud.

  innerbetriebliche Rechnungsprüfung
  Der innerbetriebliche Rechnungsprüfung gelang es nicht, die Unterschlagung aufzudecken.

audit result *n*

Prüfungsergebnis

- **audit trail** *n*
  The accountant was able to follow the **audit trail** from the purchase of the car in February to its sale in November.

  Belegnachweis, belegmäßige Nachweise
  Der Rechnungsprüfer war im Stande, die Belegnachweise vom Erwerb des Fahrzeuges im Februar bis zu seiner Veräußerung im November nachzuverfolgen.

- **auditing (of) accounts** *n*

  Buch-, Bilanz-, Rechnungsprüfung

- **auditor** *n*
  We've got the **auditors** in this week.

  Rechnungs-, Wirtschaftsprüfer
  Wir haben diese Woche die Wirtschaftsprüfer im Hause.

- **auditors' report** *n*

  Prüfungsbericht des Wirtschaftsprüfers

- **chairman's statement** *n*
  The annual report contains an extremely upbeat **chairman's statement**.

  Geschäftsbericht des Vorsitzenden
  Der Jahresabschlussbericht enthält einen überaus optimistischen Geschäftsbericht des Vorsitzenden.

duty of care *n*
Auditors have a **duty of care** to actual or potential investors.

(allgemeine) Sorgfaltspflicht
Rechnungsprüfern obliegt die allgemeine Sorgfaltspflicht gegenüber reellen oder potentiellen Anlegern.

- **entry** *n*
  The auditor has checked the **entries** against the receipts.

  Eintrag, Buchung
  Der Rechnungsprüfer hat die Buchungen anhand der Belege überprüft.

Rechnungsprüfung 333

for the year ending *phrase*
Herewith our accounts **for the year ending** 5 April 1998.

zum Jahresschluss, zum Bilanzstichtag
Beiliegend unser Jahresabschluss zum Bilanzstichtag 5. April 1998.

● **independent** *adj*
Auditors are required to be **independent** of the company whose accounts they examine.

unabhängig, neutral, ungebunden
Es ist erforderlich, dass Rechnungsprüfer von dem Unternehmen, dessen Bilanz sie überprüfen, unabhängig sind.

● **irregularity** *n*
Unfortunately the auditors have discovered a number of **irregularities** in the books.

Formmangel, Formfehler
Leider haben die Rechnungsprüfer eine Reihe von Formfehlern in unseren Büchern entdeckt.

---

public inspection *n*
The company's annual accounts are available for **public inspection** via Companies House.

öffentliche Einsichtnahme
Die Jahresbilanz des Unternehmens liegt zur öffentliche Einsichtnahme im ‚Companies House' aus. *(Name des britischen Handelsregister)*

---

qualified report *n*
The managing director was extremely concerned to receive a **qualified report** from the auditors.

eingeschränkter Bestätigungsvermerk, eingeschränktes Testat
Der Geschäftsführer war äußerst besorgt darüber, von den Rechnungsprüfern nur einen eingeschränkten Bestätigungsvermerk zu erhalten.

---

qualify *v/t*
The auditors were unhappy with certain aspects of the annual accounts and **qualified** their report accordingly.

einschränken, modifizieren
Die Rechnungsprüfer waren mit einigen Aspekten des Jahresabschlusses nicht zufrieden und machten dementsprechend einschränkende Bemerkungen in ihrem Bericht.

Allgemeine Begriffe

- **reconcile** *v/t*
  The auditors seem to be having trouble **reconciling** the bank statements with the cash book.

  (Konten) abstimmen, ausgleichen
  Die Rechnungsprüfer scheinen Probleme dabei zu haben, die Kontenauszüge der Bank mit dem Kassenbuch abzustimmen.

- **sample check** *n*
  The auditors would like to do a number of **sample checks** on the accounts.

  Stichprobe
  Die Rechnungsprüfer möchten eine Reihe von Bilanzstichproben vornehmen.

- **sign off** *v/t*
  The auditors refused to **sign off** the accounts.

  amtlich/offiziell bestätigen
  Die Rechnungsprüfer verweigerten die amtliche Bestätigung der Jahresbilanz.

- **statutory report** *n*
  (→ **annual report**)
  Limited companies must produce a **statutory report** for shareholders on an annual basis.

  satzungsgemäßer (Jahres)Bericht
  Eine GmbH muss einmal im Jahr seinen Aktionären einen satzungsgemäßen Bericht vorlegen.

13 Versicherungen

13.1 Allgemeine Begriffe

actuary *n*

Versicherungsfachmann, Versicherungsmathematiker

additional insured *n*

Mitversicherte(r)

arrange insurance *phrase*

(sich) versichern lassen, Versicherung abschließen

Association of British Insurers *n* (*abbrev* **ABI**)
The **ABI** represents insurance companies in the UK.

Verband britischer Versicherer
Der ABI vertritt Versicherungsgesellschaften in Großbritannien.

- **compulsory** *adj*
  (→ **statutory**)

  pflicht-, verbindlich, verpflichtend

Allgemeine Begriffe

- **due for renewal** *phrase*
  When is your existing policy ***due for renewal***?

  (Versicherung) zur Erneuerung fällig
  Wann ist Ihre Erneuerungsprämie der bestehenden Police fällig?

- **fully insured** *adj*
  The travel agency told me we were ***fully insured*** for all types of skiing accidents.

  voll(kasko) versichert
  Das Reisebüro sagte mir, dass wir gegen jegliche Art von Skiunfall voll versichert seien.

hazard *n*

Risiko, Gefahr, Wagnis

insurable interest *n*
The various Incoterms define points in the import-export business at which ***the insurable interest*** passes from the seller to the buyer.

Versicherungsgegenstand
Die verschiedenen Incoterms definieren Stadien im Import-Exportgeschäft, an denen der Versicherungsgegenstand vom Verkäufer zum Käufer übergeht.

- **insurance** *n*
  Risks ranging from fire and natural disasters to workplace accidents can be covered by ***insurance***.

  Versicherung, Versicherungssumme, Versicherungprämie, Assekuranz
  Gegen Risiken von Feuer und Naturkatastrophen bis zu Arbeitsunfällen kann man sich versichern lassen.

- **insurance agency** *n*
  Life insurance can be arranged locally by an insurance agency, a bank or a building society.

  Versicherungsagentur, Versicherungsvertretung
  Eine Lebensversicherung kann man vor Ort bei einer Versicherungsvertretung, Bank oder Bausparkasse abschließen.

- **insurance agent** *n*
  One of our ***insurance agents*** will be pleased to visit you in your own home.

  Versicherungsvertreter, Versicherungsagent
  Einer unserer Vericherungsvertreter kommt Sie gern zu Hause besuchen.

- **insurance broker** *n*
  Insurance brokers act as intermediaries between underwriters and the public.

  Versicherungsmakler
  Versicherungsmakler agieren als Mittler zwischen dem Versicherungsträger und der Öffentlichkeit.

Versicherungen

insurance contribution n
Insurance contributions will again rise above the level of inflation this year.

Versicherungsbeitrag
Der Anstieg der Versicherungsbeiträge wird auch in diesem Jahr wieder über der Inflationsrate liegen.

• insurance cover n
Our advisor will help you determine the **insurance cover** best suited to your circumstances.

Versicherungsschutz, Schadensversicherungssumme
Unser Kundenberater wird Ihnen dabei helfen, den für Sie optimal angemessenen Versicherungsschutz zu finden.

insurance industry n
The **insurance industry** is Britain's largest institutional investor.

Assekuranz, Versicherungsgewerbe
Das Versicherungsgewerbe ist Großbritanniens größter institutioneller Anleger.

Insurance Ombudsman Bureau n

Büro der Versicherungsschiedsstelle

• insure v/t
The wrecked tanker was insured by Lloyd's of London.

versichern, sich versichern (lassen), Versicherung abschließen
Der gestrandete Tanker war bei Lloyds in London versichert.

• insure against v/t
The consignment was **insured against** damage in transit.

(sich) versichern (lassen) gegen
Die Lieferung war gegen Transportschäden versichert.

• insured (party) n

Versicherungsnehmer

• insurer n

Versicherer, Versicherungsträger

Lloyd's of London n
Lloyd's of London is a major corporation dealing with high-risk insurance throughout the world.

Lloyd's of London (Vereinigung privater Einzelversicherer)
‚Lloyd's of London' ist ein Großkonzern, der sich mit risikoreichen Versicherungen in der ganzen Welt befasst.

Allgemeine Begriffe

overinsured *adj*	überversichert
• **third party insurance** *n*	(private) Haftpflichtversicherung
reinsurance *n*	Rückversicherung, Zweitrisikoversicherung

• **statutory insurance** *adj*
Third-party insurance is a ***statutory insurance*** for motorists.

Pflichtversicherung
Die Haftpflichtversicherung ist eine gesetzlich vorgeschriebene Versicherung für Autofahrer.

---

syndicate *n*
A ***syndicate*** consists of a number of underwriters who jointly accept an insurance risk.

Syndikat, Versicherungsgruppe
Ein Syndikat besteht aus einer Reihe von Versicherungsträgern, die gemeinsam ein Versicherungsrisiko übernehmen.

• **take out** *v/t*
(▸ **arrange insurance**)
You should consider ***taking out*** a life insurance.

sich versichern (lassen), Versicherung abschließen
Sie sollten überlegen, ob Sie nicht eine Lebensversicherung abschließen wollen.

---

underinsured *adj*
Considering the value of your new machinery you appear to be ***underinsured***.

unterversichert
Wenn ich mir den Wert der Maschinen ansehe, scheinen Sie unterversichert zu sein.

---

underwriter *n*
Underwriters determine insurance premiums by assessing risks.

Versicherungsträger
Versicherungsträger setzen Versicherungsprämien nach Risikoeinschätzungen fest.

---

utmost good faith *phrase*
(*lat.* **uberrima fides**)
A person taking out insurance must provide all relevant facts in ***utmost good faith***..

nach bestem Wissen
(wörtl. höchster guter Glaube)
Der Versicherungsnehmer muss alle relevanten Informationen nach bestem Wissen abgeben.

Versicherungen

13.2 Versicherungsarten

● **accident insurance** *n* — Unfallversicherung

additional insurance *n* — Zusatzversicherung

all-risk(s) insurance *n* — globale Risikoversicherung

annuity *n*
An **annuity** pays a set income annually while the policy holder is alive in return for an initial lump sum payment.

Annuität, jährliche Zahlung, Jahreseinkommen, Jahresrente
Eine Annuität zahlt dem Versicherten ein festes Jahreseinkommen zu Lebzeiten als Gegenleistung für eine anfänglich geleistete Pauschalsumme.

average *n* — Havarie, Seeschaden

aviation insurance *n* — Luftfahrt-, Flugzeugversicherung

blanket insurance *n*
Our car fleet is covered by **blanket insurance** because we are changing individual vehicles all the time.

Pauschal-, Global-, Gruppenversicherung
Da wir einzelne Wagen ständig austauschen, ist unser Fahrzeugpark pauschal versichert.

● **buildings insurance** *n* — Gebäudeversicherung

business interruption-insurance *n*
(↪ **consequential loss**)

Betriebsunterbrechungsversicherung

car insurance *n*
(↪ **motor insurance**)

KFZ-Versicherung

cargo insurance *n* — Kargoversicherung

consequential loss *n*
Your fire and theft insurance insures you against **consequential loss** such as loss of business.

Folgeschaden
Ihre Feuer- und Diebstahlsversicherung schützt Sie gegen Folgeschäden, wie z. B. Verlust des Geschäftes.

Versicherungsarten

- **contents insurance** n — **Hausratversicherung**

- **cover** v/t — **(ab)decken, (ab)sichern, versichern**
  This policy covers you anywhere in the world.
  Diese Versicherungspolice deckt Ihren Versicherungsschutz in der ganzen Welt ab.

- **credit insurance** n — **Kreditversicherung**
  Credit insurance covers businesses against bad debts.
  Eine Kreditversicherung schützt Sie gegen uneinbringliche Schulden.

Employers' Liability (Compulsory Insurance) Act n (GB) — **Arbeitgeberhaftpflichtversicherungsgesetz**
(entspricht der gesetzlichen Unfallversicherung)
Employers are required to insure employees against injury under the **Employers' Liability (Compulsory Insurance) Act** of 1969.
Arbeitgeber sind gemäß des A. verpflichtet, für ihre Angestellten eine gesetzliche Unfallversicherung abzuschließen.

- **endowment policy** n — **Lebensversicherung (mit festem Auszahlungstermin)**
  The insured's **endowment policy** provided for a tax-free lump sum of £ 30,000 after 25 years.
  Die Lebensversicherung bot dem Versicherten nach 25 jähriger Laufzeit eine steuerfreie Pauschalsumme von £ 30 000.

fidelity guarantee n (UK), **fidelity insurance** n (US) — **Haftpflichtversicherung gegen Veruntreuung**
The embezzlement of the company's funds by one of its employees was covered by a **fidelity guarantee**.
Die Gelderunterschlagung durch einen Firmenangestellten war durch eine Haftpflichtversicherung gegen Veruntreuung abgedeckt.

- **fire insurance** n — **Feuerversicherung**

floating policy n — **offene Police, Pauschalversicherung**
The floating policy allows us to vary the items insured within the overall sum insured.
Die offene Police erlaubt es uns, die Versicherungsgegenstände innerhalb der pauschalen Versicherungssumme zu variieren.

Versicherungen

Versicherungsarten

freight insurance *n*	Frachtkostenversicherung
• **full-value insurance** *n* (→ **new-for-old policy**)	Neuwertversicherung
• **fully comprehensive motor insurance** *n* It is advisable to take out **fully comprehensive motor insurance**, since it covers you against all risks.	Vollkaskoversicherung Es ist ratsam, eine Vollkaskoversicherung für Ihr Auto abzuschließen, da sie alle Risiken abdeckt.
• **health insurance** *n* (→ **medical insurance**)	Krankenversicherung
index-linked insurance *n*	Indexversicherung
• **insurance for legal costs** *n*	Rechtsschutz(versicherung)
• **life assurance** *n*	Lebensversicherung
loss of business *n* (→ **consequential loss**)	Geschäftsverlust
marine insurance *n*	Seetransportversicherung
• **medical insurance** *n* The company provides free private **medical insurance** for its executives.	Krankenversicherung Leitende Angestellte erhalten von der Firma kostenlose private Krankenversicherung
• **motor insurance** *n* **Motor insurance** in the form of comprehensive or third party fire and theft cover is available for all types of cars.	KFZ-Versicherung KFZ-Versicherung als Vollkasko- oder Teilkaskoversicherung ist bei uns für alle Fahrzeugtypen erhältlich.
National Insurance *n*	Sozialversicherung
• **new-for-old policy** *n*	Neuwertversicherung
open policy *n*	Generalpolice
• **personal accident insurance** *n*	persönliche Unfallversicherung

Versicherungsarten

- **personal liability insurance** n
Personal liability insurance protects you against claims against you by third parties.

private Haftpflichtversicherung
Die private Haftpflichtversicherung schützt Sie gegenüber Ansprüchen Dritter.

product liability insurance n — **Produkthaftung**

professional indemnity insurance n
Professional indemnity insurance protects against liability for professional negligence.

Berufshaftpflichtversicherung
Die Berufshaftpflichtversicherung schützt gegen Haftung bei beruflicher Nachlässigkeit.

- **property insurance** n — **Gebäude-, Sach-, Vermögensversicherung**

public liability insurance n — **(gesetzliche) Haftpflicht**

shipowner's liability n
The ship's owner had taken out *shipowner's liability* insurance against damage to cargo by his crews.

Reedereihaftpflicht
Der Schiffsbesitzer hatte eine Reedereihaftpflicht gegen Beschädigung seiner Fracht durch die Besatzung abgeschlossen.

surviving partner n
(→ whole life)

überlebende Partner

term assurance n
Your *term insurance* operates for a fixed term of 25 years.

Versicherung auf Zeit, Risikolebensversicherung
Ihre Risikolebensversicherung ist auf 25 Jahre befristet.

- **third party** n
(*motor insurance*)

Teilkasko

- **third party, fire and theft**
phrase (motor insurance)

Teilkasko

transport insurance n — **Transportversicherung**

- **travel insurance** n
We would recommend annual or 'multi trip' *travel insurance* for the regular business traveller.

Reiseversicherung
Für regelmäßige Geschäftsreisen würden wir eine 'Mehrfachreiseversicherung' empfehlen.

13.3 Versicherungspolicen

all-risks insurance policy *n*	**globale Risikoversicherung**
● applicant (main ~) *n* As the **main applicant** you will need to sign the application form.	**Hauptantragsteller(in)** Als Hauptantragsteller müssen Sie das Antragsformular unterschreiben.
● beneficiary *n* The **beneficiary** named in the policy is the deceased's first wife.	**Begünstigte(r), Empfänger(in)** Die in der Versicherungspolice benannte Begünstigte ist die erste Ehefrau des Verstorbenen.
● bonus (annual ~) *n*	**Jahresprämie**
bonus (declare a ~) *phrase* The insurance company **declared an** annual **bonus** on its with-profits policies of £ 26 for every £ 1000 of the sum insured.	**Jahresprämie anzeigen/ankündigen** Für ihre Versicherungen mit Gewinnbeteiligung kündigte die Versicherungsgesellschaft eine Jahresprämie von £ 26 pro £ 1000 Versicherungssumme an.
bonus (reversionary ~) *n*	**Beitragsrückerstattung, Sonderversichertendividende**
bonus (terminal ~) *n*	**(Ab)Schlussdividende, Abfindung**
● certificate of insurance *n*	**Versicherungsurkunde, Versicherungsschein, Versicherungsbescheinigung**
● cover (full ~) *n* You can take out **full cover** for all ages on these policies.	**voller Versicherungsschutz** Bei dieser Police können Sie vollen Versicherungsschutz für alle Altersgruppen abschließen.

Versicherungspolicen

- **cover note** *n*
  We will issue a 30-day **cover note** to cover you until your certificate of insurance arrives.

  (vorläufige) Versicherungsbestätigung
  Wir stellen Ihnen eine vorläufige Versicherungsbestätigung für 30 Tage aus, damit Sie versichert sind, bis Ihre Versicherungsurkunde ankommt.

- **dependant, dependent** *n*
  Please give details of any dependants to be covered by the policy.

  (abhängige) Angehörige(r)
  Bitte machen Sie Angaben zu sämtlichen abhängigen Angehörigen, die in dieser Versicherungspolice eingeschlossen werden sollen.

- **excess** *n*
  We have deducted the excess of £ 100 from your claim.

  Selbstbeteiligung
  Von der Schadenssumme haben wir £ 100 Selbstbeteiligung abgezogen.

exclude *v/t*
Losses resulting from war, riot, revolution or any similar event are specifically **excluded**.

(vom Versicherungsschutz) ausschließen
Durch Krieg, Aufruhr, Revolution oder ähnliche Ereignisse verursachten Verluste sind ausdrücklich vom Versicherungsschutz ausgeschlossen.

exclusions *npl*

Ausschluss

- **extend cover** *phrase*
  Cover can be extended to include your spouse or partner and children.

  Versicherungsschutz erweitern
  Der Versicherungsschutz kann erweitert werden, um Ehepartner und Kinder miteinzuschließen.

foreign use extension *n*
For travelling outside the EU **foreign use extension** is available for you and your vehicle if you request a green card.

(erweiterter) Versicherungsschutz im Ausland
Für Reisen außerhalb der EU erhalten Sie Versicherungsschutz für Sie und Ihr Fahrzeug, wenn Sie die grüne Versicherungskarte anfordern.

- **high-risk item** *n*

  risikoreicher (Versicherungs)Gegenstand

Versicherungspolicen

- **insurable** *adj*
  This is a comprehensive policy covering all ***insurable*** risks.

  versicherbar, versicherungsfähig
  Dies ist eine Globalversicherung, die alle versicherungsfähigen Risiken umfasst.

---

insurance class *n*

Versicherungssparte, Versicherungsklasse

- **insurance premium** *n*
  All policies are inclusive of ***insurance premium*** tax.

  Versicherungsprämie
  Alle Policen schließen Versicherungsprämiensteuer mit ein.

---

insurance value *n*

Versicherungswert

---

lump-sum benefit *n*
The policy provides ***lump-sum benefit*** on the death of the policyholder.

Kapitalabfindung, Pauschalabgeltung
Der Versicherungsvertrag bietet eine Kapitalabfindung bei Tod des Versicherten.

---

expiry date *n* (→ **maturity**)
The ***expiry date*** is 21 April 2006.

Fälligkeitsdatum, Verfallsdatum
Das Fälligkeitsdatum ist der 21. April 2006.

- **medical (certificate)** *n*
  No ***medical*** is required for this policy.

  (amts)ärztliches Zeugnis
  Ein amtsärztliches Zeugnis ist für diese Versicherung nicht erforderlich.

- **no-claims bonus** *n*
  (→ **no claims discount**)

  Schadensfreiheitsrabatt

- **no-claims discount** *n*
  If you drive for four years without a claim we will allow you a 60% ***no-claims discount***.

  Schadensfreiheitsrabatt
  Wenn Sie vier Jahre lang unfallfrei fahren, erhalten Sie einen Schadensfreiheitsrabatt von 60%.

---

penalty *n*

Vertragsstrafe

- **policy** *n*

  Versicherungspolice, Versicherungsschein

Versicherungspolicen

**policyholder,
policy holder** *n*

Versicherte(r), Versicherungs-
nehmer(in)

● **premium** *n*
Insurance ***premiums*** are expected to rise by over 16% next year following an unprecedentedly high number of claims this winter.

Prämie
Nach einer erstaunlich hohen Zahl von Schadensforderungen in diesem Winter sollen Versicherungsprämien im nächsten Jahr über 16% ansteigen.

probability of loss *n*

Schaden(eintritts)wahrscheinlichkeit

proposal form *n*

Antragsformular

protected no-claims discount *n*

geschützter Schadensfreiheitsrabatt

● **renewal notice** *n*

Verlängerungsmitteilung, Mahnung

● **risk** *n*
No insurer would be prepared to accept this kind of ***risk***.

(Versicherungs)Risiko
Keine Versicherungsgesellschaft wäre bereit, diese Art von Risiko auf sich zu nehmen.

risks (all ~ policy) *n*

Globalversicherung, allumfassende Risikoversicherung

safeguard *n*
A mortgage payment protection policy provides a ***safeguard*** against not being able to keep up with the repayments.

Schutz, Sicherheit, Garantie
Eine Hypothekenversicherung bietet eine Sicherheit für den Fall, dass man mit den Rückzahlungen nicht nachkommen kann.

● **specified personal belongings** *npl*
If you have items of high value you should identify them as ***specified personal belongings***.

einzeln aufgeführte(r) persönliche(r) Besitz(gegenstände)
Falls Sie Wertgegenstände haben, sollten Sie diese als persönlichen Besitz einzeln aufführen.

● **surrender value** *n*

Rückkaufwert

uninsurable *adj*

nicht-versicherbar

void (declare ~) *phrase* — für ungültig/nichtig erklären, annullieren

voidable *adj* (→ **void**) — anfechtbar, aufhebbar, annullierbar

13.4 Versicherungsansprüche

- **act of God** *n* (→ **force majeure**) — höhere Gewalt

actual value *n* (→ **insured value**) — tatsächlicher Wert

breach *v/t* — (einen Vertrag) brechen, zuwiderhandeln

breach of contract *n* — Vertragsbruch, Vertragswidrigkeit

- **breakage** *n* — (Bruch)Schaden

- **claim** *n* — (Versicherungs)Anspruch, Schaden(sfall), Forderung, Schadensanspruch

- **claim** *v/t* — (ein)fordern, beanspruchen, verlangen, (Anspruch) geltend machen

claim form *n* — Schadensformular
Please complete the enclosed claim form and return it to us. — Bitte senden Sie das beigefügte Schadensformular ausgefüllt zurück.

claim for compensation *n* — Schadenersatzanspruch

claim limit *n* — (beanspruchbare) Schadensobergrenze
The claim limit for computer equipment is £ 2500. — Die Schadensobergrenze bei Computern und Zubehör liegt bei £ 2500.

claimable *adj*
The maximum amount claimable for any one item in this section of the policy is £500.

beanspruchbar, einforderbar, reklamierbar
Der maximal beanspruchbare Betrag für einen Versicherungsgegenstand in dieser Rubrik der Police beträgt £500.

● **claimant** *n*

Antragsteller, Forderungsberechtigter

claims advisor *n*
(*cp* **loss adjuster**)

Schadensabschätzer, Schadensregulierer
(versicherungsintern)

● **claims department** *n*
You must notify our **claims department** as soon as possible after the claim has arisen.

Schadensabteilung, Schadensbüro
Nach einem Schadensvorfall müssen sie so bald wie möglich unsere Schadensabteilung benachrichtigen.

claims procedure *n*

Verfahren zur Regelung von Versicherungsansprüchen

● **claims report** *n*
You will need to complete a **claims report**.

Schadensanzeige
Sie müssen eine Schadensanzeige erstellen.

● **compensate** *v/ti*
After detailed investigations the insurers agreed to **compensate** the company in full for the warehouse fire.

entschädigen, ersetzen, vergüten, kompensieren
Nach eingehender Überprüfung einigten sich die Versicherungsgesellschaften darauf, das Unternehmen für den Brand des Lagerhauses in voller Höhe zu entschädigen.

● **compensation** *n*

Entschädigung, Schadenersatz

damage *n*
Please describe the **damage** to the items insured.

(Be)Schädigung, Schaden, Verlust
Bitte beschreiben Sie den Schaden der versicherten Gegenstände.

Versicherungsansprüche

- **damage (accidental ~)** *n* — Unfallschaden, zufallsbedingter Schaden

- **damage (deliberate ~)** *n* — vorsätzlicher Schaden

- **damage (fire ~)** *n* — Brandschaden

- **damage (flood ~)** *n* — Flutschaden

- **damage (storm ~)** *n* — Sturmschaden

- **damage (water ~)** *n* — Wasserschaden

disclaim *v/t*
The hotel denies it is reponsible for the theft of your coat because it displays notices ***disclaiming*** responsibility.

Haftung ausschließen/ablehnen
Das Hotel lehnt die Verantwortung für den Diebstahl Ihres Mantel ab, da Anschläge über Haftungsausschluss aushängen.

disclaimer *v/t* — Haftungsausschluss(erklärung)

force majeure *n*
(→ **act of God**)
The insurance company invoked its ***force majeure*** clause, claiming that the consignment had been stolen inside the war zone.

höhere Gewalt
Die Versicherungsgesellschaft wandte die ‚höhere Gewalt'-Klausel an und behauptete, dass die Warenladung innerhalb der Kriegszone gestohlen worden war.

incur loss *phrase*
The insurers met all the costs of the ***loss*** of goods ***incurred***.

Verlust erleiden, Verluste auf sich nehmen
Die Versicherungsgesellschaft nahm alle Kosten für Verluste auf sich.

in full *adv* — in voller Höhe, vollständig

indemnify *v/ti*
Our policy ***indemnifies*** us for actual loss through accidental damage.

abgelten, entschädigen, Schadensersatz leisten
Unsere Versicherung leistet Schadensersatz für durch Unfallschaden bedingten Verlust.

Versicherungsansprüche

indemnity *n*
The indemnity figure takes account of depreciation of your vehicle.

Schadensersatz, Entschädigung, Abfindung
Die Entschädidungssumme berücksichtigt den Wertverlust Ihres Fahrzeuges.

insured value *n*
(→ **actual value**)
The **insured value** of the stock was considerably higher than its actual value.

Versicherungswert
Der Versicherungswert der Lagervorräte war beträchtlich höher als der tatsächliche Wert.

- **legal advice and expenses** *phrase*

  Rechts(bei)hilfe und Aufwandsentschädigung

loss *n*

Schaden, Verlust

loss adjuster *n*

Versicherungssachverständiger

maximum cover *n*

maximale Deckungshöhe

- **partial loss** *n*

  Teilverlust, Teilschaden

- **party (other ~)** *n*
  The **other party** is disputing your claim.

  andere Versicherungsnehmer/ Partei
  Der andere Versicherungsnehmer streitet Ihren Schadensanspruch ab.

- **reimburse** *v/ti*

  rückerstatten, (zurück)vergüten

salvage value *n*
The **salvage value** of the goods recovered was minimal because they had been damaged by water.

Bergungswert, Schrottwert
Der Bergungswert der sichergestellten Waren war wegen des Wasserschadens minimal.

- **settle** *v/t*
  We note that your earlier claim was **settled** in full.

  begleichen, ausgleichen (Schaden) regulieren
  Wir nehmen zur Kenntnis, dass Ihr vorheriger Schaden in voller Höhe beglichen wurde.

350 Versicherungsansprüche

settlement n	**Begleichung, Schadenabwicklung, Regulierung eines Versicherungsfalls**
subrogate v/t	**Rechte übergehen lassen auf**
subrogation n According to the principle of **subrogation** an insurance company which has settled a claim can take over the rights of the insured party to further mitigate his loss.	**Forderungsübergang, Übergang des Ersatzanspruches, Subrogation** Gemäß des Subrogationsprinzips kann eine Versicherung, die einen Schaden beglichen hat, die Rechte des Versicherungsnehmers übernehmen, um dessen Schaden weiter zu mindern.
sum assured n	**Versicherungssumme**
• **theft** n	**Diebstahl**
• **total loss** n (➤ **write off**)	**Totalschaden**
wear and tear n Stolen goods will be replaced at their original cost less an allowance for wear and tear.	**natürliche Abnutzung, Verschleiß** Gestohlene Waren werden zum Anschaffungspreis ersetzt, abzüglich eines Abschlags für natürliche Abnutzung.
witness n Were there any **witnesses** to the accident?	**Zeuge, Zeugin** Gab es irgendwelche Zeugen bei dem Unfall?

Register

Alphabetisches Register

Hinter den englischen Stichwörtern steht die Seitenzahl. Halbfette Zahlen bedeuten, dass das Wort im *Situativen Wortschatz* erscheint. Normalschrift zeigt, dass der Begriff im *Thematischen Wortschatz* vorkommt.

A

a/c payee only **54**
ABI 334
absence 125
absenteeism 125
abstain 149
abstention 149
ACAS (Advisory, Conciliation and Arbitration Service) 141
accept 181
accept liability 181
access **32**, 262
access rights **33**
accessories 194
accident insurance 338
account **54**
account (current ~) **54**
account (deposit ~, savings ~) **54**
account (high interest ~) 286
account (joint ~) **54**
account code 317
account executive 226
account holder **54**
account number **54**
account payee only **54**
accountant 317
accounting 322
accounting date 317
accounting period 317
accounts 317
accounts (consolidated ~) 330
accounts (statutory ~) 331
accounts department, accounting department 317
accrue 318
accumulated 322
accumulated depreciation 322
acquire 301
acquisition 112
acre **41**
ACT 313
act of God 346
action points 149
actual value 346
actuary 334
ad 226
ad agency 227
add 170
additional insurance 338
additional insured 334
additional voluntary contributions 132
address (recipient's ~) 177
address (sender's ~) 177
address to 149
adhesive 253
adjourn 149
adjust 246
administrative board 106
administrative expenses 326
advance 282, 289
advance corporation tax 313
adverse opinion 331
advertise a post 116
advertisement 226
advertisement manager 226
advertiser 226
advertising 96, 227
advertising (competitive ~) 229
advertising (deceptive ~) 229
advertising (direct mail ~) 227
advertising (exhibition ~) 227
advertising (internet ~) 227
advertising (media ~) 227
advertising (national ~, nationswide ~) 227
advertising (outdoor ~) 227
advertising agency 227
advertising budget 227
advertising campaign 227

354 Register

advertising charges 227
advertising control 229
advertising expenditure 227
advertising gimmick 227
advertising manager 228
advertising rate 228
advertising revenue 228
Advertising Standards Authority 230
advertising time 230
advisory board 106
aerospace industry 94
AFL-CIO (American Federation of Labor and Congress of Industrial Organisers) 141
after all other claims are settled 307
after-hours dealing 301
agency 251
agency (forwarding ~) 96
agency (shipping ~) 96
agency (sole ~) 251
agenda 149
agent 251
agent (sole distributing ~) 251
agree 158
agree to disagree 170
agree with 164
agreement 142, 164
agricultural 91
agricultural product 91
agriculture 91

ailing 82
air consignment note 257
air freight 257
air-conditioned **41**
airing (a good ~) 149
airline 96, 257
airtight 253
alarm call **23**, **71**
all-out strike 142
all-risk(s) insurance 338
all-risks insurance policy 342
all-time low 301
allay 170
allocate (~ customers) 251
allocation 307
allotment 307
allow 160
allowable against tax 313
allowable for tax purposes 314
allowance 314
allowance (daily ~) 132
amendment 149
amortisation 322
amortise 322
amount due 246
announcement **66**
annual accounts 331
Annual General Meeting (AGM) 106
annual leave 125
Annual Percentage Rate 233
annual report 331
annually 132
annuity 338
ansaphone **27**
answering machine **16**
antitrust law 112

Any Other Business 150
any other income 326
AOB 150
apologies (send ~) 150
apologies for absence 150
appendix 177
applicant 116
applicant (main ~) 342
application **33**, 116
application (handwritten ~) 116
application deadline 116
application form 116
applications software **33**
apply 116
appoint 116
appointment **13**
appraisal 116
appraiser 117
appreciate 164, 182, 293
apprentice 138
apprenticeship 138
approval **49**, 187
approved 106
approved auditing standards 331
approx. 192
approximate, ~ ly 192
APR 233
aptitude test 117
arbitrage 307
arbitration 142
arbitrator 142
area (covered ~) 237
area (open ~) 237
arms industry 94
arrange **13**
arrange insurance 334
arrivals lounge **66**

arrow key **39**
Articles of Association 106
articles of incorporation 109
articulated 257
artwork 228
as follows 177
as per instruction 253
as soon as possible 190
ASA 230
asap 190
ASEAN 275
assemble 94, 194
assembly plant 94
assembly-line 194
assess 117
asset 322
asset (capital ~) 322
asset (intangible ~) 322
asset (tangible ~) 322
asset value 322
assets (current ~) 322
assets (fixed ~) 322
assets (liquid ~) 323
assets (net ~) 323
assistance 190
Association of British Insurers 334
Association of South East Asian Nations 275
Assocs (Associates) 106
assure 182
at issue 150
ATM 282
attach 187
attend **15**, 150
attend a fair 237
attendance 125
attendance list 150
attention (to draw sth. to s.o.'s ~) 182

attention (to escape s.o.'s ~) 182
attention (for the ~ of) **20**
attention (to give sth. one's earliest ~) 190
attributes (customer ~) 214
audit 331
audit (external ~) 331
audit (internal ~) 332
audit result 332
audit trail 332
auditing (of) accounts 332
auditor 332
auditors' report 332
automated teller machine 282
automobile industry 94
availability of capital 311
available for rent 238
AVCs 132
average 338
average costs 200
avert 142
aviation insurance 338
aware 187

B

b.c.c. (blind carbon copies) 192
B/E (bill of exchange) 272
b/f 318
B/L (bill of lading) 272
BAA 86
back pay 133
back shift **39**
back up **33**
back-up **33**

BACS 282
baggage allowance **61**
balance **54**
balance (closing ~) 318
balance (debit ~) 318
balance (opening ~) 318
balance of payments 274
balance of payments deficit 274
balance of payments surplus 274
balance of trade 274
balance sheet 323
ballot 142
ballot (secret ~) 142
Baltic Exchange 268
ban 262
bank (high street ~) 279
Bank Automated Clearing Services 282
bank card **54**
bank cashier **54**
bank charges **54**
bank clerk **54**
bank counter **55**
bank draft 282
bank giro credit form/slip 282
bank manager **55**
bank note 279
Bank of England 279
bank safe **55**
bank sort code **55**
bank till **55**
bank note **60**
banker's draft **55**, 282
banker's order **55**
banking 96
banking service 282

Register

bankruptcy 99
bar chart **44**
bar code 253
BARB 221
bargain 142
barrel 253
barter 262
barter business 262
base **41**
base rate 280
basic (tax) rate 314
basic materials 91
basic wage 133
batch production 194
bath **71**
be your own boss 99
bear 301
bear market 301
bear with 167
bearer 283
bearer cheque 283
bearish 301
below 177
beneficiary 342
benefit (tax-free ~) 286
bereavement 125
bill **49, 71**
bill (itemised ~) **71**
bill of entry 268
bill of exchange 283
bill of lading (clean ~) 268
bill of lading (dirty ~) 269
bill rate 280
bills receivable 323
biodegradable 212
black (in the ~) **55**
blanket insurance 338
blister pack 253
blister wrap 253
blocked **39**
blue chips 286
board **66**

board (full ~) **69**
board (half ~) **69**
Board of Customs and Excise 269
board of directors 106
boarding card **66**
body of the letter 177
boil down to 170
bold **39**
bond 307
bond (bearer ~) 307
bond (hold in ~) 269
bond (treasury ~) 307
bonded 269
bonded warehouse 269
bonus 133
bonus (annual ~) 342
bonus (declare a ~) 342
bonus (reversionary ~) 342
bonus (terminal ~) 342
book **51, 69**
book (cash ~) 318
book (petty cash ~) 318
book value 324
booked **62**
booking **62, 69**
booking arrangements 238
booking office **66**
books (close the ~) 318
books (cook the ~) 318
books (do the ~) 318
boom 82
boom and bust 83
boost (the economy) 86
borrow 289
borrower 296
borrowing 289
BOTB 86, 269

bottleneck 207
bottom line 326
bottom line (What's the ~ ?) 327
bottom line (What's your ~ ?) 327
bounce **55**
bound for 269
boycott 262
brain drain 117
brainstorming 150
branch **44, 55**, 106
branch (~ of industry) 75
branch manager **55**
branch out **45**
brand 214
brand name 215
breach 346
breach of contract 346
break down 142
break-even point 200
breakage 346
breakdown 143
brief 150
briefing 150
bring (~ s.o. along) **15**
bring (~ sth. with) **15**
bring forward **14**
bring to a halt 207
brisk trading 301
British Airports Authority 86
British Overseas Trade Board 86, 269
British Standards Institute 86
British Standards Institute (BSI) 203
Broadcasters' Audience Research Board 221
brochure **45**
broker 286, 288

brokerage 301
Bros (Brothers) 106
brought forward 318
BSI 86
bubble pack 253
bubble wrap 253
budget 86
budget account 233
budget holder 319
budget update 319
buffet **51**
buffet service **66**
bug **33**
bugs 207
build up 286
building **41**
building industry 94
building society **55**, 280
buildings insurance 338
built-in 194
bull 301
bull market 301
bullish 302
buoyant 83
bury one's head in the sand 164
business **66**, 99
business (drive out of ~, force out of ~) 99
business (go out of ~) 100
business (small ~) 99
business (to get through a lot of ~) 150
business card **51**
business failure 100
business interruption-insurance 338
business license 111
business organisation 100
business plan 100

business rate 100
business trends 221
busy **14**
butt in 160
button **33**
buy back 133
buy on the never never 233
buyer 215
buyer's warehouse 273
buyout 112
buyout (leveraged ~) 112
buyout (management ~) 112
by return of post 190

C

C&F (cost and freight) 272
c.c. n (carbon copies) 192
C.O.D. 246
C.W.O. 246
C/F (carriage forward) 273
c/fwd 283
C/P (carriage paid) 273
CAB 230
cabin 62
CAD/CAM (Computer Aided Design/Manufacture) **33**
CAL (Computer Aided Learning) **33**
calculator **16**
call **27**, **66**
call (collect ~) **24**
call (conference ~) **23**
call (emergency ~) **23**
call (external ~) **27**

call (internal ~) **27**
call (international ~) **23**
call (local ~) **23**
call (make a ~) **23**
call (return a ~) **23**
call (reverse charge ~) **24**
call (take a ~) **27**
call a meeting 151
call back **28**
cancel **14**, **39**, 182
cancelled **67**
candidate 117
canvas 253
CAP 263
capacity 208
capital 311
capital (circulating ~) 311
capital (working ~) 311
capital gains tax 314
capital growth 308
capital intensive 75
car (by ~) **62**
CAR (Compounded Annual Rate) 280
car ferry **62**
car hire company **62**
car industry 94
car insurance 338
car phone **24**
carbon paper **17**
card index **17**
cardboard 253
cardphone **24**
career 117
cargo 257
cargo insurance 338
Caribbean Community and Common Market 276
CARICOM 276
carried forward 283
carrier 257

carry 158
cartel 112
carton 253
case 253
cash **55**, **60**, 329
cash a cheque **55**
cash and carry 243
cash at bank 329
cash cow 215
cash dispenser **55**
cash flow 329
cash flow analysis 329
cash flow statement 329
cash inflow 329
Cash On Delivery 246
cash outflow 330
cash point **56**
cash point card **56**
cash price 247
Cash with Order 246
catalogue **45**
CATI 222
cattle breeding 91
CBI (Confederation of British Industry) 75
CBT (Computer Based Training) **33**
CD-ROM (compact disk – read-only memory) **33**
CD-ROM drive **30**
central bank 280
central buying 243
Central Statistical Office 75
certificate of deposit 286
certificate of insurance 342
certified accountant 319
CET 263

CFC free (chlorofluorocarbons) 212
CGT 314
chain 243
chair 151
chair (chairperson, chairman, chairwoman) 151
chairman of the management board 107
chairman's statement 332
change **60**
character set (foreign ~) **34**
charge 194, 283, 319
charge card 233
charge meter **24**
charity 107
charter 257
chartered accountant 319
Chartered Association of Certified Accountants 319
chase production 194
check **24**, **56**, 203
check in **62**
check out **71**
check-in time **62**
chemical industry 94
cheque **56**
cheque (blank ~) **56**
cheque (counter ~) **56**
cheque (honour a ~) 283
cheque (open ~) **56**
cheque (present a~) 283
cheque (stop a ~) 283
cheque card **56**
cheque(crossed ~) **56**
chief accountant 317
choose **51**

CIF (cost, insurance, freight) 273
CIP (freight carriage and insurance paid) 273
circular 178
circulate 151
circulation (free ~) 269
circumstances (under no ~) 164
Citizens Advice Bureau 230
city center **41**
city centre **41**
claim 346
claim for compensation 346
claim form **49**, 346
claim limit 346
claimable 347
claimant 347
claims advisor 347
claims department 347
claims procedure 347
claims report 347
class **62**
clear **56**, 269
clear (make oneself ~) 167
clearing bank 280
clearing house 280
client 228
clientele 228
clipboard **34**
clock in 125
close **56**, 158
close (draw to a ~) 151
closed corporation 107
closed shop 143
closing date 117
clothing industry 94
co-determination 143

co-owner 107
coach service **62**
coal mining 91
code (international ~) **24**
code (local ~) **24**
code of practice 143, 230
coin **60**
collateral 289
collect 257
collective 125
collective agreement 125
collective bargaining 125, 143
come in 160
command **34**
commence 125
commencement 125
comment 161
commerce 97
commercial attaché 276
commercial bank 280
commission **60**, 251
commitment **14**
commodity 243
Common Agricultural Policy 263
Common Budget 263
Common External Tariff 263
Common Market 263
common stock 310
communications 97
Companies Act 107
Companies House 107
company 100
company (private limited ~) (Ltd ~) 107
company (public limited ~) (plc) 107
company failure 100

company profile **45**
compassionate leave 125
compatible **34**
compensate 347
compensation 125, 143, 347
competing products 221
competition 221
competitive 221
competitor 221
complete 161
complex **41**
complimentary close 177
comply with 204
component 195
compromise 151
compulsory 334
computer **17**
computer (desktop ~) **30**
computer (mainframe ~) **30**
computer literate **34**
concede 161
concern 182
concern (industrial ~) 112
concern (voice ~) 164
concerning 179
conciliation 143
conclude 158
conclusion (come to a ~) 170
conclusion (draw a ~) 171
conclusion (reach a ~) 171
conditions of employment 125
conference facilities 69
confidential (private and ~) **20**

confidential (strictly ~) 190
confrontation 143
connect **24**
connect with **62**
connection **24**
consensus 151
consequential costs 200
consequential loss 338
consider 161, 188
consignee 257
consignment 257
consignment note 258
consignor 258
construction industry 94
consultancy 97
consultation 126
consumer 215
Consumer Credit Act 100
consumer durables 94, 195
consumer electronics 94
consumer goods 94, 215
consumer group 230
Consumer Price Index (CPI) 81
consumer protection 230
consumer-orientated 215
consumerism 230
Consumers' Association 230
consumption 215
consumption (per-capita ~) 215
consumption pattern 215
cont. (continued) 192

cont. o/leaf 192
contact 179
container 253
contaminated 212
contamination 212
contents insurance 339
context (in ~) 167
context (take out of ~) 161
continue 161
continued overleaf 192
contract 126, 215
contract out 133
contractual arrangements 126
contribution 133
contributory pension scheme 133
control key **39**
controlling interest 312
convene 152
convergence criteria 293
convert to Euro currency 293
Convertible stock 308
convey 158
conveyor-belt 195
convince 164
cooling-off period 143
copy **17**, **34**, **39**, 228
copywriter 228
cordless phone **24**
core activity 112
corporate bond 290
(corporate) bye-laws 106
corporate entertaining **49**
corporation tax 314
correspondence 182
corrugated paper 253

cost (at a ~) 201
cost (economic ~) 75
cost (s) 75
cost accounting 317
cost centre 319
cost of living 75
Cost of Living Index 75
cost(s) (capital ~) 76
cost(s) (fixed ~) 76
cost(s) (hold down ~, keep ~ down) 76
cost(s) (recurring ~, running ~) 76
cost(s) of production 201
counter (service) 243
countersign **56**
countertrade 263
course of action 171
cover 339
cover (full ~) 342
cover (under separate ~) **20**
cover note 343
CPF (carriage paid to frontier) 273
crash **34**, 302
crate 254
create **34**
creative accounting 319
creative director 228
credit **56**, **57**, 233
credit (interest free ~) 234
credit advice 283
credit assessment 289
credit card **57**
credit insurance 234, 339
credit limit **57**, 283
credit note 247
credit rating 234

credit sale 234
credit scheme 234
credit slip **57**
credit terms 290
credit transfer 284
credit-worthiness 284
creditor 323
creditworthy 284
cross **57**
cross-border 269
cross-holding 112
cross-purposes (to argue at ~) 165
crossing **62**
currency **60**, 293
currency (convertible ~) 293
currency (foreign ~) 293
currency (hard ~) 293
currency (soft ~) 293
currency (~ fluctuation) 293
cursor **34**
custom and practice 126
custom-built 195
customer 215
customer (alienate ~s) 216
customer (attract ~s) 216
customer (potential ~, prospective ~) 216
customer (regular ~) 216
customer behaviour 216
customer complaint 230
customer list 216
customer profile 216
customs **67**
customs allowance **67**

Register 361

customs authorities 269
customs clearance 270
customs declaration 270
customs duty 270
customs formalities 270
customs inspection 270
customs receipt 270
customs tariff 270
customs union 263
cut and paste **34**
cut off **24**
CV (curriculum vitae) 117

D

dairy industry 91
damage 258, 347
damage (accidental ~) 348
damage (deliberate ~) 348
damage (fire ~) 348
damage (flood ~) 348
damage (storm ~) 348
damage (water ~) 348
damaged 258
data **34**
data (primary ~) 221
data (secondary ~) 222
data entry **34**
data processing **35**
Data Protection Act **35**
database **34**
database marketing 216
date 177

date as postmark 177
date-stamp **17**
DAX 302
day-release scheme 139
day-to-day business **45**
dead **24**
deadlock (break the ~) 171
deal 144
deal with sth. **15**
dealer 243
death-in-service benefit 126
debenture 290
debenture (mortgage ~) 290
debenture (naked~, simple) 290
debenture (perpetual ~) 290
debenture (secured ~) 290
debit 284, 323
debit card 284
debit note 247
debt 234
debt (service a ~) 235
debt (accumulate ~s) 234
debt (bad ~) 326
debt (be in ~) 312
debt (clear ~s) 235
debt (oustanding ~s) 235
debt (run into ~) 312
debt ratio 312
debtor 323
debug **35**
deceptive practice 230
decline (in ~) 83
declining 83
deduct 247

deducted at source 314
deduction 133
deductions (fixed ~) 133
deductions (variable ~) 133
defective 204
defence industry 95
defense ~ 95
defer 152
deficit (in ~) 274
deflation 76
deflationary (measures) 86
delay **67**
delayed **67**
delayed (to be ~) **15**
delete **35**
delete key **39**
delivery 258
delivery deadline 258
delivery point 258
demand 76, 144
demand (latent ~) 76
demand determines price 76
demand from abroad 76
demand-led 76
demonstration of products **45**
demotion 126
denationalisation 87
denationalise 87
denomination **61**
depart **67**
department **15**
Department for Education and Employment (DFEE) 144
Department of Commerce 87
Department of Employment 87

Department of Labor 87
Department of the Treasury 90
Department of the Environment 87
Department of Trade and Industry 76
Department of Trade and Industry (DTI) 87
Department of Transport 87
Department of Transportation 87
department store 243
departure **63**, **67**
departure lounge **67**
dependant, dependent 343
deposit **58**, 235, 290
deposit account **57**
depositor 290
depot **42**
depreciate 293, 323
depreciation 323
depression 83
deregulated 87
deregulation 87
derelict **42**
designer 195
desk **17**
desk calendar **17**
desk diary **17**
deskilling 139
despatch 240
dessert **51**
destination 258
details 188
Deutscher Aktienindex 302
devaluation 293
devalue 293
developing country 278
development aid 278

dial **25**
diary **14**
digit **25**
digress 152
dimension 258
dinner **50**
dinner party **50**
direct **13**
direct costs 201, 327
direct debit **57**
direct export 270
direct mail 229
direct through 152
directory **35**
directory (ex-~) **25**
directory (sub- ~) **35**
directory assistance **25**
directory enquiries **25**
directory enquiries (international ~) **25**
disagree with 165
disappointed 183
discharge 259
disciplinary procedure 144
disclaim 348
disclaimer 348
discount **69**, 247, 308
discount (seasonal ~) 247
discount (special ~) 247
discount (trade ~) 247
discount bank 280
discount market 308
discount rate 280
discount store 244
discretion 126
discrimination 117
discrimination (positive ~) 117
disk **17**
disk (floppy ~) **30**

disk (hard ~) **30**
disk capacity **30**
disk drive **30**
diskette **30**
dismiss 126
dismissal 126
dispatch 240
dispatch (ready for ~) 240
dispatch documents 240
display **35**, 238
display material 238
disposal(on ~ of) 327
dispose of 308
dispute (labour ~) 144
dissent 152
dissolution 100
dissolve 100
distribute 152
distribution 251
distribution (direct ~) 251
distribution channel 251
distribution system 251
distributive sector 97
distributor 252
diversification 113, 208
diversify 113, 216
dividend 312
dividend (declare a ~) 312
dividend payable 312
division of labour 208
do not bend 254
Do not disturb! **71**
document **45**, 118
dog 216
dole (be on the ~) 118
domestic trade 263
dominant 113
door-to-door 252
double taxation 314

double taxation agreement 314
double time 133
double-entry bookkeeping 323
doubts (have ~ about) 165
Dow Jones 302
Dow Jones Industrial Average 302
down **30**
down tools 144
download **35**
downsizing 144
downtime 208
doz. 254
dozen 254
DPA **35**
draft (in ~ form) **17**
draw attention to 161
drill 91
drink **51**
driving licence **63**
drop off **50**
drop-out rate 118
DTI 76
DTP (Desktop Publishing) **35**
due for renewal 335
dumping 212, 263
duopoly 76
duplicate **17**
duplicate (in~) **17**
durable 195
dutiable 270
duty 126
duty of care 332
duty-free 270

E

e-mail **20**, **21**
e.g. 192
early reply 191
early retirement 127
earning power 76
earnings 134
EC (European Community) 77
ECGS 264
economic 77
economic adviser 87
economic aid 278
Economic and Monetary Union (EMU) 293
economic climate 83
economic cycle 83
economic downturn 83
economic growth 83
economic indicator 77
economic model 83
economic performance 77
economic planning 87
economic recovery 84
economic upturn 84
economical 77
economics 77
economics (macro ~) 77
economics (micro ~) 77
economics (supply-side ~) 77
economies of scale 201
economy 77
economy (black ~) 78
economy (command ~, planned ~) 78
economy (free enterprise ~, market ~) 77
economy (global ~) 78
economy (mixed ~) 78
economy (real ~) 78
economy (social market ~) 78
edge **42**
edit **39**
education 118
education sector 97
efficiency 208
efficient 208
EFTA 276
electronic mail **20**
electronics industry 95
elevator **70**
eligible 152
embargo 263
embargo (~on trade, trade ~) 267
embassy 276
embolden **39**
emission 212
employee **45**, 118
employer 118
employer's pension scheme 134
Employers' Liability (Compulsory Insurance) Act 339
employment 118
employment agency 118
employment history 118
Enc., Encl. 192
enclose 188
enclosed (find ~) 188
Enclosure 192
Enclosures 192
Encs 192
end 159
endowment policy 339
energy 91
energy efficient **42**
energy industry 91
engaged **28**
engineering (civil ~) 95

364 Register

engineering (mechanical ~) 95
enrichment 209
enter **35**
enter key **39**
enterprise 100
entertainment industry 97
entitle 127, 231
entrée **51**
entrepreneur 101
entrepreneur (budding ~) 101
entry 332
envelope **18**, 254
envelope (board-backed ~) 254
envelope (padded ~) **18**
envelope (window ~) 254
environmental standards 212
environmentally-friendly 212
EOC 144
equal opportunities 127
Equal Opportunities Commission 144
equal pay 127
Equal Pay Act 127
equip **69**
equities 308
equity 290
equity (negative ~, ~ deficiency) 291
equity appreciation 290
equity investment 290
equity market 308
ERDF 276
ergonomics 208
error 183
error (in ~) 183

error message **35**
Esq. 192
Esquire 192
establish **45**
establish a company 101
establishing 101
establishment 101
estate agency 97
EU (European Union) 78
euro 294
Eurobond 296
eurocheque **61**
European Currency Unit (ECU) 294
European Free Trade Association 276
European Investment Bank (EIB) 294
European Monetary System (EMS) 294
European Regional Development Fund 276
evident 165
excess 343
excess baggage **67**
exchange control 264
exchange control(s) 294
exchange of views 152
exchange rate **61**, 294
Exchange Rate Mechanism (ERM) 294
exchange rates (fixed ~) 294
exchange rates (forward ~) 294
excise duty 270
exclude 343
exclusions 343
exclusivity of sale 252

executive 118
executive (~ director, ~ manager) 107
exempli gratia 192
exempt 314
exhibit 238
exhibition 238
exhibition grounds 238
exhibition space 238
exhibitor 238
expansion 84
expect **13**, **71**
expense account **49**
expenses **49**, 134
experience 118
expiration date **57**
expiry date **57**, 344
explicit 152
export 270
Export Credit Guarantee Scheme 264
export credit insurance 264
export documents 271
export drive 271
export duty 271
export licence 271
export license 271
exporter 271
exposition 238
express (~ the view) 159
EXQ (ex quay) 273
EXS (ex-ship) 273
extend cover 343
extension **28**
extract 91
extractive 91
extraordinary charges 327
extraordinary income 327
EXW (ex-works) 273

F

F.A.O. 193
face (the) facts 165
facsimile machine **21**
facsimile message **21**
factoring 297
factory **42**
factsheet **45**
fail to respond 183
fair (specialist trade ~) 238
fair participation 239
Fair Trading Act 231
farm 91
farming 92
farming (intensive ~) 92
farming (organic ~) 92
FAS (free alongside ship) 273
fashion industry 95
fault **25**
fault (technical ~) 195
faulty 195
fax **21**
fax (facsimile machine) **18**
fax (machine) **21**
fax (message) **21**
fax line **28**
FCR 259
FE college 119
feasibility 208
feasible 208
Federal Reserve Bank 280
Federal Trade Commission 89, 114
feel 159
feeling 165
ferry **63**, 259
fidelity guarantee 339
fidelity insurance 339
fiduciary 280

fiduciary issue 280
FIFO 324
file **18**, **36**
file (lever arch~) **18**
file (suspension ~) **18**
filename **36**
filing cabinet **18**
filing system **18**
fill a vacancy 119
film and television industry 97
finance 297, 313
finance (long term ~) 297
finance (on ~) 235
finance (short term ~) 297
finance company 281
finance director 319
finance house 281
financial companies/ institutions 302
financial controller 319
financial management 313
financial report 319
financial reporting 319
Financial Services Act 101
Financial Times-Stock Exchange 100 Share Index 302
financial year 319
financials 302
finished (~ goods) 95
fire insurance 339
firm 101
First in First out 324
fiscal 315
fiscal policy 88
fiscal year 319
fishery 92
fit for purpose 231

fixed asset register 324
fixed costs 201
fixed-term contract 127
fixtures and fittings 324
flat-rate (state) pension 127
flawed 204
fledgling industry 264
flexitime 119
flextime 119
flight **63**
flight (charter ~) **63**, 259
flight (connecting ~) 259
flight (direct ~) **63**
flight (domestic ~, internal ~) **63**
flight (international ~) **63**
flight (scheduled ~) **63**, 259
flight time **63**
float 297
float (~ on the stock exchange) 107
floating policy 339
floor 152
floor trading 302
flotation 297
flow chart **45**
flow diagram 195
fluctuate 295
fly (from) **63**
FOB (free on board) 273
focus group 222
fold 101
folder **36**, **45**
follow on from 167
follow up 179
followed by **51**
following 179
food chain 95

food industry 95
food processing industry 95
Footsie 303
FOR (free on rail) 273
for cash 248
for deposit only **56**
for information 177
For the attention of 193
for the year ending 333
force majeure 348
forecast 84
forecasting 222
forecasting (production ~) 196
foreign department **61**
foreign exchange reserves 295
foreign exchange department 284
foreign exchange market 294
foreign use extension 343
forestry 92
forfeit the right to claim 231
forklift truck 240
form a company 101
formal 153
format **36**
formation (~ of a company) 101
forward 259
forward (post) **21**
forwarder 259
forwarding agent 259
forwarding agent's certificate of receipt 259
FOT (free on truck) 273
found 102

founder 102
fractional contract 127
franchise 108
franco domicile 273
franco quay 273
franking machine **18**
frankly 165
FRC (free carrier) 273
free harbour 273
free list 271
free movement of goods 78, 264
free movement of labour 264
free port 271
free trade 264
freehold **42**
freelance 119
freephone, 0800 number **28**
freight 259
freight car 260
freight charges 259
freight forward 273
freight forwarding 97
freight insurance 340
freight note 259
freight train 259
fringe benefit 134
FTSE 100, FT-SE 100, 'Footsie' 302
fuel (fossil ~) 92
full and frank 171
full English breakfast **69**
full-time employment 119
full-value insurance 340
fully comprehensive 340
fully insured 335
fully-qualified craftsman 119
function key **39**

fund 102
fund manager 303
funds statement, funds flow statement 330
Further Education college 119
further to 180
futures market 303

G

gas industry 92
GATT 276
GDP (gross domestic product) 78
General Agreement on Tariffs and Trade 276
General Manager 108
generate 92
generation of electricity 92
generic product 217
get **52**
get back **28**, **52**
get in touch **52**
get through **25**
get to **42**
gift **49**
gilt-edged securities 308
gilts 308
giro 284
giro account 284
give notice 128
GNP (gross national product) 78
go along with 165
go back to 161
go bankrupt 102
go bust 102
go hand in hand 168
go over 161
go public 297

go-slow strike 144
golden handshake 134
golden share 313
goods 78
Goods Received Note 320
goods train 259
goods wagon 260
goodwill 102, 324
graduate 119
graph **45**
grateful 183
green channel **67**
green-field site **42**
'green' products 212
grievance 144
GRN 320
gross 134
gross profit or loss 327
group booking **69**
growth stock 308
guarantee 231
gut feeling 165

H

H.M. Customs 271
H.Q. **43**
hall (exhibition ~) 239
hall capacity 239
handle 260
handling 240, 260
hands (raise ~) 153
hands (show of ~) 153
hang up **25**
harbour 260
hard copy **30**
hardware **30**
harmful 212
harmonisation 264
haulage 260
haulage company 260
haulier 260

have one's say 162
hazard 335
hazardous 213
head **15**
head office **42**
headed paper **18**
headhunt 119
headquarters **43**
health and safety 102, 128
health care 97
health insurance 340
health service 97
hear 191
hear from 183
heavy industry 95
hedge against 295
help 191
Her Majesty's Customs 271
hereby 188
hesitate 191
high season 69
high-income 308
high-risk item 343
higher rate 315
highlight **36**
hire **63**
Hire Purchase 235
historic cost 324
hold **28**, 113, 260
hold responsible 183
hold-up 208
holding 308
holding company 113
home (work from ~) 119
home banking **57**
homeshopping 252
hors d'œuvre **52**
hospitality **49**
host **36**
hotel (5 star ~) **69**
hotel (foyer) (~ lobby) **71**

hotel (~ lounge) **71**
hotel (~ reception) **71**
hotel and catering industry 97
HP 235
human resources department 119
hydro-electric power 92
hypermarket 244

I

i.e. 193
ICA 320
ICC 276
id est – that is 194
idle 209
IMF 277
implication 168
imply 168
import 271
import duty 271
import licence 271
import license 271
importer 271
impose 264
in advance 191
in anticipation 191
in arrears 235
in bulk 244
in conjunction with 168
in connection with 180
in due course 191
in full 348
in isolation 168
in my opinion 165
in settlement of 248
in the circumstances 188
in the event that 188
in the name of **71**

368 Register

in the near future 191
in-service training 139
in-tray **18**
inaccuracy 159
incentive 134
income (national ~) 79
income (per capita ~) 79
income and expenditure account 327
income tax 134, 315
income tax return 315
incoming 240
inconvenience 183
incorporate 108
incorporated (inc.) 108
Incorporation (Certificate of ~) 108
incorporation (of a company) 108
Incoterms (International Commercial Terms) 272
increment 134
incur loss 348
incurred 201
indemnify 348
indemnity 349
indent **40**
independent 333
index of general business activity 79
index-linked 79, 309
index-linked insurance 340
indicate 188
indirect costs 327
individual office **43**
induction 139
industrial action 145
industrial companies 303
industrial estate **43**
industrial injury 128

industrial relations 145
industrial site **43**
industrial tribunal 145
industrialise 278
industrialised 79, 278
industrials 303
inefficient 209
infer (from) 168
inflation 79
inflation (rate of ~) 79
inflationary spiral 84
inform 188
informal 153
information 189
information pack **45**
infrastructure 79
infringement 128
infringement of contract 128
initial authorised share capital 108
injection of capital 297
Inland Revenue 315
innovative 209
input **30**, **31**
inquorate 153
insider dealing/trading 303
insist 183
insolvent 102
inspect 204
inspection 204
inst. (instant) 193
install **36**, 196
installation 196
instalment 236
instalments (by ~) 236
instant access 284
Institute of Chartered Accountants 320
institutional investor 303
instruct 119
instruction 119

instructions (await further ~) 191
insufficient funds 284
insurable 344
insurable interest 335
insurance **63**, 98, 335
insurance (accident ~) **63**
insurance (car ~) **63**
insurance (medical ~) **64**
insurance (travel ~) **64**
insurance agency 335
insurance agent 335
insurance broker 335
insurance class 344
insurance company 98
insurance contribution 336
insurance cover 336
insurance for legal costs 340
insurance industry 336
Insurance Ombudsman Bureau 336
insurance premium 344
insurance value 344
insure 336
insure against 336
insured (party) 336
insured value 349
insurer 336
integration 113
interest 180, 286
interest (accrued ~) 286
interest (bear ~) 286
interest (compound ~) 286
interest (simple ~) 286
interest charge 236
interest rate **58**, 79

interest rate policy 88
interface **31**
Internal Revenue Services 315
International Chamber of Commerce 276
International Monetary Fund 277
international trade 265
internet **36**
internet shopping 252
interrelated 168
interrupt 162
intervene 88, 295
intervention 88, 295
interview 119, 222
interview (panel ~) 222
interviewing (computer-assisted telephone ~) 222
introduce **15**
introductory remarks 159
inventory 240
inventory (draw up an ~) 240
invest 286
investigation 184
investment 287
investment (advisor, ~ consultant) 287
investment (offshore ~) 287
investment (secure ~) 287
investment advice 287
investment analyst 303
investment bank 281
investment fund 287
investment income 287
investment manager 287

investment regulations 309
investment return 287
investment scheme 287
investment trust 288
investor 288
investor (prospective ~) 288
investor confidence 288, 313
invisible 274
invisibles 274
invitation **50**
invite **50**, 153
inward investment 79
iron and steel industry 95
irregularity 333
irrevocable 284
issue 284, 298
issue (take ~ with) 166
issue of bank notes 281
issue of securities 281
issue price 298
issuing bank 281
italics **40**
item 153, 196
item number 240
itemise 240
itinerary **64**

J

Jiffy bag 254
JIT 196
job 119
job agency 119
job center 120
job centre 120
job description 120
job enrichment 128
job evaluation 120

job experience 120
job offer 120
job rotation 209
job satisfaction 120
job security 128
job-sharing 120
job-title 120
jobber 303
join **16**, **50**
joint venture 113
jointly 285
jump to conclusions 166
junk bond 298
just-in-time manufacturing 196

K

key **40**
keyboard **31**
keyboard (QWERTY~) **31**
Keynesianism 80
kitemark 204
knight (black ~) 303
knight (grey ~) 303
knight (white ~) 304

L

label 231, 254
labelling 254
labelling gun 254
labor union 147
labor unionist 147
labour 80
labour relations 145
labour cost(s) 201
labour intensive 80
labour market 120
lack of skilled personnel 120

Register

LAFTA 277
land 80
land agent 98
language skills 139
laptop **30**
laptop computer **30**
large-scale production 196
last call **67**
Last in First out 324
late-night shopping 244
Latin American Free Trade Association 277
launch a product 217
lay off 145
layout 177
lead 168
lead time 196, 240
leading **46**
learn (to be pleased to ~) 184
learn (to be sorry to ~) 184
learning-by-doing 139
lease **43**, 298
lease back 298
lease-back 298
leasing 298
leave 128
leave (maternity ~) 128
leave (paternity ~) 128
leave aside 168
leave entitlement 128
ledger (general ~) 320
ledger (nominal ~) 320
ledger (purchase ~) 320
ledger (sales ~) 320
legal advice and expenses 349
legal restriction 231
legal service 98

legal tender 295
lend 291
lender 291
lending 291
lending rate 291
less 320
let know (to let s.o. know) **13**
let s.o. know 191
letter (business ~) 178
letter (circular ~) 178
letter (covering ~) 178
letter (follow-up) 177
letter (personal ~) 178
letter (standard ~) 178
letter of acknowledgement 178
letter of appreciation 178
letter of complaint 178
letter of condolence 178
letter of credit 291
letter of recommendation 124, 178
letter of thanks 178
letterhead 178
level production 196
liabilities 324
liabilities (current ~) 324
liabilities (long-term ~) 324
liability 108, 128
liability (with limited ~) 108
liable to corporation tax 315
life assurance 340
LIFFE 304
LIFO 324
lift **70**
light industry 95
light trading 301
limited 108

line (on the ~) **28**
line (other ~) **28**
line (poor~) **28**
line (~ of business) **16**
line of work 120
link-up 113
liquid 330
liquidate 102
liquidation 103
liquidation (compulsory ~) 103
liquidation (go into ~) 103
liquidation (voluntary ~) 103
liquidity 281, 330
Lloyd's of London 336
load **36**, 260
loading 260
loan 236, 291
loan (personal ~) 236
loan (secured ~) 236
loan (take out a ~) 236
loan agreement 236
loan period 236
lobby 88
locate(be located) **70**
location **70**, 103
location (advantageous ~) 103
location (choice of ~) 103
lock-out 145
log on/off **36**
logic (follow the ~) 169
logic (see the ~) 169
logo **46**
London International Financial Futures Exchange 304
long-dated gilts 309
long-term 291
longs 309
look forward 192

lose sight of 162
loss 349
loss adjuster 347, 349
loss of business 340
loss on disposal 327
lost property **68**
lot 196
lot (to have a ~ on) **14**
low season **70**
low-wage 278
lower rate 315
Ltd 108
luggage (hand ~) **64**
luggage (left ~ office) **68**
luggage allowance **68**
luggage compartment **68**
luggage rack **68**
lump sum 128
lump-sum benefit 344
lunch **50**

M

M.L.R. 281
Machine-Aided Translation **36**
mail **21**
mail (air ~ sticker) **21**
mail (air ~) **21**
mail (express ~) **21**
mail (incoming/outgoing ~) **21**
mail (recorded delivery ~) **21**
mail (registered ~) **21**
mail (snail ~) **21**
mail (surface ~) **21**
mail order 252
mail shot 229
mailing list 222
main course **52**
main market 304

maintenance cost(s) 201
make amends 184
make out to **58**
make payable to **58**
management board 109
management style **46**
manager 120
managerial 120
managerial accounting 318
Managing Director 108
manifest 272
manual **37**
manufacture **46**, 95
manufactured goods 95
manufacturing 96
manufacturing costs 201
manufacturing industry 96
margin (justified ~) 178
marginal cost(s) 201
marine insurance 340
mark **37**
market **46**, 217
market (consumer ~) 217
market (highly competitive ~) 217
market (industrial ~) 217
market (price oneself out of the ~) 218
market a product 217
market acceptance 217
market characteristics 222
market economy 80
market forces 80

market growth rate 217
market leader **46**, 217
market niche 217
market penetration 217
market positioning 218
market share 218
market share analysis 222
market testing 223
marketing 218
marketing concept 218
marketing mix 218
marketing outlet 219
marketing policy 219
markets (foreign exchange ~) **61**
mass marketing 219
mass production 196
master craftsman 120
MAT **36**
mate's receipt 272
maternity (~ benefit) 134
matters (raise ~) 153
matters arising 154
mature 288
maturity 309
maximum cover 349
media 98
media buyer 229
mediation 145
mediator 146
medical (certificate) 344
medical insurance 340
medium-dated gilts 309
mediums 309
meet **16**, **51**, **70**
meet (need) 120

372 Register

meet the requirements 204
meeting 153
member state 265
memo **22**
memorandum **22**
memorandum of association 109
memory **31**
menu **52**
menu (set ~) **52**
menu bar **37**
merchandise 240, 241
merchant bank 281
merchantable 231
merge 114
merger 114
merger-mania 114
message **25**, **29**, **72**
Messieurs 193
Messrs 193
method study 196
meticulous 204
middleman 252
mine 92
mineral resources 92
minimum lending rate 281
mining 92
minority 121
minute 154
minutes **19**
minutes (check ~) 154
minutes secretary 159
miscellaneous 327
misconduct (gross ~) 129
misleading 231
misrepresent 154
miss **68**, 193
missing 184
mission statement **46**
misspelling 159
mistake **52**

Mister 193
misunderstand 162
mix business with pleasure **52**
MMC 89
mobile phone **22**, **25**
modem **31**
modification 213
modify 213
monetarism 88
monetary 80
monetary policy 88
monetary policy committee 88
money supply 80
monitor **31**, 204
monitoring 205
Monopolies and Merger Commission 114
Monopolies and Mergers Commission 89
monopoly 80
monopoly (hold a ~) 80
monthly 134
mortgage 291
mortgage (variable rate ~) 292
mortgage (endowment ~) 291
mortgage (fixed-rate ~) 292
mortgage (loan) application 292
mortgage (second ~) 292
most-favoured-nation clause 278
motor insurance 340
mouse **31**
Mr 193
Mrs 193
Ms 193

multi-media **46**
multinational (corporation) 114
multiple (chain) store 244
mute button **25**
mutually agreeable 184

N

NAFTA 277
name 180
NASDAQ 304
National Association of Securities Dealers Automated Quotation 304
national insurance 134, 340
national insurance contributions 135
national minimum wage 129
National Vocational Qualification (NVQ) 121
nationalise 89
nationalised 89
nature of the business 103
need 80
negotiate 146
net 135
net loss 328
net profit 328
net profit after taxation 328
net worth 324
network **31**
network manager **31**
networked **31**
New York Stock Exchange 304
new-for-old policy 340

next-day delivery 260
niche market 219
night depository 285
night safe 285
Nikkei 304
Nikkei Index 304
no-claims bonus 344
no-claims discount 344
no-strike agreement 146
no. (number) 254
nominal capital 298
nominal price 309
non sequitur 166
non-aligned 265
non-contributory pension scheme 135
non-degradable 213
non-profit-making organisation 109
non-voting share 309
North American Free Trade Area 277
note 159, 279
notepad **19**
notice 129
notice-board **19**
notify 189
nuclear power 93
number (unobtainable ~) **25**
number (wrong ~) **25**
nutshell (in a ~) 171
NYSE 304

O

o.n.o. (or nearest offer) 248
o/leaf 193
O/R, Our Ref. 193
object 162
objection 154
obliged (be ~ to) 184
obliged (would be ~ to) 185
observation (participant ~) 223
observation (make an ~) 162
obstacle 265
occupation category 223
occupational health 129
OECD 277
off the peg 103
offer 178
offer for sale by tender 298
office **43**
office (open plan ~) **43**
Office for Fair Trading 89
Office of Fair Trading 232
office space **43**
official strike 146
OFT 232
oil industry 93
oil rig 93
oligopoly 80
omit 160
on account 248
on credit (buy ~) 236
on leave 129
on me **52**
on target earnings (O.T.E.) 135
on-line service **37**
on-site maintenance 209
on-the-job 139
one-off production 197
OPEC 277
open **64**, 154

open (to ~ an account) **58**
open corporation, joint-stock company 107
open offer 298
open policy 340
opening hours 244
operating costs 328
operating profit 328
operating system **37**
operational 197
operative 121
operator **26**
operator (international ~) **26**
opportunity cost(s) 81
opt out 135
order **52**, **61**
order (call to ~, appeal for ~) 154
order processing 241
organigramme 47
Organisation for Economic Cooperation and Development 277
Organization of Petroleum Exporting Countries 277
origin (certificate of ~) 260
origin (country of ~) 272
OTC 304
other operating income 328
Our Reference 193
out-tray **19**
outgoing 241
outlook 84
output **31**
output (national ~) 81
outside line **29**
outskirts **43**

outsourcing 209
outstanding 248
outstrip 197
outward investment 288
over-extended 298
over-the-counter market 304
overcapacity 209
overcharge 248
overdraft **58**
overdrawn **58**
overdue 248
overhead costs 328
overhead projector (OHP) **47**
overhead transparency **47**
overheads 201, 328
overheating 84
overinsured 337
overleaf 193
overpayment 248
overproduction 209
overrule 154
overtime 135
overtime rate 202
own outright 114
owned (wholly-~, fully-~) 115
ozone-friendly 213

P

P&L account, income statement 328
p&p (postage and packing) 255
p., pp. 193
p.a. 285
p.p. 193
P.T.O. 193
Pacific Rim 265
pack 255
package **22**, 255
packaged 255
packaging material 255
packaging twine 255
packet 255
packing 255
packing tape 255
packing tape dispenser 255
padded bag 255
padding 255
page break **40**
page, pages 194
palett 256
panel 121
paper clip **19**
paper profit 328
papers 154
paragraph 178
parcel **22**, 256
parent company **43**, 115
park (business ~) **43**
park (science ~) **43**
parking facilities **70**
part payment 248
part-time employment 121
partial loss 349
particulars 189
partner 109
partner (general ~) 109
partner (limited ~) 109
partner (managing ~) 109
partner (sleeping ~) 109
partnership 109
partnership (deed of ~) 110
partnership (enter into a ~) 110
partnership (limited ~ with limited company as general partner) 110
partnership (limited ~) 110
party 129
party (other ~) 349
pass **13**
pass on **29**
passenger **64**
passport control **68**
password **37**
patent 197
pay 135
pay (basic ~) 135
pay (hourly ~) 135
pay (maternity ~) 135
pay (take home ~) 135
pay agreement 146
pay as you earn 136, 315
pay as you go 136
pay for **52**
pay in advance 136
pay into **58**
pay scale 136
pay statement 136
payable 136, 248
payable to **58**
PAYE 136, 315
payee **58**
payment 248
payment (in ~ of) 249
payment (make ~) 249
payment (monthly ~) **58**
payment by bank transfer 246
payment in advance 249
payment in due course 249
payments **58**
payphone **26**
payroll 321
peak times **64**

peg 89
penalty 344
pencil sharpener **19**
penny share 309
pension fund 304
pension plan 136
pension scheme 136
pension top-up scheme 136
PEP 288
per annum 136, 285
per month 136
per procurationem, per pro 193
performance related pay (PRP) 121
period 249
period of grace 249
period under review 321
peripherals **32**
perishable 260
perk 136
personal **22**
personal accident insurance 340
personal allowance 137
personal assistant (PA) **16**
Personal Equity Plan 288
personal interests 121
personal liability insurance 341
personal pension 137
personnel 121
personnel department 121
petro-chemical industry 96
petty cash **19**, 321
pharmaceutical industry 96
phase in/out 213

phone card **26**
photocopier **19**
photocopy **19**
pick up **51**
pick-up point 260
picket 146
picket line 146
picketing (secondary~) 146
pictogram **47**
pie chart **47**
piece rate 137, 202
pigeon hole **19**
place in a difficult situation 185
plane **64**
plant **43**
plant construction 96
platform **68**
PLC 110
Pleased to meet you **16**
Please Turn Over; over 193
plough back 299
plummet 304
point (address the ~) 155
point (expand on the ~) 155
point (illustrate a ~) 169
point (make a ~) 162
point (miss the ~) 155
point (on a ~ of order) 155
point (raise a ~) 163
point (stick to the ~) 155
point (take the ~) 163
point (there's no ~) 166
point (understand the ~) 155
point (up to a ~) 166

point out 162, 185
pointer **37**
policy 344
policyholder, policy holder 345
pollutant 213
'polluter pays principle' 213
pollution 213
pollution-conscious 213
port 261
port of call 261
porter **72**
portfolio 309
portfolio (balanced ~) 309
portfolio management 309
position 179
position (to reserve one's ~) 185
position (to understand s.o.'s ~) 185
post **21**
post (first-class ~) **22**
post room **22**
post-date 285
postage **22**
postage meter **18**
postage stamp **20**
postpone **14**
poverty 279
power station 93
power supply 93
pre-tax profits 315, 328
precision engineering 96
prefab 197
prefabricated 197
premises (business ~) **44**
premium 345
prepayment 325

Register

presentation 229
press room 239
price 81
price (cost ~) 219
price (intervention ~) 265
price (retail ~) 219
price (threshold ~) 265
price decline 84
price level 81
price trend 84
price volatility 85
price-fixing 89
prices and incomes policy 89
pricing strategy 219
primary 93
principal 229, 252
printed matter 22
printer **19**
printer (dot matrix ~) **31**
printer (ink jet ~) **31**
printer (laser ~) **31**
printout **31**
private sector 81
privatisation 89
privatise 90
pro rata 137, 299
probability of loss 345
probation 129
probationary period 129
proceeds on sale 325
processing 197
processor **32**
produce **47**, 197
producer 197
product **47**, 197
product (by-~) 197
product (commercial~) 198
product (first-class/first-rate ~) 198
product (high-quality ~) 198
product (high-volume ~) 198
product (life-) cycle 198
product (seasonal ~) 198
product (tailor-made ~) 198
product (~ design) 198
product costing 202
product guide **47**
product liability insurance 341
product line 198
product planning 198
product range 198
product reliability 205, 206
product standard 205
product-mix 198
production 198
production (bring ~ to a standstill) 209
production (halt ~) 209
production (keep ~ going) 209
production (resume ~) 210
production (~ management) 210
production (~ manager) 210
production control 205
production cost accounting 202
production cost(s) 202
production engineer 199
production facilities 199
production flow (chart) 199
production line 199
production planning 199
production plant 199
production resources 210
production run 199
production shortfall 210
production standard 205
production target 210
production time 210
productivity 210
productivity bonus 210
professional indemnity insurance 341
professional training 121
profit 202
profit after tax 315
profit and loss account 328
profit margin 202
profit on paper 321
profit-sharing 137
profits after tax 329
program **37**
project finance 299
promissory note 285
promote a product 229
promotion 121, 229
promotion (sales ~) 229
promotion prospects 121
promotional literature 239
promotional video **47**, 239
prompt 192
prone to 205
proofing tools **40**

property insurance 341
proposal form 345
proprietor 110
protected no-claims discount 345
protectionism 265
protectionist 265
prototype 199
provision of services 98
proxy (by ~) 104
PSBR 85, 299
public corporation 110
public holiday **64**
public image **47**
public inspection 333
public liability insurance 341
public sector 81
public sector borrowing requirement 85, 299
public spending 81
publishing 98
pudding **52**
punch **19**
punctuation 160
purchase of fixed assets 330
purchase order 249
purchasing power 237
purification 213
purified 213
purpose-built **44**
put forward 169
put s.o. off **14**
put through **29**
pymt 248

Q

qualification 122
qualification (additional ~) 122
qualified 122
qualified report 333
qualify 333
quality 205
quality (consistent ~) **48**
quality (poor ~) 205
quality (standard ~) 205
quality (third-class ~) 205
quality (top ~, first-class ~, first-rate ~) 205
quality assurance 205
quality certificate 205
quality check 205
quality circle 206
quality conscious 206
quality control 206
quality management 206
quality management (total ~) 206
quality product 206
quango (quasi-autonomous non-governmental organisation) 110
quarantine 265
quarterly 249, 274
question (multiple-choice ~) 223
question (closed ~) 223
question (open-ended ~) 223
questionnaire 223
questionnaire (mail ~, postal ~) 223
quorate 155
quorum 155
quota (export ~) 266
quota (import ~) 266

R

raise 137
raise finance 299
raise money 104
rally 305
RAM **37**
random 206
random access memory **37**
rank and file 146
rapporteur 155
rate **26, 70**
rate (off-peak ~) **26**
rate (weekend ~) **26**
rate of interest 237
rate of pay (hourly ~) 137
rate of tax, tax rate 316
rationalisation 210
rationalise 210
raw materials 93
re-cost 202
re-export 272
re-import 272
re-order 241
Re: 193
reach **29**
read 160
read-only memory **37**
realignment 295
realise 299
rearrange **14**
recd, rec'd 193
receipt **50**, 249
receipt (acknowledge ~ of) 180
receipt (in ~ of) 180

receive 180
received 193
receiver **26**, 104
receiver (in the hands of the ~) 104
receivership (go into ~) 104
reception **13**
recession 85
rechargeable 213
recognition 122
recommend **52**
recommendation 180
recommended (highly ~) **53**
reconcile 156, 334
reconsider 185
record 189, 321
record growth **48**
recorded message **26**
records (according to our ~) 189
recover 249, 305
recruitment agency 122
recyclable 213
recycle 214
recycling 214
red (in the ~) **59**
red channel **68**
red tape 272
redeem 292
redeemable 292
redemption 292
redemption date 292
redeployment 129
redial **26**
redirection **22**
reduction 250
redundancy 130
redundant (make s.o. ~) 130
ref. 194
refer to 185
reference 122, 194

refrain 156
refund 232, 250
refundable 232
regarding 189
registered 110
registered capital 299
registered letter **19**
registered office **44**, 110
Registrar of Companies 110
regret 185
regrettably 186
regular payments 292
regulate 90
regulation 104
regulatory 104
regulatory bodies 90
rehearse 169
reimburse **50**, 349
reinstate 130
reinsurance 337
reject 206
rejection 122
rejects 206
relate 156
relations 189
release 139
relief agency 279
relocate **44**
remark 160
remind 186
reminder 179
remittance **59**, 250
remuneration 137
renewal notice 345
rental cost 239
repayment 237
replace 93, 232
replacement cost 325
replenish 241
reply **26**, 163, 180, 186
reply (in ~ to) 181
Répondez, s'il vous plaît 193

report **13**
report on 160
report to **68**
repossession 237
represent **16**
representative 224
reputation **48**
request 181
requirement 122, 189
Res 193
reschedule **15**
research (advertising ~) 224
research (audience ~) 224
research (desk ~) 224
research (market ~) 224
research (motivation ~) 224
research (panel ~) 225
research (primary ~) 225
research (product ~) 225
research (sales ~) 224
research (secondary ~) 225
research instruments 225
reservations (have ~) 166
reserve **64**
reserves 325
residual 325
resign 130
resignation 130
resolution 156
resources (natural ~) 93
resources (scarcity of ~) 81
respect (with ~) 163
respond 156
respondent 225

Register

response 186
response rate 225
responsibility 130
responsible (to be ~ for) **16**
rest assured 192
restaurant facilities **70**
retail 244
retail business 98
retail outlet 244
retail price 81
retail price (recommended ~) 244
retail price index (RPI) 81
retail sales 244
retail trade 244
retailer 245
retailing 245
retained earnings 325
retaliate 266
retire 130
retirement 130
retrain 139
retraining 140
retrieve **37**
return **59**, 189, 288
return (cheap day ~) **64**
return (day ~) 65
return (return ticket) **64**
return fare **65**
return key **40**
return to 163
revaluation of assets 325
revalue 295, 325
revenue 202, 329
right 163
right to reply 156
rights issue 299
ring **27**
ripple effect 305
rise 137

risk 345
risk (calculated ~) 104
risk (high- ~ business) 105
risk (low-~ venture) 104
risks (all ~ policy) 345
road haulage 98
ROM **37**
room **70**
room (double ~) **70**
room (meeting ~) **70**
room (single ~) **70**
room (twin-bedded ~) **70**
room number **72**
room service **72**
RRP 244
RSVP 194
run 295
run a business 105
run low 241
run out 241
run-down **44**
runaway 85

S

sack 130
safe deposit box **59**
safe job 122
safeguard 130, 345
salary 137
salary (final ~) 137
salary slip 137
Sale of Goods Act 232
sales performance 225
sales revenue 329
salutation 179
salvage value 349
sample 225
sample (check) 207

sample (quota ~) 226
sample (random ~) 226
sample check 334
sample size 226
sampling 206
sanction 266
satisfied 186
satisfied customers **48**
satisfy (~ demand) 81
save **37**
savings 285
savings bank 281
savings book 285
say (~ a word about) 163
scab 146
scarce 82
schedule **15**
schedule (arrive on ~) 261
scheduled 261
school leaver 123
scrap 202
screen **32**
scrip issue 299
scroll **37**
seal 256
SEAQ 306
seat **65**
SEC 305
secondary industries 96
secretary (~ company) 110
sector 82
sector (market ~) 219
secure 279
secure job 123
securities 309
Securities and Investment Board 305
Securities Exchange Commisssion 305
segment 219

Register

segmentation (demographic ~) 219
selection process 123
selective strike 146
self assessment 316
self-employed 105
sell-by date 232
seller (big ~) 220
sellotape **19**
semantic differential 226
send **22**
senior 123
sense (make ~) 166
series 199
SERPS (State Earnings Related Pension Scheme) 137
service **53**, 207
service (length of ~) 130
service industry 98
services (provide ~) 98
services (provision of ~) 98
services (public ~) 99
set of accounts 325
set up 199
setting-up costs, set-up costs 203
settle 349
settle a conflict 146
settlement 146, 250, 350
severance pay 131
sewage 214
sewage treatment 214
share 111, 310
share (ordinary ~) 310
share (preference ~) 310
share capital (issued ~) 300
share certificate 310
share concern 166
share index 305
share opinion (about) 166
share prices 310
share value 310
share-ownership 310
shareholder 111, 311
shareholders' meeting 111
shares (block of ~) 311
shelf-life 210
shelve 203
shift key **40**
shift pay 137
ship 261
shipbuilding 96
shipment 261
shipowner's liability 341
shipping documents 261
shipping instructions 261
shop steward 147
shopping precinct 245
short selling 305
short-dated gilts 311
short-term 292
short-time working 131
shortlist 123
shorts 311
show 239
shredder **19**
shrink-wrap 256
shuttle **65**
SIB 305
sick (on ~ leave) 131
sick pay 138
sight deposits 288
sign **20**, **59**
sign off 334
signatory 111
signature **59**, 179
Single (European) Market 277
single (single ticket) **65**
skill 140
skill shortage 140
skilled 140
skilled (qualified) person 123
skilled (qualified) worker 123
skilled (semi ~) 123
slide **48**, 305
sluggish 85
slump 85, 295, 296
small and medium-sized enterprises (SMEs) 111
soar 296
social class 220
social security contributions 135
socio-economic 220
software package **38**
solar power, ~ energy 93
sole proprietor 111
sole trader 111
solution 171
solvent 330
sorry (be ~) 186
sort **40**
sources and application of funds statement 330
sources of finance 300
spacebar **40**
spacious **44**
spare (part) 199
speak up **29**
speaking **29**
special delivery **23**
specialisation 123
specialise in **53**
specialist 245

specialist employment agency 123
specifications 200
specified personal belongings 345
specify 190
specimen signature **59**
specs 200
speculate 306
spell **29**
spellcheck **40**
spellchecker **40**
spending power 220
spicy **53**
splitproof 256
sport and leisure facilities **71**
spot market 296
spot rate 296
spread 237
spreadsheet **38**
stackable 256
staff 123
staff turnover 123
stag 306
stagnation 85
stake 313
stall 245
stamp **20**
stand 239
standard 207
standard (be up to ~) 207
standardisation 207
standardised 207
standing order **59**
staple **20**
staple gun 256
stapler **20**
start (make a ~) 156
start a business 105
start up 105
start with **53**
start-up loan 105
starter **53**

state-of-the-art 211
state-owned 82
statement **59**
station (railway ~, main line ~) **65**
station (tube ~, underground ~) **65**
statutory 138
statutory insurance 337
statutory report 334
statutory requirement 131
steel industry 96
stimulate 90
stipulate 186
stock 241, 311
stock (in ~) 241
stock (out of ~) 242
stock control 242
stock exchange 306
Stock Exchange Automated Quotations System 306
stock exchange listing 306
stock level 242
stock market 306
stock reduction 242
stock split 299
stock turnover 242
stock-in-trade 242
stock-out 242
stockbroker 288
stockbroker services 285
stockbroking 288
stockist 245
stockpile 242
stocktaking 242
stocktaking (continuous ~) 242
stop (~ a cheque) **59**
stopover **65**
stoppage 147

storage **38**, 242
storage area 242
storage capacity 242
storage charges 243
store card 237
strapped for cash 313
streamline 211
strength 82
stress 169
strike 147
strike fund 147
strike pay 147
study 181
sub-committee 156
subject line 179
subrogate 350
subrogation 350
subscription share 311
subsidiary 111
subsidise 90
subsidy 90, 266
subtext 169
subtotal 321
suggestion 163
suggestion scheme 138, 211
suitable 124
sum assured 350
sum up in a few words 171
summarise 156
Sunday opening 245
sundry 326
supermarket 245
supersede 211
superstore 245
supervisor 140
supervisory board 111
supplement **65**
supplier **48**
supply 82
supply and demand 82
support 167
support (in ~ of) 167
surcharge 266

surge 306
surplus 211
surplus (in ~) 274
surrender value 345
survey (postal ~) 226
surviving partner 341
suspend 131
suspension 131
sustained 85
swallow up 115
sweet **53**
switch 211
switchboard **29**
switchboard operator **29**
swivel chair **20**
syllabus 140
sympathy (have ~ with) 167
syndicate 337
system engineer 200

T

tab key **40**
table (~ a paper) 157
tachograph 261
tailor-made 200
take (no) account of 167
take into account 186
take notes **20**
take on 124
take out 337
take over 115
takeover 115
takeover (friendly/hostile ~) 115
takeover-bid 115
takeover-bid (launch a) 115
target 220
target group 220
tariff 266

tax allowance 316
tax relief 316
tax reminder 316
tax return 138, 316
tax return (file a ~) 316
tax year 316, 321
tax-free 316
taxable income 316
taxi rank **68**
tear resistant 256
teething troubles 207
tele(phone) banking **59**
telecommunications industry 99
teleconferencing **29**
telegram **23**
telephone **23**
telephone (~ directory) **23**
telephone booth **27**
telephone box **27**
temp 131
template **38**
temporary worker 131
term assurance 341
term deposits 289
terminal **32**
termination of contract 131
terms of delivery 250
terms of payment 250
terms of reference 157
terms of trade 266
TESSA 289
testimonial 124
textile industry 96
thank 181
Thank you 181
theft 350
third party 341
third party insurance 337
third party, fire and theft 341

Third World (country) 279
this side up 256
ticket (season ~) **66**
ticket (~ office) **65**
ticket inspector **68**
tie 157
tie breaking vote 157
time and a half 131
time off from work 131
time off in lieu 132
tip **53**
title bar **38**
token strike 147
tone (dialling ~) **27**
tone (engaged ~) **27**
tone (ringing ~) **27**
toolbar **38**
total 321
total cost(s) 203
total loss 350
total up 321
touch on 163
tour of the company **48**
tourism 99
toxic 214
TQM 206
track record **48**
trade 267
trade (foreign ~) 267
trade (free ~) 267
trade (overseas ~) 268
trade agreement (bilateral ~, multilateral ~) 267
trade association 232
trade barrier 267
trade bloc 267
trade delegation 267
Trade Descriptions Act 90
trade fair 239
trade figures 274
trade gap 275

trade imbalance 275
trade mission 267
trade relations 268
trade restriction 268
trade sanction 268
trade surplus 275
trade union 147
trade unionist 147
trade war 268
trademark 220
trading (cease ~, stop ~) 105
trading account 329
trading conditions 275
trading licence 111
trading links 268
trading partner 275
trading profit 329
trading relations 268
trading standards department 112
train 140
trainee 140
training 140
Training Agency 140
training and development 141
training center 141
training centre 141
training course 141
training manager 141
training period 141
training providers 141
transaction 296, 321
transfer **29**, **59**, **60**
transit (in ~) 262
transit lounge **68**
transport 99
transport costs 262
transport insurance 341
transportation 99
travel agency **66**
travel agent **66**
travel insurance 341

traveller's cheques **61**
Treasury 90
treasury bill 311
trend 85
trial run 200
trough 86
true and accurate 157
trust 115, 190
TUC (Trades Union Congress) 148
turn to 169
turnover **48**, 329
type **20**
typewriter **20**

U

uberrima fides 337
umbrella organisation 148
UN 278
unanimously 157
UNCTAD 278
under separate cover 179
underdeveloped 279
underground **66**
underinsured 337
underline **40**, 170
underpayment 250
underscore **40**
understand 170, 187
undertaking 105
underwrite 300
underwriter 300, 337
uneconomic 211
unemployed 124
unemployment benefit 138
unfair 232
unfair dismissal 132
UNIDO 278
uninsurable 345
unit **27**

unit (production) cost(s) 203
unit price 203
unit trust 289
United Nations 278
United Nations Conference on Trade and Development 278
United Nations Industrial Development Organisation 278
university degree 124
unjustified 187
unlisted **25**
unlisted company 300
unlisted securities market 300
unofficial strike 148
unskilled 124
unsocial hours 138
unspent **61**
unsuitable 124
up-market 220
update **38**
upgrade **32**
upturn 86
Urgent **23**
US Customs 271
user **38**
user-friendly **38**
username **38**
USM 300
utilities 307
utility company 93
utmost (do one's ~) 187
utmost good faith 337

V

vacancy 124
vacuum pack 256
valid **60**
Value Added Tax Number 316

variable costs 203
variance 250
VAT No. 316
vault 281
vegetarian **53**
vending machine 252
vessel 262
videlicet 187
view 190
view (take the ~) 167
virus (anti-~) **38**
visa **66**
visible 275
visibles 275
visitor 239
visitor's book **13**
viz. 187
vocational training 141
voice mail **27**
voice recognition **38**
void (declare ~) 346
voidable 346
volatile 307
volatility 307
volume of production 211
vote (anonymous ~) 157
vote (cast a ~) 157
vote (casting ~) 157
vote (put to the ~) 158
vote (take a ~) 158
vote (tied ~) 158

W

w.e.f. 194
wage 138
wage claim 138
wage freeze 138
wages office 321
waiter **53**
waitress **53**
waive charges **60**, 285
walkout 148
warehouse **44**, 243
warehousing costs 243
warranty 207
wastage 326
waste (industrial ~) 214
waste management 214
waste paper basket **20**
watchdog 233
waterproof 256
wave energy 93
wear and tear 207, 350
website 38
welfare 132
wharf 262
Which 233
wholesale 245
wholesale association, ~ cooperative 245
wholesale buying 246
wholesale distributor 246
wholesale price 99, 246
wholesale trade (specialised ~) 246
wholesaler 246
wildcat strike 148
wind energy 93
wind up 105
winding-up 106
wine list **53**
with a first degree 124
with effect from; effective as of 194
with reference to 181
withdraw **60**
witness 350

word-processing **41**
work measurement 200
work on-line/off-line **41**
work study 200
work-to-rule 148
worker (blue collar ~) 124
worker (white collar ~) 124
worker participation 148
worker representation 148
workers co-operative 112
workforce 132
working breakfast **53**
working capital 330
working conditions 124, 211
working environment 211
working hours 132
working lunch **53**
working party 158
workmanship 200
workplace 132
works councils 148
workstation **32**
world market 268
World Wide Web **38**
write down 326
write off 326
write up 326
WWW **38**

Y

Y/R, Your Ref. 194
yellow pages **27**
Your Reference 194